Die Dürre

J.G. Ballard

Die Dürre

Aus dem Englischen von
Helma Schleif

DIAPHANES

Titel der englischen Originalausgabe
The Drought

1. Auflage 2023

www.diaphanes.net

Satz und Layout: 2edit, Zürich
Druck: Steinmeier, Deiningen
ISBN 978-3-0358-0539-0

Erster Teil

1

Ein See verschwindet

Am Mittag, als Dr. Charles Ransom sein Hausboot an der Flussmündung vertäute, sah er Quilter, den tumben Sohn der Alten, die auf dem maroden Kahn draußen vor dem Yachthafen hauste. Er stand auf einem Felsvorsprung am gegenüberliegenden Ufer und lächelte den toten Vögeln zu, die vor seinen Füßen im Wasser vorübertrieben. Wie ein verzerrter Heiligenschein wogte das Spiegelbild seines unförmigen Kopfes zwischen dem erschlafften Gefieder auf und ab. Die verkrustete Schlammbank war mit Papierfetzen und Treibholz übersät, und auf Ransom wirkte Quilters traumgesichtige Gestalt wie ein dem Wahnsinn anheimgefallener Faun, der sich aus Trauer über die verlorene Seele des Flusses mit Laub bestreut.

Beim Festmachen der Bug- und Achterleinen am Steg erschien ihm der Vergleich freilich eher unpassend. Auch wenn Quilter mindestens ebenso viel Zeit wie Ransom und die anderen am Fluss verbrachte, tat er dies aus völlig abseitigen Motiven. Der stetig sinkende Wasserspiegel, bedingt durch die Dürre im Frühjahr und Sommer, bereitete ihm ein irgendwie perverses Plaisir, obwohl er und seine Mutter die ersten waren, die darunter zu leiden hatten. Ihr maroder Kahn – ein ausgefallenes Geschenk von Quilters Gönner, Richard Foster Lomax, dem Architekten und Nachbarn Ransoms – hatte bereits jetzt dreißig Grad Schlagseite, und ein weiteres Absinken des Pegels um nur wenige Zentimeter würde seinen Rumpf wie einen vertrockneten Kürbis spalten.

Ransom beschirmte seine Augen vor dem Sonnenlicht und betrachtete die stillen Ufer des Flusses, die sich in westlicher Richtung bis zur acht Kilometer entfernten Stadt Mount Royal erstreckten. Eine Woche lang war er mit dem Hausboot auf dem See unterwegs gewesen, hatte es zwischen versickernden Rinnsalen und Schlammbänken hindurchnavigiert und auf das Ende der Evakuierung der Stadt gewartet. Nach Schließung des Krankenhauses in Mount Royal wollte er eigentlich an die Küste fahren, beschloss dann aber im letzten Moment, noch einige Tage auf dem See zu verbringen, bevor er für immer verschwand. Gelegentlich hatte er zwischen den aus der Mitte des Sees aufragenden feuchten Schlammbuckeln den fernen Bogen der Straßenbrücke gesehen, die den Fluss überspannte, darauf Tausende von Autos und Lastwagen, die über die Küstenstraße nach Süden fuhren und deren Fenster wie juwelenbesetzte Lanzen aufblitzten; doch die meiste Zeit war er allein gewesen. Nicht anders als das Hausboot, das über dem schwindenden Wasserspiegel schwebte, schien auch die Zeit stillzustehen.

Ransom zögerte seine Rückkehr so lange hinaus, bis sich auf der Brücke nichts mehr regte. Unterdessen bestand der See, einst eine knapp fünfzig Kilometer lange zusammenhängende Wasserfläche, nur noch aus einer Reihe zwischen Schlammbänken eingebetteter kleiner Becken und Kanäle. Nur wenige Fischerboote, die Besatzung Schulter an Schulter am Bug aufgereiht, kreuzten dazwischen noch umher. Die dunkel gekleideten Männer aus der Siedlung, die hohlwangigen Gesichter unter schwarzen Mützen verborgen, starrten wie ein Haufen verirrter Walfänger mit ausdrucksloser Miene auf Ransoms Hausboot, als seien sie durch eine private Tragödie viel zu erschöpft, um diesen gestrandeten Beifang einzuholen.

Ransom hingegen beschwingte die allmähliche Transformation des Sees. Als die ausgedehnte Wasserfläche stetig kleiner wurde und zunächst seichte Lagunen, dann mäandernde Rinnsale bildete, wirkten die vom Grund des Sees emporsteigenden nassen Dünen, als entstammten sie einer anderen Dimension. Am letzten Morgen wachte er auf und entdeckte, dass das Hausboot am Ende einer kleinen Bucht gestrandet war. Wie Traumgestade erhoben sich über ihm die mit toten Vögeln und Fischen übersäten Schlammhügel.

Als er sich der Flussmündung näherte und das Hausboot zwischen den gestrandeten Yachten und Fischerbooten hindurchsteuerte, war Hamilton, die Stadt am See, wie ausgestorben. Die Bootsschuppen an den Fischerkais, in deren Schatten reihenweise weiße Fische an den Haken aufgespannter Leinen trockneten, waren verlassen. Abfallfeuer schwelten in ufernahen Gärten, deren Rauch an den offenen Fenstern, durch die warme Luft eindrang, vorüberzog. Auf den Straßen rührte sich nichts. Ransom hatte angenommen, dass einige Leute zurückbleiben und warten würden, bis der große Exodus an die Küste vorbei war, doch allein Quilters Anwesenheit und sein zweideutiges Lächeln waren in gewisser Weise ein Menetekel, eines von zahlreichen irrationalen Zeichen, die in den Wirren der letzten Monate das tatsächliche Ausmaß der Dürre angezeigt hatten.

Hundert Meter zu seiner Rechten, hinter den Betonpfeilern der Straßenbrücke, ragten aus dem rissigen Schlamm die hölzernen Pfähle des Treibstoffdepots auf. Die schwimmende Mole war auf den Grund gesunken, und die Fischerboote, die bisher dort ankerten, waren zur Kanalmitte weitergezogen. Im Spätsommer war der Fluss gewöhnlich neunzig Meter breit, jetzt aber führte er nur noch halb so viel Wasser – ein dünner Strahl, der sich in dem flachen Bett zwischen den Ufern träge dahinschlängelte.

Neben dem Treibstoffdepot befand sich der Yachthafen, an dessen Außengrenze der Kahn der Quilters ankerte. Lomax hatte dem Paar das Boot am Depot übergeben und in einem Anfall quichotischer Großzügigkeit gar fünf Liter Diesel spendiert, gerade ausreichend, um die fünfundvierzig Kilometer bis zum Hafenbecken zurückzulegen. Da man ihnen die Einfahrt jedoch verweigerte, hatten sie den Kahn außerhalb des Hafens festgemacht. Nun saß Mrs. Quilter dort tagein, tagaus vor der Luke ihres Kahns, eingehüllt in ihr schwarzes Schultertuch, über das ihr ausgebleichtes rotes Haar wehte und giftete die Leute an, die mit ihren Eimern zum Wasser hinuntergingen.

Ransom konnte sie jetzt sehen. Wie der Schnabel eines gereizten Papageis schoss ihre krumme Nase nach links und rechts, während sie sich mit einem chinesischen Fächer vor dem dunklen Gesicht Luft zufächelte, gänzlich unbeeindruckt von der Hitze und dem Gestank des Flusses. Als er mit dem Hausboot aufgebrochen war, hatte sie an derselben Stelle gesessen und mit ihrem unflätigen Geschrei die Freizeitmatrosen provoziert, die mit Zementsäcken die Zufahrt zum Yachthafen abriegelten. Nicht einmal bei Flut gelangte jetzt noch genug Wasser in den Hafen, um die engen Docks zu füllen. Inzwischen versickerte es bereits im Fluss, so dass die schmucken Boote in ihrem eigenen Schlamm versanken. Über die von ihren Besitzern aufgegebenen Yachten wachte nun wie eine Hexe ganz allein Mrs. Quilter.

Trotz ihrer grotesken Erscheinung und ihres tumben Sohns bewunderte Ransom diese alte Frau und Hüterin der Kähne. Im Winter war er oft bei ihr gewesen und über die morschen Planken ins düstere Innere des Kahns gelangt, wo sie auf einer am Kartentisch arretierten Federkernmatratze lag und nach Luft schnappte. Ihre Kajüte, von einer Anzahl verstaubter Funzeln beleuchtet, bestand aus einem Labyrinth schmutziger, mit alten Spitzenschals verhängter Nischen und Winkel. Sobald er dann aus der Ginflasche, die er in seinem Arztkoffer verwahrte, ihre Teekanne befüllt hatte, wurde Ransom im leckenden Schlauchboot ihres Sohnes über den Fluss zurückgerudert, wobei ihn Quilters große Augen unter der ausladenden Stirn seines Wasserkopfs wie wilde Monde durch den Regen hindurch anglotzten.

Regen! – Ransom erinnerte sich, was dieser Begriff einmal bedeutete, und blickte unwillkürlich zum Himmel hoch. Wie ein dauerpräsentes Gespenst hing die Sonne, von keiner Wolke und keinem Nebel getrübt, über seinem Kopf. Auch über den Feldern und Straßen entlang des Flusses lag dieses stets gleichbleibende Licht wie ein gläserner, gelber Schild, der alles unter seiner Hitze begrub.

Unterhalb des Landestegs hatte Ransom eine Reihe farbiger Pfähle ins Wasser gerammt, doch das rasche Absinken des Pegels bedurfte keiner Berechnung mehr. In den vergangenen drei Monaten war der Wasserstand um etwa sechs Meter gefallen und der Fluss auf weniger als ein Viertel seines ursprünglichen Volumens geschrumpft. Es schien, als risse er beim Absinken alles mit sich in die Tiefe. Die Ufer bildeten nun Klippen, die nur überragt wurden von auf dem Kopf stehenden, an den Schornsteinen der ufernahen Häusern befestigten Zelten. Ursprünglich als Regenfänger gedacht – doch Regen war nie in sie gefallen –, hatten sich die Zeltplanen mit der Zeit in luftige Müllkippen verwandelt, angefüllt mit Staub und Laub, die sich gleichsam wie Opfergaben der Sonne darboten.

Ransom ging über das Deck seines Hausboots zum Steuerhaus hinab. Er winkte Quilter zu, der ihn mit schiefem Lächeln musterte. Hinter ihm, entlang der menschenleeren Kais, drehten sich die Leiber der trocknenden Fische gemächlich in der Luft.

»Sag' deiner Mutter, sie soll den Kahn wegbringen«, rief ihm Ransom über das stille Wasser zu. »Der Fluss sinkt noch weiter.«

Quilter reagierte nicht. Er deutete auf die verschwommenen Umrisse, die sich unter der Wasseroberfläche langsam fortbewegten.

»Wolken«, sagte er.

»Was?«

»Wolken«, wiederholte Quilter. »Voller Wasser, Doktor.«

Ransom stieg durch die Luke in die Kajüte des Hausbootes. Quilters bizarrer Humor ließ ihn schmunzeln. Trotz seines deformierten Schädels und seiner calibanischen Erscheinung war Quilter nicht dumm. Das verträumt-ironische Lächeln, mit dem er ihn zuweilen bedachte, als wüsste er um Ransoms intimste Geheimnisse, der zerfurchte Schädel mit dem rostroten Haar und das zerknautschte Gesicht, dessen um zwei oder drei Zentimeter zurückweichende Wangenknochen tiefe Höhlen unter den Augen bildeten – das alles sowie eine gewisse unberechenbare Naivität und Einfalt machten

Quilter zu einer angsteinfößenden Erscheinung. Die meisten Menschen gingen ihm geflissentlich aus dem Weg, vielleicht auch deshalb, weil er beharrlich und mit untrüglichem Instinkt ihre Schwächen erkannte und sich wie ein Inquisitor an ihnen abarbeitete.

Vermutlich war es dieser Riecher für menschliche Fehler, so folgerte Ransoms amüsiert, der Quilters anhaltende Neugier ihm gegenüber erklärte, als er ihn unverdrossen von seinem Aussichtspunkt weit oberhalb der Vogelkadaver beobachtete. Seit einiger Zeit schon war ihm Quilter beharrlich auf den Fersen, wohl in der Annahme, dass Ransoms einsame Wochenenden in den südlichen Sumpfgebieten des Sees ein Zeichen dafür waren, dass er gewisse Rückschläge in seinem Leben nicht verkraftet hatte – insbesondere die Entfremdung von seiner Frau Judith. Doch Quilters Versuche, sich diese Situation zu Nutzen zu machen und Ransom ein wenig zu provozieren – indem er die Decksausrüstung des Hausbootes stahl und die Stromleitungen am Ufer kappte –, vermochten Ransoms tolerante Einstellung und Gutmütigkeit nicht zu erschüttern.

Natürlich verstand Quilter nicht, dass das Scheitern von Ransoms Ehe weniger ein persönliches Versagen war als ein Versagen des städtischen Umfelds, oder besser gesagt der Landschaft, und dass Ransom mit seiner Entdeckung des Flusses endlich eine Umgebung gefunden hatte, in der er sich ganz und gar heimisch fühlte, eine Zone, in der Raum und Zeit übereinstimmten. Quilter konnte nicht wissen, wie sehr sich Ransom dieser Flussgemeinschaft zugehörig fühlte, jenen unsichtbaren Verbindungen zwischen den Menschen, die am Rand des Kanals lebten und für Ransom wichtiger geworden waren als seine Ehe und seine Arbeit im Krankenhaus. Das alles war durch die Dürre nun zu Ende.

Einen Sommer lang hatte Ransom beobachtet, wie der Fluss immer schmaler wurde und sein komplexes Gefüge weitgehend verlor. Vor allem aber wurde ihm klar, dass die Rolle des Flusses in der Zeit eine andere geworden war. Früher fungierte der Fluss als riesiger, fluider Zeitmesser, und alle darin befindlichen Dinge verhielten sich zueinander wie Sonne und Planeten in ihren jeweiligen Konstellationen. Die steten Seitwärtsbewegungen des Flusses, sein Steigen und Fallen sowie die Druckschwankungen, die auf den Schiffskörper einwirkten, waren Teil eines riesigen Evolutionssystems, dessen kumuliertes Vorwärtsstreben so irrelevant und bedeutungslos war wie die anscheinend lineare Bewegung der Zeit selbst. Die einzig wahren Bewegungen beruhten auf den zufälligen und diskontinuierlichen Beziehungen zwischen den Objekten im Fluss der Zeit, zwischen ihm und Mrs. Quilter, ihrem Sohn und den toten Vögeln und Fischen.

Mit dem Absterben des Flusses würde also auch jeder Kontakt zwischen den im trockenen Flussbett Gestrandeten abbrechen. Die Sorge um das eigene physische Überleben würde zunächst die Notwendigkeit überlagern, ein anderes Maß für zwischenmenschliche Beziehungen zu finden. Dennoch war Ransom überzeugt, dass die Absenz dieser großen Mediatorin, die gleichermaßen alle belebten und unbelebten Objekte miteinander verband, von entscheidender Bedeutung war. Ein jedes Ding und ein jeder Mensch würde sich bald schon auf einer Insel in einem zeitlosen Archipel wiederfinden.

2

Andenken

Ransom schenkte sich den restlichen Whisky aus der im Kombüsenschrank verwahrten Flasche ein, setzte sich auf den Rand des Spülbeckens und schickte sich an, die Teerflecken von seiner Baumwollhose zu kratzen. Innerhalb der nächsten Stunde würde er an Land gehen und das Hausboot unwiderruflich verlassen müssen, doch nach einer Woche an Bord fiel es ihm schwer, das Boot aufzugeben und sich, wie geringfügig auch immer, sozial und mental wieder seiner Umgebung anzupassen. Er hatte sich einen Bart wachsen lassen, und sein blonder Haarschopf war durch das Sonnenlicht nahezu weiß. Damit und mit seinem nackten, sonnenverbrannten Oberkörper wirkte er wie ein seefahrender Anthropologe aus dem Norden, der, die eine Hand am Mast, in der anderen seinen Malinowski, an der Schiffsreling lehnte. Ransom sah sich gerne in dieser neuen Funktion, wusste aber zugleich, dass sie nur fiktiv war und seine eigentliche Odyssee ihm noch bevorstand: die Reise durchs Land hinunter zur Küste.

Doch so sehr ihm die Rolle des einsamen Seefahrers in seiner Vorstellung auch gefiel, schien das Hausboot, wenngleich erst seit wenigen Monaten in seinem Besitz, schon seit Längerem sein wahres Zuhause zu sein. Als er im letzten Winter einen Patienten im Yachthafen besuchte, sah er, dass es zum Verkauf stand und erwarb es spontan, aus einem jener unerklärlichen Impulse heraus, die seinem Leben eine mitunter unerwartete Wende gaben. Zum Erstaunen der anderen Yachtbesitzer schleppte Ransom das Boot ab und vertäute es am exponierten Ufer unterhalb der Straßenbrücke. Es war ein ungünstiger Liegeplatz, der darum nur wenig kostete und über dem der Gestank der Fischkais waberte, doch über den nahe gelegenen Zubringer gelangte er rasch nach Hamilton zum Krankenhaus. Die einzige Gefahrenquelle waren die Zigarettenstummel, die aus den Autos beim Überqueren der Brücke herabgeworfen wurden. Wenn er sich dann nachts im Steuerhaus zurücklehnte, sah er glühende Pünktchen, die rings um ihn her im Wasser erloschen.

Während er an seinem Getränk nippte, betrachtete er die Kajüteneinrichtung und überlegte, welche seiner Besitztümer er mitnehmen sollte. Die Kajüte war gänzlich unbeabsichtigt zum Depot für alle Glücksbringer seines Lebens geworden. Im Bücherregal standen die Anatomiebücher, die er als Student im Seziersaal benutzt hatte, die Seiten mit Formalin befleckt, das von den Leichen auf die Tische getropft war, irgendwo dazwischen das fremde Gesicht seines Chirurgenvaters. Auf dem Schreibtisch am Heckfenster lag der Briefbeschwerer aus Kalkstein, den er als Kind aus einem Kreidefelsen gebrochen hatte und dessen fossile Muscheleinschlüsse, kostbar wie ein Juwel, ein Stück Jurazeit in sich bargen. Dahinter standen zwei Fotografien in einem Scharnierrahmen aus Palisanderholz – seine Bundeslade. Links ein Schnappschuss, der ihn als Vierjährigen zwischen seinen Eltern auf dem Rasen sitzend zeigte. Das war vor ihrer Scheidung. Rechts davon, wie um die Erinnerung daran zu tilgen, befand sich die vergilbte Reproduktion eines kleinen Gemäldes, das er aus einer Zeitschrift ausgeschnitten hatte: »Jours de lenteur« von Yves Tanguy. Dieses Gemälde mit seinen glatten, kieselsteinartigen Objekten, die frei von allen Assoziationen auf einem von den Gezeiten blank gefegten Untergrund schwebten, hatte ihm geholfen, sich aus der beschwerlichen Alltagsroutine zu lösen. Die runden, milchigen Gebilde lagen auf dem Grund des Ozeans ebenso isoliert wie das Hausboot am exponierten Flussufer.

Ransom ergriff den Rahmen und betrachtete sein Abbild. Ihm war das kleine, kantige Gesicht des Kindes auf dem Rasen durchaus vertraut, doch jetzt schien es zwischen ihnen keinerlei Verbindung mehr zu geben. Die Vergangenheit war entschwunden und hatte eine Moräne loser Erinnerungspartikel hinterlassen, Teilstücke eines geschmolzenen Gletschers, brüchig gewordene Erinnerungsknoten, die ihn nun im Hausboot umgaben. Wie die stählerne Raumkapsel den Astronauten vor den Unwägbarkeiten des Alls abschirmt, so schützte ihn das Boot vor dem Druck und dem Vakuum der Zeit. Hier waren all seine halbbewussten Erinnerungen an die Kindheit und die Vergangenheit versammelt, inventarisiert wie prähistorische Mineralien und verschlossen wie hinter Glasvitrinen in geologischen Museen.

3

Die Fischer

Eine Warnsirene heulte auf. Ein Flussdampfer mit einem einzelnen hohen Schornstein, die leeren Stuhlreihen mit weißen Planen bedeckt, näherte sich der Durchfahrt zwischen den zentralen Brückenpfeilern. Auf dem Dach des Steuerhauses, hoch über dem Steuermann, saß Captain Tulloch, ein knollennasiger alter Mann, und starrte mit zusammengekniffenen Augen hinunter auf die sich verengende Fahrrinne. Dank seines geringen Tiefgangs konnte der Dampfer über Untiefen gleiten, die kaum sechzig Zentimeter unter Wasser lagen. Ransom vermutete, dass Tulloch inzwischen halb blind war und seine sinnlosen Fahrten mit dem leeren Dampfer, der einst Ausflügler über den See transportierte, erst dann aufgeben würde, wenn das Schiff unwiderruflich auf eine Schlammbank aufliefe.

Als der Dampfer vorüberfuhr, stieg Quilter ins Wasser hinunter und schwang sich, die Füße in den Speigatts, behänd zur Reling hinauf.

»Volle Kraft voraus!« Mit einem Schrei sprang Captain Tulloch von seinem Sitz auf. Er griff nach einem Bootshaken und humpelte das Deck hinunter zu Quilter, der ihm, an die Heckreling geklammert, eine spöttische Grimasse schnitt. Laut brüllend setzte Tulloch dem Jungen nach, der sich wie ein Schimpanse an den Streben der Reling entlanghangelte, während Tulloch mit dem Bootshaken erbost auf die Verstrebung einschlug. Sie fuhren unter der Brücke hindurch und näherten sich dem Kahn der Quilters. Mrs. Quilter, die sich unermüdlich Luft zufächelte, richtete sich auf und überschüttete den Captain mit einem Schwall unflätiger Bemerkungen. Doch Tulloch nahm sie gar nicht wahr, sondern scheuchte Quilter weiter die Reling entlang und stürzte sich schließlich auf ihn wie ein schwitzender Pikenier. Der Steuermann schrammte mit dem Dampfer haarscharf am Kahn vorbei und suchte ihn so aus der Vertäuung zu reißen. In dem Moment löste Mrs. Quilter blitzartig die Festmacherleine. Die prallte erst gegen den Bug des Dampfers und sauste dann wild zwischen beiden Rümpfen hin und her. Quilter sprang flink von der Reling hinab in den Kahn und landete auf allen Vieren auf dem Deck, gerade als Captain Tulloch ihm den Bootshaken über den Schädel ziehen wollte, doch nur Mrs. Quilters Fächer traf, der ihr aus der Hand fiel und im Wasser versank.

Hell glitzerte das Sonnenlicht im Kielwasser des Dampfers, begleitet von Mrs. Quilters Hohngelächter. Ransom freute sich, die alte Frau so gut gelaunt zu sehen, und winkte ihr vom Deck seines Hausboots aus zu, doch sie war Quilter bereits durch die Luke ins Innere des Kahns gefolgt. Der Fluss, nun wieder zur Ruhe gekommen, floss träge dahin, nur gelegentlich bildeten sich ölige Wogen. Seine weißen Ufer begannen wie trockener Zement zu bröckeln, und an den Hängen formten die Schatten toter Bäume filigrane Chiffren. Oben, auf der verlassenen Straßenbrücke, fuhr ein Auto in Richtung Küste.

Ranson ging auf den Steg hinaus, um seinen Niederschlagsmesser zu überprüfen. Als er den Staub aus dem Zylinder leerte, schlenderte eine Frau in einem weißen Strandkleid keine fünfzig Meter von ihm entfernt am Ufer entlang. Ihr gemächlicher Gang erinnerte an eine Person, die, von einer langen Krankheit genesen, in dem Gefühl lebt, über alle Zeit der Welt zu verfügen. Staubwolken wie von Knochenmehl schwebten von der bröckelnden Uferböschung hinauf in die Luft. Nachdenklich sah die Frau auf das Rinnsal hinab. Als sie den Kopf zum Himmel reckte, glaubte Ransom zu sehen, wie ihre einsame Gestalt, einer Geisterscheinung gleich, aus der aufgewirbelten Staubsäule hervortrat.

Sie hatte ein markantes Gesicht und musterte ihn eindringlich, schien aber keineswegs überrascht, ihm am trockenen Flussbett zu begegnen. Ransom wiederum wusste, dass sie, obwohl er sie seit mehreren Wochen nicht mehr gesehen hatte, zu jenen gehörte, die bis zuletzt in der Stadt ausharren würden. Seit dem Tod ihres Vaters, dem vormaligen Zoodirektor von Mount Royal, lebte Catherine Austen allein in dem Haus am Fluss. Oft sah Ransom sie abends am Ufer spazierengehen, eine ferne Schwester der Löwen, deren roter Haarschopf sich bei Sonnenuntergang im Farbenmeer spiegelte. Manchmal, wenn er im Boot vorüberfuhr, hatte er sich durch Zuruf bemerkbar gemacht, doch nie eine Antwort erhalten.

Sie kniete am Ufer und betrachtete stirnrunzelnd die toten Fische und Vögel, die vorbeitrieben. Sie stand auf und ging hinüber zu Ransoms Steg.

Sie deutete auf einen alten Eimer, der am Holzgehäuse des Niederschlagsmessers hing. »Darf ich mir den ausleihen?«

Ransom reichte ihr den Eimer und sah zu, wie sie ihn vom Stegrand aus zu füllen suchte. »Haben Sie kein Wasser mehr?«

»Nur ein bisschen Trinkwasser. Es ist so heiß, ich wollte ein Bad nehmen.« Sie zog den Eimer aus dem Wasser und kippte die dunkle Flüssigkeit dann vorsichtig zurück in den Fluss. Die Innenseite des Eimers war mit einem öligen Film überzogen. Ohne sich umzudrehen, sagte sie: »Ich dachte, Sie seien wie alle anderen an die Küste gefahren, Doktor.«

Ransom schüttelte den Kopf. »Ich war eine Woche lang mit dem Boot auf dem See.« Er deutete auf die Schlickbänke, die sich hinter der Flussmündung erstreckten und aus deren feuchten Hängen die Nässe hervorperlte. »Bald schon wird man zum anderen Ufer hinüberlaufen können. Werden Sie bleiben?«

»Vielleicht.« Sie blickte hinüber zum Fischerboot, das gerade in die Flussmündung einbog und sich ihnen mit tuckerndem Motor näherte. Zwei Männer standen am Bug und betrachteten die verwaisten Kais. Eine grobe schwarze Plane hing über dem Bootsheck, unter der sich drei weitere Männer um die Ruderpinne scharten und mit verkniffenem Gesicht über das Wasser auf Ransom und Catherine Austen starrten. Mittschiffs lagen die leeren Netze des Bootes, die Breitseiten aber waren auf eine Weise verziert, die Ransom noch nie gesehen hatte. An den Ruderdollen hatten sie jeweils einen riesigen, bis zum Bauch aufgeschlitzten Karpfen befestigt und so nach außen gedreht, dass sie zum Wasser blickten. Stramm wie Wachtposten standen die sechs silbrigen Fischleiber aufrecht zu beiden Seiten des Bootes. Ransom nahm an, dass das Boot und seine Besatzung aus einer der Marschlandkolonien stammte und die Dürre und das Verschwinden des Sees die Siedler zum Fluss und nach Mount Royal getrieben hatte.

Die Bedeutung der aufgespießten Fische entzog sich ihm freilich. Die meisten Fischer aus den Marschen lebten sehr naturverbunden, und die Karpfen waren vermutlich eine Art rudimentäres Totem, ein Ausdruck des Vertrauens der Fischer in ihre eigene Existenz.

Catherine Austen berührte seinen Arm. »Sehen Sie doch bloß ihre Gesichter.« Lächelnd flüsterte sie: »Sie glauben, Sie seien schuld.«

»Am Verschwinden des Sees?« Ransom zuckte mit den Schultern. »Das nehme ich an.« Er sah, wie das Boot unter der Brücke verschwand. »Die armen Teufel, ich hoffe, sie machen auf See einen besseren Fang.«

»Die gehen doch nicht von hier weg. Haben Sie nicht die Fische gesehen?« Catherine schlenderte zum Ende des Stegs, so dass ihr weißes Kleid von den Hüften abwärts bis zu den staubigen Brettern in Schwingung geriet. »Wir leben in einer interessanten Zeit – nichts bewegt sich, und doch passiert so viel.«

»Zu viel. Es bleibt kaum genug Zeit, um auf Wassersuche zu gehen.«

»Seien Sie nicht so prosaisch. Wasser ist unser geringstes Problem.« Dann setzte sie hinzu: »Ich nehme an, Sie bleiben hier?«

»Wie kommen Sie darauf?« Ransom wartete, bis ein Lastwagen mit großem Anhänger die Brücke überquerte. »Ich habe eigentlich vor, in ein oder zwei Tagen abzureisen.«

Catherine starrte auf das freigelegte Seebett. »Fast ausgetrocknet. Merken Sie nicht, Doktor, wie alles versiegt, alle Erinnerungen und faden Gefühle?«

Aus irgendeinem Grund überraschte Ransom diese betont ironisch gemeinte Frage. Er schaute auf sie hinab, spürte ihren durchdringenden Blick und hielt ihm stand. Catherines Frotzelei sollte offenbar kaschieren, dass sie seine eigenen Ansichten und Gedanken vollkommen verstand. Auflachend hob er abwehrend die Hände. »Soll ich das als Warnung verstehen? Oder gar meinen Liegeplatz verlegen?«

»Keineswegs, Doktor«, sagte Catherine sanft. »Ich brauche Sie hier.« Sie reichte ihm den Eimer. »Haben Sie noch Wasser übrig?«

Ransom steckte die Hände demonstrativ in die Hosentaschen. Die während der letzten Monaten entstandene unentrinnbare und obsessive Fixierung auf Wasser hatte die Abwehrreflexe gesteigert. Er war erleichtert, sich ausnahmsweise einmal auf sie verlassen zu können, und schüttelte trotzig den Kopf. »Hab' ich nicht. Oder ist das ein Appell an mein Mitgefühl?«

Catherine wartete noch ein Weilchen, dann wandte sie sich ab. Sie raffte ihr Gewand zusammen, bückte sich und füllte den Eimer.

Ransom packte sie am Arm. Er deutete auf die Zubringerstraße, die vom Uferdamm hinunterführte. Direkt unter der Brücke stand ein Wohnwagen, dem Familien mit vier oder fünf Erwachsenen und einem halben Dutzend Kinder entstiegen, um ein kleines Lager zu errichten. Zwei der Männer trugen ein Chemie-Klo aus dem Trailer. Damit gingen sie, gefolgt von den Kindern, zum Ufer hinab und versanken knietief in weißem Staub. Am Wassersaum angelangt, leerten sie den Behälter und spülten ihn aus.

»Um Gottes willen…!« Catherine Austen blickte suchend zum Himmel. »Doktor, warum hinterlassen die Leute nur immer so viel Dreck?«

Ransom nahm ihr den halbvollen Eimer aus der Hand und ließ ihn zum Wasser hinab. Mit blassem, ausdruckslosem Gesicht sah Catherine zu, wie der Eimer in der öligen Brühe verschwand. Professor Austens Frau, ihrerseits eine anerkannte Zoologin, war in Afrika gestorben, als Catherine noch ein Kind war. Ransom musterte sie verstohlen und dachte, dass ein Mann, so einsam er sein mochte, jederzeit Frauen finden konnte, die sich ihm als Gefährtinnen zugesellten, während eine alleinstehende Frau immer und überall einsam und allein blieb.

Catherine raffte ihr Gewand und machte sich auf den Weg zum Ufer.

»Warten Sie«, rief Ransom. »Ich leihe Ihnen ein wenig Wasser.« Mit aufgesetztem Humor fügte er hinzu: »Sie können es mir zurückgeben, sobald wieder Druck in der Leitung ist.«

Er half ihr an Bord und ging in die Kombüse. Solange der Fluss noch Wasser führte, würde Catherine Austen zur Flussgemeinschaft gehören. Darüber hinaus gab es zwischen ihnen allerlei charakterliche Übereinstimmungen, vielleicht mehr als ihm lieb war. Aber das alles würde bald ein Ende haben. Der Tank auf dem Dach enthielt noch knapp hundert Liter, die er mühsam in Kanister abgefüllt und mit seinem Auto zum Fluss gebracht hatte. Die öffentliche Wasserversorgung, seit Sommer ohnehin nur noch ein klägliches Rinnsal, war vor drei Wochen endgültig zusammengebrochen, so dass er den sinkenden Wasserstand im Tank nicht mehr ausgleichen konnte.

Er füllte einen Kanister halbvoll mit Wasser und trug ihn in die Kajüte. Dort spazierte Catherine Austen auf und ab und begutachtete seine Bücher und kuriosen Andenken.

»Sie sind ja gut vorbereitet, Doktor. Wie ich sehe, haben Sie sich hier Ihre eigene kleine Welt geschaffen. Was außerhalb davon geschieht, berührt Sie vermutlich nur wenig.« Sie nahm den Kanister und wandte sich zum Gehen. »Sie kriegen ihn zurück. Sie werden ihn bestimmt brauchen.«

Ransom hielt sie am Ellbogen fest. Die offenkundigen Verständigungsschwierigkeiten zwischen ihm und der jungen Frau waren wie eine Warnung vor all den unsichtbaren Gefahren der im Wandel begriffenen Landschaft. »Vergessen Sie das Wasser, Catherine. Und halten Sie mich bitte nicht für selbstgefällig. Wenn ich gut vorbereitet bin, dann nur, weil…«, er suchte nach den richtigen Worten, »…ich das Leben immer schon als eine Art Katastrophengebiet, als Zumutung begriffen habe.«

Sie musterte ihn argwöhnisch. »Mag sein, Doktor, doch ich glaube, Sie haben mich nicht richtig verstanden.«

Sie stieg zum Ufer hinauf und verschwand, ohne sich noch einmal umzudrehen, in Richtung ihres Hauses.

Unter der Brücke, im Schatten der Pfeiler, scharten sich die Wohnwagenfamilien unterdessen um ein gewaltiges Abfallfeuer, dessen lodernde Flammen ihre Gesichter erglühen ließen wie bei Voodoo-Anhängern. Unten, am Wasser, stand Quilters einsame Gestalt und sah von seinem Kahn zu ihnen hinauf. Wie ein schaumgeborener Hirtenjunge stand er da auf seine Stocherstange gestützt, umgeben von Fischkadavern, so als ruhe er sich bei seiner schlafenden Herde aus. Als Ransom zum Hausboot zurückkehrte, bückte sich Quilter, schöpfte eine Handvoll Brackwasser, führte die Hand zum Mund und trank hastig, bevor er seinen Beobachtungsposten unter der Brücke verließ und mit tollpatschiger Anmut davonstakte.

4

Der sterbende Schwan

»Doktor! Schnell!« Eine halbe Stunde später, als Ransom gerade das Licht in der Kombüse löschen wollte, hörte er einen Schrei. Ein langes, hölzernes Skiff, gesteuert von einem hochgewachsenen, sonnenverbrannten Jüngling, der bis auf seine verblichenen Baumwollshorts nackt war, prallte gegen das Hausboot, als es phantomgleich aus dem Lichtschein über dem schwarzen Wasserspiegel auftauchte.

Ransom ging an Deck und sah, dass der Jüngling, Philip Jordan, das Skiff längs der Reling befestigte.

»Was gibt's, Philip?« Ransom spähte hinab in das schmale Gefährt, in dem sich ein großes Nest aus nassem Werggarn befand, bedeckt mit Öl und Baumwollresten und eingewickelt in feuchtes Zeitungspapier.

Plötzlich schnellte ein schlangenartiger Kopf aus dem Nest und reckte sich schwankend Ransom entgegen. Erschrocken rief er: »Schmeiß es ins Wasser zurück! Was ist das – ein Aal?«

»Ein Schwan, Doktor!« Philip Jordan hockte im Heck des Skiffs und strich das verklumpte Gefieder an Kopf und Hals glatt. »Das Öl erstickt ihn.« Leicht verlegen sah er Ransom mit großen Augen an. »Ich habe ihn draußen in den Dünen gefunden und zum Fluss gebracht. Ich will, dass er wieder schwimmt. Können Sie ihn retten?«

Ransom kletterte über die Reling ins Skiff. Er untersuchte Schnabel und Augen des Vogels. Zu kraftlos, um sich zu bewegen, starrte der Schwan mit glasigen Augen zu ihm auf. Das Öl hatte das Gefieder verklebt und Schlund und Atemwege verstopft.

Ransom stand kopfschüttelnd auf. »Spreize seine Flügel. Ich hole ein Lösungsmittel aus der Kajüte.«

»Gut, Doktor!«

Philip Jordan, ein Ziehkind des Flusses und dessen letzter amtierende Ariel, nahm den Vogel in die Arme und spreizte seine Flügel, bis die Spitzen des Gefieders ins Wasser eintauchten. Ransom kannte Philip seit mehreren Jahren und hatte sein Aufwachsen vom zwölfjährigen Knaben zum schlaksigen, langbeinigen Jüngling miterlebt, ausgestattet mit den flinken Augen und der feinnervigen Anmut eines Aborigine.

Vor fünf Jahren, als Ransom erstmals seine Wochenenden auf dem See verbrachte und sich aus Wasser, Wind und Sonne seine Welt neu erschuf, war Philip Jordan die einzige Person, die er in diese andersartige Lebenswirklichkeit einbeziehen konnte. Eines Nachts, als er lesend im Schein einer Laterne im Steuerhaus seines Bootes saß, das an einem verfallenen Kai irgendwo in den Marschen vertäut war, hörte er ein Plätschern im Wasser und sah, dass ein schlanker, braungesichtiger Jüngling in einem selbstgebauten Dinghi aus der Dunkelheit herbeipaddelte. Der Jüngling blieb einige Meter auf Abstand, antwortete nicht auf Ransoms Fragen, sondern musterte den Arzt lediglich aus großen Augen. Er trug ein ausgeblichenes Khakihemd und eine Hose, die früher wohl einmal zu einer alten Pfadfinderuniform gehörte. Für Ransom war er halb Waisenkind, halb Wasserelf.

Als Ransom seine Lektüre wieder aufnahm, griff der Jüngling zum Paddel, tauchte es in das flüssige Silber des nächtlichen Wassers und zog sich zwanzig Meter zurück. Dann näherte er sich erneut und holte zwischen seinen Füßen eine kleine braune Eule hervor. Er nahm sie hoch und zeigte sie ihm – oder besser, wie Ransom mutmaßte, zeigte ihn der Eule, der Schutzgottheit seiner Wasserwelt – und verschwand dann erneut im Schilf.

Nach ein oder zwei Nächten tauchte er wieder auf und nahm diesmal bereitwillig die Reste eines kalten Huhns entgegen, die Ransom ihm anbot. Schließlich beantwortete er ihm auch einige seiner Fragen, doch nur die nach der Eule, dem Fluss und seinem Boot.

Ransom vermutete, dass er zu einer der Familien gehörte, die in einer Hausbootkolonie im Dickicht der Sümpfe lebten.

Im Laufe des nächsten Jahres sah er den Jüngling von Zeit zu Zeit. Er ließ sich gelegentlich mit Ransom im Steuerhaus des Bootes zum Essen nieder und half ihm, das Boot zur Flussmündung zu steuern. Hier nahm er jedes Mal von Ransom Abschied, denn das offene Seegewässer wollte er nicht verlassen. Er war ein Freund der Wasservögel und konnte Schwäne und Wildgänse zähmen. Er nannte beharrlich immer nur seinen Nachnamen, was darauf schließen ließ, dass er aus einer Einrichtung geflohen war und nun in der Wildnis lebte. Seine eigentümliche Kostümierung – manchmal erschien er in einem Paletot oder einem Paar alter Schuhe, die drei Nummern zu groß waren – schien diese Vermutung zu bestärken. Im Winter war er oft dem Hungertod nahe und zog sich mit dem Essen, das ihm Ransom gab, eilig wieder zurück.

Immer wieder überlegte Ransom, ihn der Polizei zu melden, weil er befürchtete, der Jüngling könnte eines Tages nach einem kalten Wochenende als Leiche mit den Fischen flussabwärts treiben. Doch irgendetwas hielt ihn zurück: einerseits sein wachsender Einfluss auf Philip – er lieh ihm Papier und Buntstifte und brachte ihm das Lesen bei –, und andererseits seine Faszination für das Schauspiel, das ihm dieser Hungerleider der Wasserläufe bot, der aus den Abfällen des zwanzigsten Jahrhunderts seine eigene Welt erschuf, ein Lumpensammler, der jeden Nagel und jeden Angelhaken aufhob und sich allmählich in einen listigen jungen Odysseus der Uferregion verwandelte.

Als Ransom das Terpentin und die Putzwolle aus dem Kombüsenspind holte, machte er sich Vorwürfe, weil Philip, den er aus selbstsüchtigen Gründen vor Jahren nicht angezeigt hatte, jetzt vielleicht einen schrecklichen Preis dafür würde zahlen müssen. Der Fluss war inzwischen ein ebenso wenig natürliches Umfeld wie eine Handvoll Kieselsteine und ein paar Wasserpflanzen in einem Aquarium, und verschwände der Fluss eines Tages ganz, bliebe auch Philip Jordan mit seinem Repertoire an Fertigkeiten auf der Strecke, die so nützlich wären wie ein auf dem Trockenen zappelnder Fisch. Philip war gewiss kein Dieb – doch woher stammten all die geheimnisvollen ›Geschenke‹: Klappmesser, ein Feuerzeug, sogar eine alte, vergoldete Uhr?

»Beeilen Sie sich, Doktor!«, rief Philip Jordan zur Reling hoch. Der Schwan lag mit ausgebreiteten Schwingen da, das Gefieder ölverschmiert.

»Nur mit der Ruhe, Philip!« Ransom begann, den Schnabel des Schwans zu reinigen. Der Vogel reagierte nur schwach auf den manuellen Druck, schien er doch fast schon tot zu sein, erstickt durch die Last des Öls.

Philip Jordan rief: »Lassen Sie's, Doktor! Ich bringe ihn in die Kombüse und schrubbe das Öl ab.« Er hob den Vogel hoch und suchte seinen schlaffen Kopf zu stützen, doch Ransom hielt ihn an der Schulter fest. »Was ist los?«

»Philip, ich kann das Wasser nicht entbehren. Der Vogel ist doch fast tot.«

»Das stimmt nicht, Doktor!« Als Philip nach festem Halt im Skiff suchte, drohte ihm der Vogel aus den ölverschmierten Armen zu gleiten. »Ich kenne Schwäne – die kommen zurück.« Er ließ den Vogel los, der zwischen seine Füße sank. »Schauen Sie doch, ich brauche nur einen Eimer Wasser und etwas Seife.«

Unwillkürlich blickte Ransom zu Catherine Austens Haus hinauf. Zusätzlich zum Wassertank auf dem Dach gab es einen zweiten Tank mit knapp achthundert Liter im Ponton des Hausboots. Eine innere Stimme hatte ihn jedoch davor gewarnt, Philip Jordan davon zu erzählen.

Ransom wies zum Himmel, denn er wusste, dass er Philip bei seinen Abreiseplänen würde berücksichtigen müssen. Tote Vögel und Wassertiere trieben vorbei. »Die Dürre kann noch zwei oder drei Monate andauern. Da gibt es einfach Dinge, die Vorrang haben.«

»Die gibt es in der Tat, Doktor!« Mit versteinerter Miene ergriff Philip Jordan die Achterleine und machte sie los. »Also gut, ich werde Wasser finden. Im Fluss ist noch genug.«

»Philip, mach' dir keine Vorwürfe.«

Ransom sah zu, wie er ablegte und mit seinen starken Armen das Skiff über den Fluss stakte. Mit gespreizten Beinen und gebeugtem Rücken stand er am Heck, während die ausgebreiteten Schwingen des sterbenden Vogels ins Bugwasser tauchten, und Ransom fühlte sich erinnert an den vom Meer verstoßenen und nun mit seinem verwundeten Albatros an Land zurückgekehrten alten Seefahrer.

5

Die Wüste

Die weißen Fischkadaver hingen im Trockenschuppen an ihren Haken und drehten sich im warmen Sonnenlicht. Die Bootshäuser waren verlassen, und die unbeaufsichtigten Fischerboote lagen nebeneinander mit ausgebreiteten Netzen im Schlick. Unterhalb des letzten Piers hatte jemand zwei oder drei Tonnen kleinerer Fische über die Böschung gekippt, so dass der Hang mit silbrigen Kadavern übersät war.

Ransom wandte sich ab, um dem Gestank zu entkommen und sah dabei hoch zum Kai. Im Schatten hinter dem Bootshaus saßen zwei Fischer, die ihn, die Augen unter Schirmmützen verborgen, belauerten. Die anderen Fischer waren fort, doch dieses Paar schien willens, dort eisern auszuharren, vor sich das staubbedeckte Boot, das sie von dem versiegenden Fluss trennte, wie zwei Witwen mit einem Sarg.

Ransom watete durch die Flut der Fischleiber und rutschte immer wieder auf den glitschigen Kadavern aus. Fünfzig Meter weiter entdeckte er ein altes Beiboot am Ufer, das ihm die Überquerung der Straßenbrücke ersparte. Er stieß sich ab, gelangte hinüber auf die andere Seite und ging dann am Ufer entlang weiter nach Hamilton.

Auf der Oberfläche des Sees hatten sich Kreise gebildet, die aufwallten und in der Hitze verdunsteten. Durch das einst offene Gewässer am Südrand mit seinen weißen Stränden, das nach Einsetzen der Dürre den Wasserläufen und Sümpfen aus Philip Jordans Wasserwelt gewichen war, zogen sich nun morastige Kanäle. Die Dünen wurden von hohen Stützpfeilern und Gerüstbrücken einer Destillationsanlage überragt, die einst von der Stadtverwaltung zu Versuchszwecken errichtet worden war. Entlang des Ufers stiegen immer wieder dunkle Rauchfahnen von Schilffeuern aus den verlassenen Siedlungen in den Himmel auf, wie kalligraphische Zeichen eines urtümlichen Wüstenvolks.

Am Stadtrand angekommen, kletterte Ransom die Böschung hinauf, ließ den Fluss hinter sich und gelangte über einen verlassenen Garten, den er durchquerte, auf die dahinter liegende Straße. Da schon seit Langem kein Regen mehr gefallen war, waren die Straßen voller Staub und Papierfetzen, das Trottoir übersät mit Unrat. Man hatte Planen über die Swimmingpools gespannt, deren quadratische Fetzen nun überall am Boden verstreut herumlagen wie Zeltruinen. Die einst gepflegten, von Weiden und Platanen beschatteten Rasen und von Zwergpalmen und Rhododendren gesäumten Straßen gab es nicht mehr; geblieben war ein Gewirr verwahrloster Gärten. Die meisten Menschen aus Ransoms Nachbarschaft hatten sich dem Exodus zur Küste angeschlossen. Hamilton war jetzt eine Wüstenstadt, die nur noch über einige wenige Wasserlöcher verfügte, erbaut auf einer sandigen Landzunge zwischen einem ausgetrockneten See und einem vergessenen Fluss.

Noch vor zwei oder drei Monaten hatten zahlreiche Einwohner in ihren Gärten Holztürme errichtet, manche bis zu zwölf Meter hoch, und mit kleinen Aussichtsplattformen versehen, die ihnen freien Blick auf den südlichen Horizont gewährten. Nur in diesem Quadranten waren Wolken zu erwarten, sofern das Wasser an der Meeresoberfläche hätte verdunsten können.

Als er zu den verlassenen Aussichtstürmen hochblickte – er hatte da bereits den halben Weg auf dem Columbia Drive zurückgelegt –, bedrängte ihn ein vorbeifahrendes Auto und zwang ihn, sich auf das Trottoir zu retten. In zwanzig Meter Entfernung hielt es an.

»Ransom, sind Sie es? Soll ich Sie mitnehmen?«

Ransom überquerte die Straße und erkannte den grauhaarigen Mann mit dem Kollar – Reverend Howard Johnstone, Pfarrer der presbyterianischen Kirche von Hamilton.

Johnstone öffnete die Tür, schob eine Schrotflinte zur Seite und musterte Ransom mit scharfem Blick.

»Ich hätte Sie fast überfahren«, sagte er zu Ransom und gab ihm, kaum hatte er sich gesetzt, eilends ein Zeichen, die Tür zu schließen. »Warum zum Teufel tragen Sie diesen Bart? Sie haben doch nichts zu verbergen.«

»Natürlich nicht, Howard«, erwiderte Ransom. »Der ist nur zur Buße. Eigentlich dachte ich, er stünde mir.«

»Tut er aber nicht. Glauben Sie mir.«

Reverend Johnstone, ein Mann von kräftiger Statur und eigensinnigem Temperament, gehörte zu den Pfaffen, die ihre Gemeinden nicht so sehr durch die Aussicht auf künftige göttliche Gerechtigkeit einschüchtern, sondern durch die Androhung unmittelbarer körperlicher Vergeltung im Hier und Jetzt. Weit über einsachtzig groß, auf dem wuchtigen Kopf eine Krone aus grauem, struppigem Haar, überragte er all seine Gemeindemitglieder und musterte jeden Einzelnen von der Kanzel herab wie ein übellauniger Schuldirektor, der für einen Tag eine Unterstufe unterrichten muss und ihnen möglichst viel einzutrichtern sucht. Was immer er tat, er wirkte durch sein langes, fliehendes Kinn stets ein wenig unberechenbar, doch in den letzten Monaten hatte er sich als wahre Stütze der Seegemeinde erwiesen. Ransom fand seine angriffslustige Art unerträglich – und die misstrauischen Augen und mangelnde Nächstenliebe ließen ihn zudem an den Motiven des Seelsorgers zweifeln –, dennoch war er froh, ihn jetzt zu sehen. Auf Johnstones Betreiben waren mehrere artesische Brunnen gebohrt und eine örtliche Miliz rekrutiert worden, angeblich um die Kirche und das Eigentum ihrer Gemeindemitglieder zu schützen, in Wirklichkeit aber, um Durchreisende, die auf dem Highway nach Süden fuhren, von der Stadt fernzuhalten.

In letzter Zeit hatte Johnstone eine sonderbare Eigenart entwickelt, eine heftige moralische Verachtung für all jene, die den Kampf gegen die Dürre aufgegeben und sich an die Küste zurückgezogen hatten. In einer Reihe von Kampfpredigten, die er an den letzten drei, vier Sonntagen gehalten hatte, warnte er seine Schäfchen, dass sie sich versündigten, wenn sie den Kampf gegen die Naturgewalten scheuten. Einer sonderbaren Logik folgend schien er zu glauben, der Kampf gegen die Dürre wie gegen das Böse selbst liege in der Verantwortung jeder Gemeinde und jedes Einzelnen im Land, und um den Kampfgeist zu erhalten, müsse die Rivalität zwischen den Wettstreitenden, Bruder gegen Bruder, geschürt werden. Dennoch hatten sich die meisten seiner Schäfchen inzwischen aus dem Staub gemacht, nur Johnstone war in seiner bedrängten Kirche geblieben und hielt seine Predigten nun vor einer Schar von kaum mehr als einem halben Dutzend Menschen.

»Haben Sie sich letzte Woche versteckt?«, fragte er Ransom. »Ich dachte schon, Sie seien fort.«

»Keineswegs, Howard«, versicherte ihm Ransom. »Ich war Angeln. Doch zu Ihrer Sonntagspredigt wollte ich unbedingt zurück sein.«

»Sparen Sie sich den Spott für später, Charles. Reue in letzter Minute mag besser sein als gar nichts, doch von Ihnen erwarte ich mehr.« Mit kräftigem Griff packte er Ransoms Arm. »Ich bin froh, Sie zu sehen. Wir brauchen hier jeden, den wir kriegen können.«

Ransom blickte auf die verlassene Straße hinaus. Die meisten Häuser standen leer, die Fenster waren mit Brettern vernagelt, die Swimmingpools bis auf den letzten Tropfen leergepumpt. Reihenweise parkten zurückgelassene Autos unter verdorrten Platanen, und auf der Straße türmten sich weggeworfene Konservendosen und Kartons. Heller, feinkristalliner Staub hatte sich an den Zäunen abgelagert. Abfallfeuer schwelten unbeaufsichtigt auf verbrannten Rasen, deren Rauch über die Dächer zog.

»Ich bin froh, dass ich mich herausgehalten habe«, sagte Ransom. »Ist so weit alles ruhig geblieben?«

»Ja und nein. Mancherorts gab's ein paar kleine Probleme. Ich bin übrigens gerade auf dem Weg zu so einem Fall.«

»Was ist mit der Nachhut der Polizei? Ist sie bereits abgezogen?«

Bei Ransoms scheinbar beiläufig gestellter Frage lächelte Johnstone verständnisvoll. »Sie rücken heute ab, Charles. Doch Sie haben noch Zeit, sich von Judith zu verabschieden. Besser wäre es, Sie könnten sie zum Bleiben bewegen.«

»Das kann ich nicht, selbst wenn ich es wollte.« Ransom beugte sich vor und zeigte mit dem Finger durch die Windschutzscheibe. »Was ist das denn?«

Sie bogen in die Amherst Avenue ein und hielten vor der Kirche an der Ecke. Eine Gruppe von fünf oder sechs Männern, Mitglieder von Johnstones Gemeindemiliz, umringte eine staubige grüne Limousine und schrie auf den Fahrer ein. Es herrschte Zwielicht, und die Gemüter erhitzten sich so sehr, dass die Männer den Wagen hin- und herschaukelten und mit ihren Gewehren aufs Dach trommelten. Fäuste flogen. Ein stämmiger, breitschultriger Mann mit verdrecktem Panamahut stürzte sich wie ein bissiger Terrier auf die Männer. Als er im Getümmel aus dem Blickfeld geriet, schrie eine Frau laut auf.

Johnstone packte seine Schrotflinte und ging mit Ransom im Schlepptau auf die Gruppe zu. Der Besitzer der Limousine kämpfte mit drei Männern, die ihn zu Fall gebracht hatten und am Boden festhielten. Als jemand rief: »Hochwürden ist da!«, blickte er mit grimmiger Entschlossenheit vom Boden auf, wie ein Ketzer, der unfreiwillig zum Gebet gezwungen wird. Vom Beifahrersitz des Wagens aus sah eine kleine, mondgesichtige Frau hilflos dem Treiben zu. Hinter ihr lugten durch das Seitenfenster, zwischen allerlei Krimskrams und Koffern, drei bleichgesichtige Kinder hervor, darunter ein achtjähriger Junge.

Mit erhobener Flinte zerrte Johnstone die Männer auseinander. Seine mächtige Gestalt überragte die anderen um mehr als eine Haupteslänge.

»Das reicht! Ich kümmere mich um ihn!« Mit einer Hand half er dem Fahrer auf die Beine. »Wer ist das? Was hat er getan?«

Edward Gunn, Besitzer der heimischen Eisenwarenhandlung, trat vor und zeigte mit seinem Finger anklagend auf den Mann mit dem grauen, spitzen Gesicht. »Ich habe ihn in der Kirche erwischt, Hochwürden, mit einem Eimer. Er hat Wasser aus dem Taufbecken genommen.«

»Aus dem Taufbecken?« Johnstone blickte hoheitsvoll auf den stämmigen Fahrer herab. Hohntriefend brüllte er: »Wollten Sie sich taufen lassen, bevor der letzte Tropfen Wasser auf der Welt verschwunden ist?«

Der stämmige Mann schob Gunn zur Seite. »Nein, ich brauchte Trinkwasser! Wir haben heute fast fünfhundert Kilometer zurückgelegt – sehen Sie sich meine Kinder an, die sind so durstig, dass sie nicht einmal mehr weinen können!« Er öffnete seine lederne Brieftasche und holte ein Bündel schmieriger Banknoten hervor. »Ich will keine Almosen, ich zahle gutes Geld dafür.«

Johnstone schob das Geldbündel mit dem Lauf der Schrotflinte beiseite. »Mein Sohn, wir nehmen hier kein Geld für Wasser. Man kann sich von den Dürren dieser Welt nicht freikaufen, man muss sie bekämpfen. Sie hätten dort bleiben sollen, wo Sie hergekommen sind, in Ihrer Heimat.«

»Genau!«, unterbrach ihn Edward Gunn. »Scheren Sie sich dorthin zurück, von wo Sie gekommen sind.«

Der stämmige Mann spuckte angewidert aus. »Die Gegend, aus der ich stamme, ist fast tausend Kilometer entfernt, da gibt es nichts mehr außer Staub und totes Vieh!«

Ransom ging zu ihm hinüber. Johnstones tyrannisches Gebaren schien die Probleme nur zu verschärfen. Zum Besitzer der Limousine sagte er: »Beruhigen Sie sich. Ich gebe Ihnen etwas Wasser.« Er riss eine Seite aus einem alten Rezeptblock, den er in seiner Tasche trug, und deutete auf die Adresse. »Fahren Sie um den Block, dann parken Sie am Flussufer und gehen zu Fuß zu meinem Haus hinunter. Einverstanden?«

»Nun…« Der Mann sah Ransom misstrauisch an, dann entspannte er sich. »Vielen Dank, ich bin froh, dass es hier wenigstens einen gibt, der bereit ist zu helfen.« Er hob seinen Panamahut vom Boden auf, bog die Krempe zurecht und klopfte den Staub ab. Er nickte Johnstone herausfordernd zu, kletterte ins Auto und brauste davon.

Gunn und die anderen Männer der Bürgerwehr zerstreuten sich und schlenderten zwischen toten Bäumen an den Autokolonnen entlang.

Als Johnstone seine kräftige Gestalt hinter das Lenkrad wuchtete, sagte er: »Das war ausgesprochen nett von Ihnen, Charles, geht aber am Problem vorbei. Es gibt nur wenige Orte in diesem Land, die gar keine Wasservorräte mehr haben, man muss nur hart genug dafür arbeiten, um sie zu erschließen.«

»Ich weiß«, sagte Ransom. »Aber betrachten Sie es doch einmal aus seiner Sicht. Tausende von toten Rindern auf den Weiden – da müssen diese armen Farmer doch glauben, das Ende der Welt sei gekommen.«

Johnstone schlug mit der Faust aufs Lenkrad. »Das haben nicht wir zu entscheiden! Viel zu viele Menschen ruhen sich heute auf ihren Schwächen aus, und das ist die versteckte Botschaft dieser Dürre. Ich hätte dem Kerl ja etwas Wasser gegeben, Charles, doch ich wollte, dass er sich dessen würdig erweist und zunächst Zivilcourage zeigt.«

»Natürlich«, sagte Ransom ausweichend. Noch vor fünf Minuten hatte er sich gefreut, Johnstone zu sehen, jetzt aber merkte er, dass der Geistliche der sich wandelnden Landschaft seine eigenen Vorstellungen aufzwingen wollte, nicht anders als er selbst. Er war erleichtert, als Johnstone ihn am Ende der Straße aussteigen ließ.

Auf der rechten Seite, mit Blick auf die Flussmündung und den See, stand die Villa aus Glas und Beton, die Richard Foster Lomax gehörte. Dort, wo das Außenbecken des Swimmingpools endete, warf ein Springbrunnen Regenbögen aus Licht in die Luft. Am Rande des Schwimmbeckens stolzierte Lomax umher, die Hände in den Taschen seines weißen Seidenanzugs vergraben, und rief jemandem im Wasser mit spöttischer Stimme etwas zu.

Johnstone deutete auf Lomax. »So sehr ich Lomax auch verachte, so beweist er doch, dass ich recht habe.« Zum Abschied lehnte er sich aus dem Fenster und rief Ransom spitzzüngig hinterher: »Vergessen Sie nicht, Charles, Nächstenliebe muss man sich verdienen!«

6

Das darbende Land

Ransom machte sich auf der menschenleeren Straße auf den Heimweg und überdachte diese unverblümte, wenngleich zutreffende Kritik an seinen eigenen Motiven. In der Einfahrt zum Haus, vor dem Garagentor, stand sein Auto, das er aus irgendeinem Grund fast nicht wiedererkannte, so als kehrte er nicht nach einer Woche, sondern nach mehrjähriger Abwesenheit zurück. Eine dünne Staubschicht lag auf der Karosserie und den Sitzen, als wäre das Auto bereits ein Schemen seiner selbst, auf dem die vergangene Zeit wie Tau abperlt. Eine ähnliche Auflösung der festen Konturen zeigte sich auch im Garten, wo ein feiner Schlammüberzug auf Schaukelstühlen und Metalltisch die vertraute Silhouette verwischte. Auch die Fensterbänke und Dachrinnen waren mit jener Flugasche übersät, die Ransoms Wahrnehmung trübte. Als er den Staub betrachtete, der sich an den Mauern angesammelt hatte, sah er fast schon das Bild vor sich, das sich in einigen Jahren böte: ein urzeitliches Hügelgrab, eine Mastaba aus weißer Asche, die einem vergessenen Nomaden einmal als Wohnsitz gedient hatte.

Er betrat das Haus und sah die staubigen Abdrücke kleiner Schuhe, die sich über den Teppich verteilten und an der Treppe verblassten wie die Hinterlassenschaft eines Wesens, das aus der Zukunft zurückkehrt. Als er das Mobiliar im Flur betrachtete, war Ransom einen Moment lang versucht, die Fenster zu öffnen, damit der Wind alles aufwirbele und die Vergangenheit hinwegfege; zum Glück hatten Judith und er das Haus in den zurückliegenden Jahren nur als *pied à terre* genutzt.

Auf dem Flurboden unterhalb des Briefschlitzes lag ein dicker Umschlag mit amtlichen Mitteilungen. Ransom trug den Umschlag ins Wohnzimmer. Er setzte sich in einen Sessel und blickte durch die Verandatür auf den vergilbten Staubstreifen, der einmal sein Rasen gewesen war. Hinter den verdorrten Hecken ragte der Wachturm seines Nachbarn in die Höhe, doch der Rauch der Abfallfeuer nahm ihm die Sicht auf den See und den Fluss.

Er überflog die amtlichen Verlautbarungen. Sie beschrieben nacheinander das Ende der Dürreperiode und die erfolgreich durchgeführten Maßnahmen zur Erzeugung von Regen, die Gefahren beim Trinken von Meerwasser und schließlich, was beim Aufbruch zur Küste alles zu beachten ist.

Er stand auf und wanderte im Haus umher, unschlüssig, wie er die Aufgabe, dessen Ressourcen zu mobilisieren, bewerkstelligen sollte. Im Kühlschrank war geschmolzene Butter auf die darunter liegende Ablage getropft. Der Geruch von ranziger Milch und verdorbenem Fleisch ließ ihn flugs die Tür schließen. In den Regalen der Speisekammer lagerten allerlei Konserven und Cerealien, und im Dachtank gab es noch einen kleinen Wasservorrat, doch das war weniger weiser Voraussicht geschuldet als vielmehr der Tatsache, dass Judith, nicht anders als er, die Mahlzeiten zumeist außer Haus einnahm.

Das Haus war ein Spiegel dieser inneren und äußeren Leere. Die neutrale Einrichtung und Dekoration war so unpersönlich und frei von Assoziationen wie in einem Motel und – so viel verstand Ransom – unbewusst genau aus diesem Grund ausgewählt worden. Das Haus war gewissermaßen ein perfektes Modell des raumzeitlichen Vakuums, das sich in das Kontinuum seines privaten, alternativen Universums im Hausboot am Fluss einfügte. Er fühlte sich bei seinem Rundgang durchs Haus nicht als dessen Besitzer, sondern eher wie ein Besucher, den man dort vergessen hatte, ein schattenhafter und kaum noch fassbarer Doppelgänger seiner selbst.

Der Musikschrank stand unberührt neben dem verwaisten Kamin. Ransom schaltete das Radio ein und aus und erinnerte sich auf einmal an ein altes Transistorradio, das Judith einst gekauft hatte. Er ging hoch in ihr Schlafzimmer. Die meisten ihrer Kosmetikartikel waren vom Schminktisch geräumt, nur eine Reihe leerer Flaschen stand vor dem Spiegel. Mitten auf dem Bett lag ein großer, bis zum Rand vollgestopfter blauer Koffer.

Ransom starrte ihn an. Es war offenkundig, was der Koffer bedeutete, dennoch fragte er sich kurioserweise, ob Judith zu guter Letzt nicht doch noch zu ihm zurückkommen werde. Ironische Umkehrungen dieser Art waren für den allmählichen Zerfall ihrer Ehe kennzeichnender gewesen als frustriertes Geplänkel und lauter Streit, wie bei einem riesigen Uhrwerk, das sich allmählich abnutzt und hin und wieder – relativ betrachtet – rückwärts zu laufen schien. Von der Küchentür war ein zaghaftes Klopfen zu hören. Ransom ging die Treppe hinunter, und da stand der Besitzer der grünen Limousine mit dem Hut in der Hand. Mit kurzem Nicken betrat er die Küche. Er stakste so steif umher, als sei er es nicht gewohnt, sich im Innern eines Hauses zu bewegen. »Geht es Ihrer Familie gut?«, fragte Ransom.

»Es geht so. Wer ist dieser Spinner unten am See?«

»Sie meinen das Betonhaus mit dem Swimmingpool? Es gehört einem hiesigen Exzentriker. Machen Sie sich um den keine Sorgen.«

»Er ist derjenige, der sich Sorgen machen sollte«, entgegnete der untersetzte Mann. »Wer so verrückt ist, wird bald in Schwierigkeiten sein.«

Er wartete, während Ransom einen Zehn-Liter-Kanister am Wasserhahn des Küchenbeckens befüllte. Weil der Druck fehlte, tröpfelte das Wasser nur. Als Ransom ihm den Kanister schließlich überreichte, wirkte er wie ausgewechselt, als hätte er, bis er es selbst mit Händen greifen konnte, nicht so recht an die Möglichkeit geglaubt, Wasser zu erlangen.

»Das ist sehr freundlich von Ihnen, Doktor. Ich heiße Grady, Matthew Grady. Damit halten die Kinder bis zur Küste durch.«

»Trinken Sie selbst aber auch etwas. Sie sehen aus, als hätten Sie es nötig. Es sind ja nur noch hundertsechzig Kilometer.«

Grady nickte skeptisch. »Mal sehen. Aber vermutlich werden die letzten Kilometer sehr anstrengend. Die könnten uns zwei Tage kosten, vielleicht auch drei. Und Meerwasser kann man nicht trinken. Doch der Weg hinunter zum Strand ist erst der Anfang.« Beim Hinausgehen sagte er noch, als nötige ihm das Wasser in der Hand wenigstens einen kleinen, gutgemeinten Ratschlag ab: »Doktor, uns stehen raue Zeiten bevor. Brechen Sie auf, solange Sie es noch können.«

Ransom lächelte. »Ich bin bereits im Aufbruch. Sie können mir ja einen Platz am Strand freihalten.« Er sah, wie Grady den Kanister in seinen Mantel hüllte, damit die Auffahrt hinabwankte und, nach rechts und links spähend, zwischen den Autos verschwand.

Da er sich in dem leeren Haus nicht recht entspannen konnte, beschloss Ransom, in der Einfahrt auf Judith zu warten. Die feine Asche unbeaufsichtigter Feuer schwebte in der Luft und fiel zu Boden, also stieg er ins Auto und säuberte Sitzpolster und Armaturenbrett. Er schaltete das Radio ein und lauschte den von den wenigen noch funktionierenden Radiosendern ausgestrahlten Nachrichten.

Die weltweite, seit fünf Monaten herrschende Dürre kennzeichnete nur den Höhepunkt einer Reihe anhaltender Dürreperioden, die in der letzten Dekade rund um den Globus immer häufiger aufgetreten waren. Zehn Jahre zuvor war es weltweit zu einer bedrohlichen Lebensmittelknappheit gekommen, als die saisonalen Niederschläge in einigen wichtigen Agrargebieten unverhofft ausblieben. Nach und nach verwandelten sich so weit auseinander liegende Gebiete wie Saskatchewan und das Loire-Tal, Kasachstan und die Tee-Region von Madras in trockene Staubwüsten. Die nachfolgenden Monate brachten wenig mehr als ein paar Zentimeter Regen, so dass diese Ackerflächen nach zwei Jahren völlig verödeten. Hatte sich die Bevölkerung dann anderswo angesiedelt, blieben diese neuen Wüstenregionen sich selbst überlassen. Als Gebiete solcher

Art vermehrt auf der Landkarte auftauchten und die weltweite Versorgungslage mit Nahrungsmitteln immer prekärer wurde, gab es erste Versuche der globalen Wetterkontrolle. Eine Untersuchung der FAO, der Ernährungs- und Landwirtschaftsorganisation der Vereinten Nationen, zeigte, dass die Flusspegel und Grundwasserspiegel überall einen dramatischen Tiefstand erreicht hatten. Ein Gebiet von sechseinhalb Millionen Quadratkilometern, das der Amazonas einst bewässerte, war auf weniger als die Hälfte dieser Fläche geschrumpft. Viele seiner Nebenflüsse waren völlig versiegt, und die Luftaufnahmen zeigten, dass große Teile des einstigen Regenwalds bereits ausgetrocknet und versteinert waren. In Khartum, Unterägypten, war der Weiße Nil sechs Meter unter seinen noch vor zehn Jahren gemessenen mittleren Pegelstand gesunken, so dass die Schleusen des Assuan-Staudamms tiefer gelegt werden mussten.

Trotz weltweiter Versuche, Wolken zu impfen und zum Abregnen zu zwingen, nahmen die Niederschlagsmengen weiterhin ab. Die Cloud-Seeding-Maßnahmen wurden schließlich eingestellt, als sich herausstellte, dass sie weder Wolken noch Regen produzierten. An diesem Punkt fokussierte sich die Aufmerksamkeit auf die eigentliche Quelle des Niederschlags – die Meeresoberfläche. Es bedurfte nur einer kurzen wissenschaftlichen Untersuchung, um festzustellen, dass hier der Ursprung der Dürre zu finden war.

Die küstennahen Gewässer der Weltmeere waren bis auf eine Entfernung von etwa eintausendsechshundert Kilometer mit einem dünnen, aber widerstandsfähigen monomolekularen Film bedeckt, der aus einem Komplex gesättigter, langkettiger Polymere bestand, hervorgerufen durch riesige Mengen an Industrieabfällen, die in den letzten fünfzig Jahren in die Meere verklappt worden waren. Diese hochviskose, sauerstoffdurchlässige Membran überzog die Wasseroberfläche und verhinderte weitgehend die Verdunstung des Wassers im darüber liegenden Luftraum. Obwohl die Struktur dieser Polymere schnell erkannt wurde, fand man keine Möglichkeit, sie zu beseitigen. Die gesättigten Ketten, die in dem perfekten organischen Bad des Meeres entstanden, waren völlig reaktionslos und versiegelten die Oberfläche, die nur bei hohem Wellengang mitunter noch aufbrach. Flotten von Trawlern und Kriegsschiffen, ausgerüstet mit rotierenden Dreschflegeln, fuhren nun die Atlantik- und Pazifikküste Nordamerikas und an den Küsten Westeuropas auf und ab, ohne jedoch mehr als nur kurzfristige Erfolge zu erzielen. Auch das Absaugen des gesamten Oberflächenwassers brachte nicht mehr als eine vorübergehende Atempause, denn der Film erneuerte sich rasch und wuchs von allen Seiten wieder zusammen, gespeist aus einem aus tiefer gelegenen Schichten stammenden Reservoir.

Wie diese Polymere entstanden, war nach wie vor unklar, doch Abermillionen Tonnen hochaktiver Industrieabfälle – unerwünschte Ölrückstände, kontaminierte Katalysatoren und Lösungsmittel – wurden weiterhin in die Meere geleitet, wo sie sich mit Atommüll und den Abwässern aus Kläranlagen vermischten. Aus diesem Gebräu hatte das Meer eine nur aus wenigen Atomen bestehende Haut gebildet, doch die war fest genug, um die Länder zu verwüsten, die es einst bewässerte.

Dieser ozeanische Vergeltungsschlag, so einfach wie gerecht, hatte Ransom stets beeindruckt. Filme aus Cetylalkohol wurden schon lange verwendet, um zu verhindern, das sich die Menge gespeicherten Wassers in Staudämmen und Wasserreservoirs durch Verdunstung reduzierte; die Natur hatte das Prinzip lediglich erweitert und damit das Gleichgewicht der Elemente allmählich zum Kippen brachte. Wie um die Menschheit weiter zu foppen, zogen fortwährend mächtige Kumuluswolken auf die Küsten zu, die sich, madonnengleich mit kühlem Regen beladen, nach wie vor über den zentralen Meeresoberflächen bildeten, ihre Fracht freilich stets in der trockenen, ungesättigten Luft über den versiegelten Küstengewässern abwarfen, niemals über dem darbenden Land.

7

Das Gesicht

Ein Polizeiauto näherte sich von der Straße und hielt in fünfzig Meter Entfernung. Nach einer taktvollen, mehr der Gewohnheit als dem Anstand geschuldeten Pause stieg Judith Ransom aus. Sie beugte sich zum Fenster hinunter und wechselte ein paar Worte mit Captain Hendry. Nach erfolgtem Uhrenvergleich eilte sie zur Auffahrt hinauf. Sie merkte nicht, dass Ransom in dem zugestaubten Auto saß und ging ins Haus.

Ransom wartete, bis sie die Treppe hinaufgegangen war. Dann stieg er aus dem Auto und schlenderte zu Hendry hinüber. Ransom schätzte den Captain, und in den letzten zwei Jahren hatte sich ihre Beziehung zueinander als stabilste Seite des Dreiecks erwiesen – ja war sogar, wie Ransom gelegentlich vermutete, ihr wichtigstes Band. Wie lange Judith und Hendry, auf sich alleine gestellt, die Fährnisse des Küstenlebens überleben würden, blieb abzuwarten.

Als Ransom das Auto erreichte, legte Hendry die Karte beiseite, die er gerade studierte.

»Immer noch hier, Charles? Hast du nicht Lust auf ein paar Tage am Strand?«

»Ich kann nicht schwimmen.« Ransom deutete auf die Campingausrüstung auf dem Rücksitz. »Das sieht ja alles beeindruckend aus. Von dieser Seite kenne ich Judith gar nicht.«

»Ich bisher auch nicht. Vielleicht ist das ja auch alles nur Wunschdenken. Hab' ich deinen Segen?«

»Na klar. Und Judith auch, das weißt du doch.«

Hendry blickte zu Ransom hoch. »Du klingst, als ginge dich das alles nichts an, Charles. Was hast du vor – willst du hier ausharren, bis sich die Gegend in eine Wüste verwandelt?«

Ransom zeichnete seine Initialen in den Staub unter dem Scheibenwischer. »Eine Wüstenei ist sie doch längst. Vielleicht fühle ich mich hier einfach heimisch. Ich möchte noch ein paar Tage bleiben und darüber nachdenken.«

»Besser du als ich! Aber wirst du irgendwann wirklich gehen?«

»Bestimmt. Es ist nur eine Laune von mir, weißt du.«

Doch irgendetwas an Hendrys Tonfall, dieser leicht herablassende Ton, zeigte Ransom, dass Hendry seine gleichmütige Haltung über alle Maßen mißbilligte. Er unterhielt sich noch ein paar Minuten mit dem Captain, dann verabschiedete er sich und ging ins Haus.

Er fand Judith in der Küche, wo sie den Kühlschrank durchwühlte. Ein kleiner Stapel Konservendosen stand in einem Karton auf dem Tisch.

»Charles…« Sie richtete sich auf und strich das blonde Haar aus dem kantigen Gesicht. »Dieser Bart – ich dachte, du seist unten am Fluss.«

»Das war ich auch«, sagte Ransom. »Ich bin zurückgekommen, um zu sehen, ob ich etwas für uns tun kann. Es ist ja schon recht spät.«

Judith sah ihn ausdruckslos an. »Ja, das ist es in der Tat«, sagte sie sachlich. Sie beugte sich wieder zum Kühlschrank hinab und berührte mit ihren gepflegten Fingernägeln die schmierigen Dosen.

»Ich habe die Sachen aufgeteilt«, erklärte sie. »Das meiste Zeug überlasse ich dir. Und du kannst alles Wasser haben.«

Ransom sah zu, wie sie den Karton verschloss, dann im Schrank eine Schnur suchte, wobei der Saum ihres Leinenmantels den Boden fegte. Ihr Abschied vom Haus vollzog sich, nicht anders als bei ihm, ohne jede innere Anteilnahme. Ihr Verhältnis zueinander war inzwischen rein funktional, wie bei zwei Technikern, die ein kompliziertes Haushaltsgerät nutzbringend anschließen.

»Ich hole deinen Koffer.« Sie sagte nichts, doch der Blick ihrer grauen Augen folgte ihm bis zur Treppe.

Als er herunterkam, wartete sie bereits im Flur. Sie ergriff den Karton. »Charles, was hast du jetzt vor?«

Ransom musste unwillkürlich lachen. Ihm war klar, dass sein Räuberzivil und sein Bart zu dieser Frage geradezu aufforderten, doch allein die Häufigkeit, mit der sie ihm inzwischen von so vielen unterschiedlichen Menschen gestellt worden war, zeigte ihm, dass sein Verbleib in der verlassenen Stadt, deren Stille und Leere er sichtlich billigte, nur die Leere ihres eigenen Daseins spiegelte.

Er fragte sich, ob er versuchen sollte, Judith seine Verstrickung und Teilhabe an der sich wandelnden Rolle von Landschaft und Fluss und deren Metamorphosen in der Zeit und der Erinnerung zu erklären. Catherine Austen hätte seine Situation verstanden und akzeptiert, dass Ransom seinen Seelenfrieden nur würde finden können, wenn er der Zeit entsagte, um sich der ihn hartnäckig verfolgenden Erinnerungen zu entledigen. Aber Judith, das wusste er, hasste allein schon die Erwähnung dieses Themas, und das wohl aus gutem Grund. Die Rolle der Frau in der Zeit war bisher immer heikel und prekär gewesen. Sie betrachtete mit blassem Gesicht seinen Schattenwurf an der Wand, als suche sie in diesem kartografischen Bild nach einem Hinweis. Dann sah er, dass sie sich im Spiegel musterte. Ihm fiel wieder einmal die ausgeprägte Assymmetrie ihres Gesichts auf, die Einbuchtung an der linken Schläfe, die sie mit einer Haarsträhne zu kaschieren suchte. Es war, als trüge ihr Gesicht bereits die Spuren des schrecklichen Autounfalls, der sich in unbestimmter Zukunft erst noch ereignen sollte. Manchmal glaubte Ransom zu spüren, dass Judith genau wusste, was ihr bevorstand und als bewege sie sich mit dieser düsteren Verheißung vor Augen durchs Leben.

Sie öffnete das Tor zu der staubigen Einfahrt. »Viel Glück, Charles. Und kümmere dich um diesen Jordan-Jungen.«

»Er wird sich wohl eher um mich kümmern.«

»Ich weiß. Du brauchst ihn, Charles.«

Als sie auf die Straße traten, zogen riesige schwarze Wolken aus Richtung Mount Royal über den Himmel.

»Großer Gott!« Judith rannte die Einfahrt hinab und ließ ihre Tasche fallen. »Ist das etwa Regen?«

Ransom holte sie ein. Er blickte auf die Rauchschwaden, die von der dunklen Skyline der Stadt aufstiegen. »Keine Sorge. Es ist die Stadt. Sie brennt.«

Nachdem sie und Hendry fort waren, kehrte er ins Haus zurück, Judiths Gesicht immer noch vor Augen. Mit einem Ausdruck des Entsetzens hatte sie zurückgeblickt, als befürchte sie, bald alles zu verlieren, was sie einmal gewonnen hatte.

8

Die Feuerpredigt

Drei Tage lang wütete das Feuer in Mount Royal. Ein mächtiger schwarzer Rauchschleier verfinsterte den Himmel und senkte sich wie der Schlussvorhang nach dem letzten Akt über die Stadt, während darunter hohe Rauchfahnen in die Luft aufstiegen und davonschwebten wie Teile einer riesigen, nicht mehr entzifferbaren Botschaft. Vermischt mit den Abgasen aus den Verbrennungsanlagen und Mülldeponien verwandelten sie die weite Ebene jenseits der Stadt in eine apokalyptische Landschaft.

Vom Dach seines Hauses aus nahm Ransom die Straßenbrücke ins Visier, die den Fluss überspannte, und wartete darauf, dass die letzten Bewohner der Stadt nach Süden aufbrachen. Jetzt war Hamilton verlassen. Bis auf Reverend Johnstone und seine kleine Anhängerschar waren alle Nachbarn Ransoms fort. Er schlenderte durch die menschenleeren Straßen und beobachtete, wie Staubsäulen aus einer Landschaft, die zu brennen schien, gen Himmel stiegen. Flugasche ging aus Hunderten von vorstädtischen Verbrennungsanlagen über die Seestadt nieder und legte sich über Straßen und Gärten wie nach dem Ausbruch eines Vulkans.

Ransom verbrachte viel Zeit am Fluss oder streifte ziellos durch das ausgetrocknete Seebett. Die feuchten Schlammhügel am Ufer bildeten inzwischen eine niedrige Dünenkette, deren Kämme in der Hitze gelb wurden. Außer Sichtweite der Stadt wanderte Ransom zwischen den Dünen umher und entdeckte dabei gesunkene Yachten und Kähne, deren Torsi schemenhaft aus der tristen Vorhölle aufragten, als warteten sie auf das Urteil der Sonne. Ransom baute sich aus Treibholz ein behelfsmäßiges Floß und stakte damit in weitem Bogen über brackige Lagunen zurück zum Fluss.

Obwohl sich die Flussrinne zusehends verengte, war sie zu tief, um hindurchzuwaten. Zähflüssig und ölig wie schwarzer Sirup floß das Wasser träge zwischen den weißen Ufern dahin. Nur die gelegentlich auftauchende Gestalt Philip Jordans, der mit seinem Boot wie ein Pfeil unermüdlich durch die warme Brühe hin- und herfuhr, sorgte für etwas Bewegung. Ein- oder zweimal rief Ransom ihm etwas zu, doch der Jüngling winkte nur und stakte eilends weiter, als müsse er private Botengänge erledigen. Einige Boote schaukelten auf der Oberfläche und spiegelten sich im sinkenden Wasser. Und immer wieder ertönte tagsüber das klagende Geheul einer Sirene, wenn der alte Dampfer, noch unter Captain Tullochs Kommando, sich auf den Weg flussaufwärts begab. Dann, mit einem letzten Warnsignal, verschwand er im Dunst, der über dem See lag und verlor sich in den engen Wasserläufen.

In dieser Zeit wurde sich Ransom der Bedeutung eines jeden einzelnen Tages immer bewusster. Vielleicht weil er verstanden hatte, dass er höchstens noch zwei oder drei Wochen in Hamilton würde bleiben können. Was immer auch nach Ablauf dieser Frist geschähe, selbst wenn er sich zum Bleiben entschlösse, seine Existenz wäre einem neuen Regelwerk unterworfen und vermutlich im wesentlichen vom Jagen und Gejagtwerden geprägt. Doch bis dahin, bis die unbegrenzte Abfolge der Tage einem streng begrenzten Quantum an Zeit weichen musste, blieb noch eine gewisse Frist. Flüchtig betrachtet sahen die Straßen und Häuser nicht anders aus als in der normalen Welt. Ihre einstigen Begrenzungslinien ergaben nach wie vor ein unauffälliges, wenngleich unwirkliches Bild, so als betrachte man das falsches Objekt in einem konvexen Spiegel.

Wider Erwarten hatte Ransom wenig Lust, sein Hausboot am anderen Ufer aufzusuchen. Es lag ruhig an seinem Ankerplatz, das Kondensat eines fernen, privaten Universums.

Am Sonntag, dem letzten Tag dieses kurzen Interregnums, ging Ransom in die presbyterianische Kirche Ecke Amherst Avenue, um der, wie er glaubte, letzten Predigt von Reverend Johnstone zu lauschen. Während dieser Zeit waren der Pfarrer und seine wenigen noch verbliebenen Milizionäre nicht untätig geblieben und hatten in seinem Jeep Stacheldrahtrollen und Vorratskisten transportiert, um die Häuser zu befestigen und als Stützpunkte für das bevorstehende Armageddon zu rüsten. Er suchte die Kirche auf, weil er wissen wollte, wie Johnstone den grundlegenden Wandel Hamiltons und der Stadt einschätzte, und betrat das Kirchenschiff just in dem Moment, als das kurze Präludium der kleinen, handbetriebenen Orgel endete.

Er nahm in einer Bank im Mittelgang Platz. Johnstone erhob sich von der Orgel, stellte sich kerzengerade ans Chorpult und begann aus dem Evangelium vorzulesen. Die Kirche war nahezu leer, so dass Johnstones kräftige Stimme, angriffslustig wie immer, von den leeren Kirchenbänken widerhallte. Vor ihm, in der ersten Reihe, saß seine kleine, grauköpfige Frau mit den drei unverheirateten Töchtern, die blumenbekränzte Hüte trugen. Dahinter saßen die zwei oder drei noch verbliebenen Familien, deren Männer die mitgeführten Waffen diskret verbargen.

Nach der Lobpreisung erklomm Johnstone die Kanzel und begann seine Predigt mit Kapitel IV, Vers 8, aus dem Buch Jona: »Und als die Sonne aufging, schickte Gott einen heißen Ostwind. Die Sonne stach Jona auf den Kopf, so dass er fast ohnmächtig wurde. Da wünschte er sich den Tod und sagte: Es ist besser für mich zu sterben, als zu leben.« Nach einem knappen Resümee seines Lebenswegs und Jonas Forderung an Gott, Ninive und seine heidnischen Bewohner alsbald zu vernichten, eine Forderung, die Johnstone ganz allgemein zu billigen schien, verglich er den Unterschlupf, den der Herr im Osten der Stadt Ninive für Jona errichtet hatte, mit der Kirche, in deren Schutz sie sich gerade befanden und von wo aus sie auf den Untergang Mount Royals und der Welt harrten.

An diesem Punkt, als Johnstone sich gerade so richtig in Fahrt geredet hatte, blickte er leicht erschrocken ins Kirchenschiff hinab. Ransom schaute über die Schulter nach hinten. Zwischen den Sitzbänken im hinteren Teil der Kirche standen etwa zwanzig Fischer, die Mütze in der Hand, und starrten hohlwangig zur Kanzel. Sie blieben dort eine Weile reglos stehen und lauschten Johnstone Worten, der inzwischen tief Luft geholt hatte und seine Predigt fortsetzte. Sodann ließen sich die Fischer mit schlurfenden Schritten auf den rückwärtigen Sitzbänken nieder. Durch das offene Kirchenportal hinter ihnen sah man die Rauchschwaden, die über die Dächer von Mount Royal zogen.

Dass sie in ihren schwarzen, schäbigen Kleidern und alten Stiefeln die Kirche aufsuchten, erstaunte Ransom, und so setzte er sich ans Ende der Kirchenbank, um die Fischer besser ins Visier nehmen zu können. Mit ihren verschlossenen, abweisenden Mienen wirkten sie wie eine Gruppe von Streikenden oder Arbeitslosen, die auf ihren Einsatzbefehl wartete.

Unterhalb der Kanzel wurde Geflüster laut, und ein Gewehrlauf bewegte sich unruhig hin und her, doch Reverend Johnstone nahm es mit den Neuankömmlingen mühelos auf. Sein Blick schweifte über die Reihen der finsteren Gesichter. Mit erhobener Stimme wiederholte er, was er bisher gesagt hatte. Dann, das Thema vertiefend, verglich er Jonas Begehr nach Zerstörung der Stadt Ninive mit der unbewussten Hoffnung der heutigen Menschen auf das Ende ihrer gegenwärtigen Welt. So wie bei Jona das Verdorren des Rizinusstrauchs durch einen Wurm Bestandteil der göttlichen Vorsehung war, so sollten auch sie die von der Dürre ausgelöste Zerstörung ihrer Wohnstätten und Lebensgrundlagen, ja sogar ihres kirchlichen Zufluchtsorts lobpreisen in dem Wissen, dass Gottes Gnade einzig und allein durch dieses letzte Fegefeuer zu erlangen sei. Die Blicke der Fischer waren auf Johnstones Gesicht gerichtet. Ein oder zwei hatten sich vornübergebeugt, die Hände an die Vorderbank geklammert, doch die anderen saßen zumeist aufrecht. Johnstone hielt in seiner Predigt inne, und ein kurzes Füßescharren wurde laut. Alle Fischer erhoben sich wie auf Kommando und verließen die Kirche, ohne sich noch einmal umzudrehen.

Reverend Johnstone wartete, bis sie gegangen waren, und gebot den vorderen Sitzreihen mit erhobener Hand solange zu schweigen. Mit schräg geneigem Kopf sah er den davoneilenden Gestalten nach, als suche er die Beweggründe ihres Besuchs zu verstehen. Dann rief er mit leiser Stimme seine dezimierte Gemeinde zum Gebet und schaute mit erhobenen Händen zum offenen Portal.

Ransom wartete, dann schlich er den Gang hinunter und trat hinaus ins Sonnenlicht. Er konnte gerade noch einen flüchtigen Blick auf die schwarz gekleideteten Gestalten erhaschen, die sich in der Ferne zwischen zurückgelassenen Autos zerstreuten, während über ihren Köpfen Rauchwolken über die Straße zogen.

Zu seinen Füßen, im weißen Staub des Pflasters vor dem Portal, hatte jemand ein kleines Fischsymbol gezeichnet.

9

Der Phönix

»Doktor.«

Als Ransom niedergekniete, um das Symbol genauer zu betrachten, packte ihn eine Hand an der Schulter, die sich wie eine Vogelklaue anfühlte. Er blickte auf und sah in Quilters breites, entstelltes Gesicht, das ihn aus feuchten Augen anstarrte.

»Lomax«, sagte er unvermittelt. »Er will Sie sehen. Sofort.«

Ransom beachtete ihn gar nicht und fuhr mit dem Finger die Schleife im Staub nach. Quilter lehnte an einem Baumstumpf und lauschte mit gelangweilter Miene den aus der Kirche dringenden gedämpften Orgelklängen. Seine zerlumpte Kleidung war voller Teer- und Weinflecken.

Ransom stand auf und wischte sich den Staub von den Händen. »Was fehlt Lomax denn?«

Quilter musterte ihn von oben bis unten. »Das sollen *Sie* ihm sagen«, erwiderte er aufbrausend. Als Ransom sich von seinem aggressiven Ton nicht provozieren ließ, überzog ein Lächeln Quilters fratzenhaftes Gesicht, mit dem er ihm zunächst widerstrebend Respekt zollte, das sich dann aber zusehends eintrübte, bis zuletzt aller Humor daraus verschwunden und nur noch die bittere Parodie übrig war. Er tippte sich an den Kopf und sagte listig, *sotto voce*: »Vielleicht… Wasser im Kopf?« Auflachend ging er die Straße hinab, winkte Ransom, ihm zu folgen und deutete dabei mit dem Zeigefinger auf die Aussichtsplattformen der Wachtürme.

Ransom folgte ihm in gewissem Abstand und holte auf dem Weg dorthin seinen Arztkoffer von zuhause. Quilters absonderliche Bemerkung über Lomax, vermutlich eine Art Hinweis, enthielt möglicherweise mehr Wahrheit, als die meisten Menschen ihm zutrauten. Lomax war zweifellos ein Besessener, dessen Vorstellungskraft ohne Frage durch die Dürre mit ihren grenzenlosen Möglichkeiten über alle Maßen beflügelt wurde.

Am Tor zog Quilter einen Schlüsselbund aus seiner Tasche und band die beiden Schäferhunde los, die am Eisengitter angeleint waren. Mit einem kräftigen Tritt in den Hintern versuchte er die kläffenden Hunde zu beruhigen und ging die Einfahrt hinauf. Lomax' Haus, ein Phantasiegebilde aus Glas und Beton, saß hoch oben auf einem Rundhügel, versehen mit Terrassen und luftigen Veranden, die das Sonnenlicht reflektierten, als wäre das Haus ein mit Juwelen besetzter, funkelnder Gletscher. Die Sprinkleranlage war ausgeschaltet, der Rasen gelb gestreift, und an den Rändern der mit bunten Platten ausgelegten Wege schimmerte das verbrannte Ocker des Bodens durch. Ein großer, grüner Tankwagen neben dem Swimmingpool pumpte mit Hilfe eines spiralförmigen Metallschlauchs das noch vorhandene Wasser ab. Gierig sog die dieselbetriebene, gleichförmig tuckernde Wasserpumpe die Flüssigkeit auf. Der Fahrer in der Kabine sah unterdessen schläfrig zu, wie der mit Ornamenten verzierte Beckengrund allmählich zum Vorschein kam.

Die Eingangshalle war im Unterschied zu draußen angenehm kühl. Nasse Fußspuren zogen sich quer über die Marmorplatten.

Lomax befand sich in seinen Gemächern im ersten Stock. Er ruhte auf dem Polster des vergoldeten Bettes und wirkte in seinem weißen Seidenanzug wie ein Pascha, der auf seinen Hofstaat wartet. Ohne den Kopf zu heben winkte er Ransom mit der Silberspitze seines Gehstocks zu sich.

»Kommen Sie doch herein, Charles«, rief er mit glockenheller Stimme. »Wie nett von Ihnen, ich fühle mich schon gleich viel besser.« Er wies auf den geflochtenen Schaukelstuhl neben dem Bett. »Setzen Sie sich hierher, wo ich Sie sehen kann.« Dann hob er, ohne auch nur den Kopf zu bewegen, drohend seinen Stock in Quilters

Richtung, der feixend an der Tür stand. »Ist gut, mein Junge, verschwinde! Die Arbeit ruft. Wenn du meine Hofschranzen findest, dann hetze die Hunde auf sie!«

Nachdem Quilter sich den Schäferhunden zugesellte, die in der Halle hektisch am Boden scharrten, drehte Lomax den Kopf zu Ransom. Sein schmales Gesicht sprühte vor koboldhaftem Charme.

»Mein lieber Charles. Bitte verzeihen Sie, dass ich Quilter zu Ihnen geschickt habe, aber die Bediensteten sind alle fort. So eine Undankbarkeit, unglaublich! Doch die Gadarener sind losgelassen, nichts kann sie mehr aufhalten…« Er seufzte theatralisch, dann zwinkerte er Ransom zu und sagte verdrießlich: »Diese verdammten Narren! Was wollen sie denn tun, wenn sie am Meer sind – schwimmen?«

Er lehnte sich mit gequälter Miene auf das Polster zurück und starrte wie ein geharnischter, von der Absurdität und Undankbarkeit der Welt überwältigter Nero erschöpft zur Stuckdecke. Ransom verfolgte seinen Auftritt mit nachsichtigem Lächeln. Denn die Pose, das wusste er, täuschte. Unter Lomax' koboldhaftem Gebaren verbargen sich Habgier und Härte.

»Was ist denn los?«, fragte ihn Ransom. »Sie sehen doch ganz gesund aus.«

»Bin ich aber nicht, Charles.« Lomax hob seinen Stock und deutete damit auf sein rechtes Ohr. »Da ist ein Wassertropfen aus diesem verflixten Pool hineingeraten, so dass ich seit einem Tag den Atlantischen Ozean in meinem Kopf umhertrage. Ich habe das Gefühl, mich in eine Auster zu verwandeln.«

Er hielt inne, die Augen genüsslich halb geschlossen, als Ransom sich zurücklehnte und über diese Bemerkung mit ihrem gewollt ironischen Unterton lachte. Ransom gehörte zu den wenigen Menschen, die sein pompöses Gehabe ohne moralische Vorbehalte zu schätzen wussten – alle anderen hingegen reagierten stets leicht schockiert, weshalb Lomax sie verachtete (»Der Menschheit größter Frevel, Charles«, klagte er einmal, »ist es, über Mitmenschen zu Gericht zu sitzen«), oder hielten sich aus Unbehagen gleich ganz von ihm fern. Diese Reaktion beruhte zum Teil auf der instinktiven Abwehr gegenüber Lomax' widersprüchlichem Verhalten und dem Gespür, dass seine ganze Persönlichkeit genau auf dieser Zerrissenheit beruhte, die er sich jeweils gezielt zunutze machte.

Ransom hielt diese Einschätzung dennoch für falsch. Nicht anders wie seine eigene vielschichtige Persönlichkeit den Kampf mit der Leere und den in seiner Erinnerung ausgelöschten Jahre widerspiegelte, so war auch Lomax' Persönlichkeit geprägt durch seine Fixierung auf das Hier und Jetzt und deren Kristallisation am Kipppunkt eines Impulsmoments. Sein Selbst war gewissermaßen übersättigt, die apart geblähten Nasenflügel und sein gewellter, pomadisierter Haarschopf gleichsam die Verzierung eines barocken Pavillons, der mehr umhüllt, als er enthält. Ein Stich an der richtigen Stelle, und er würde vermutlich verpuffen und als strahlender Funke zischend verglühen.

Ransom öffnete seinen Arztkoffer. »Also gut, schauen wir mal nach. Vielleicht finde ich ja eine Perle.«

Nachdem sich Lomax aufgerichtet hatte, untersuchte er das Ohr, spülte es durch und befand es für gesund.

»Ich bin so erleichtert, Charles, das liegt an Ihrer sachlichen Art. Hippokrates wäre stolz auf Sie.« Lomax musterte Ransom einen Moment lang, dann setzte er mit spitzer Stimme hinzu: »Da Sie schon einmal hier sind, möchte ich noch eine andere Kleinigkeit mit Ihnen besprechen. Ich hatte in letzter Zeit so viel zu tun, dass ich bis jetzt nicht dazu gekommen bin.« Er stützte sich auf den Stock, schwang seine kurzen Beine auf den Boden und ergriff dankbar Ransoms Hand.

Auch wenn Lomax munter die Rolle des ältlichen Invaliden spielte, spürte Ransom die harten Muskeln unter dem weichen Seidenanzug und gewahrte die behende Leichtigkeit, mit der er sich durch den

Raum bewegte. Was genau ihn beschäftigte, konnte Ransom nur mutmaßen. Die adretten weißen Schuhe und der makellose Anzug ließen allerdings darauf schließen, dass er in den letzten Wochen recht isoliert gewesen war. Vielleicht sah Lomax die Zeit gekommen, um einige alte Rechnungen zu begleichen. Obwohl die Stadt ihm die Konzerthalle und einen Teil der Universität von Mount Royal verdankte – Beispiele für seine japanische, von Pagoden geprägte Phase in früheren Jahren –, galt Lomax bei den örtlichen Behörden schon lange als *persona non grata*. Jedenfalls wollte er sich an ihnen rächen, weil sie eine schnöde Baufirma mit der Fertigstellung des Universitätsprojekts beauftragt hatten, nachdem konservativ gesinnte Einheimische, empört über die Glasminarette und die über ihren Köpfen aufragenden Kachelkuppeln, zum Rathaus marschiert waren. Doch die zuständigen Beamten waren inzwischen vermutlich alle an der Küste, weit weg von Lomax' Zugriff.

»Was haben Sie auf dem Herzen?«, fragte Ransom, als Lomax die Raumluft mit ein paar Duftwolken aus einem vergoldeten Zerstäuber auf dem Frisiertisch auffrischte.

»Nun, Charles…« Lomax blickte hinaus auf die sich verdüsternde Skyline der Stadt, aus der zunehmend dichter werdender Rauch aufstieg. Zu seiner Rechten schlängelte sich das weiße, ausgebleichte Flussbett zwischen den Häusern am Ufer entlang. »Was geht da draußen vor? Sie wissen mehr darüber als ich.«

Ransom deutete zum Fenster. »Das sieht man doch. Sie müssen wahrlich sehr beschäftigt gewesen sein, um davon nichts mitzukriegen. Das gesamte Gleichgewicht der Natur…«

Lomax schnippte grimmig mit den Fingern. »Erzählen Sie mir nichts vom Gleichgewicht der Natur! Gäbe es nicht Leute wie mich, würden wir alle noch in Lehmhütten hausen.« Finster blickte er hinaus auf die Stadt. »Aber das hat vielleicht ja auch etwas Gutes, so gesehen. Ich meine, was passiert da jetzt in Mount Royal? Ich nehme an, die meisten Leute sind fort?«

»Neun von zehn. Wahrscheinlich sogar mehr. Sie haben dort keinerlei Zukunft mehr.«

»Da irren Sie sich. Es gibt dort jede Menge Zukunft, glauben Sie mir.« Er ging auf Ransom zu, den Kopf zur Seite geneigt wie ein Couturier, der ein Mannequin aufmerksam mustert, weil er es verdächtigt, es wolle just die Nadel entfernen, mit der die ganze schäbige Tarnung zusammengehalten wird. »Doch was ist mit Ihnen, Charles? Ich verstehe nicht, warum Sie nicht mit den anderen ans Meer gefahren sind.«

»Das verstehen Sie nicht, Richard? Das nehme ich Ihnen nicht ab. Vielleicht haben wir beide hier noch ein paar Dinge zu erledigen.«

Lomax nickte weise. »Das haben Sie gut gesagt, und so takvoll wie immer. Merkwürdigerweise mag ich Sie ja. Und ich will nicht neugierig sein, doch Sie hatten seit Beginn Ihres Lebens so viele Vorteile – charakterliche Vorteile, meine ich –, die Sie geflissentlich ignorierten. Das ist wahrer Adel, die Tugend der Römer. Ich hingegen kenne weder Sitte noch Moral.« Nachdenklich fügte er hinzu: »Das heißt, bis jetzt. Ich habe das Gefühl, endlich zu mir selbst zu kommen. Doch sagen Sie mir, was haben Sie tatsächlich vor? Sie können doch nicht einfach in Ihrem kleinen Hausboot auf dem Schlamm hocken bleiben.«

»Ich war seit drei oder vier Tagen nicht mehr dort«, sagte Ransom. »Die Straßen sind überfüllt. Ich war der Ansicht, hier mit bestimmten Problemen besser klarzukommen. Irgendwann werde ich aber wegmüssen.«

»Vielleicht. Feststeht, dass sich hier alles radikal verändern wird, Charles.«

Ransom hob seinen Arztkoffer vom Boden auf. »So viel habe ich verstanden.« Er deutete auf die staubbedeckten Häuser am Fluss. »Die sehen schon aus wie Lehmhütten. Wir bewegen uns geradewegs zurück in die Vergangenheit.«

Lomax schüttelte den Kopf. »Da trügt Sie Ihr Orientierungssinn, alter Knabe. Das ist die Zukunft, mit der jeder von uns jetzt klarkommen muss.« Er richtete sich auf. »Warum ziehen Sie nicht zu mir?«

»Danke, Richard, nein.«

»Warum nicht?«, wollte Lomax wissen. »Seien wir doch ehrlich, Sie haben nicht die Absicht zu gehen – das sehe ich Ihnen doch aus kilometerweiter Entfernung an. Die Dienstboten werden bald zurück sein, wenn auch nur aus einem verdammt guten Grund…«, seine Augen blitzten Ransom wissend an, »…sobald sie merken, dass es im Meer weniger Wasser gibt, als sie glauben. Zurück zum alten Vater Neptun, ja. Sie werden sich um Sie kümmern, und Quilter ist ein williger Bursche, voller bizarrer Einfälle und manchmal auch ein wenig lästig. Sie könnten Ihren Tagträumen nachhängen, sich mit Judith aussöhnen…«

Ransom ging zur Tür. »Richard, das habe ich bereits. Schon vor langer Zeit. Sie sind jetzt derjenige, der nichts begreift.«

»Warten Sie!« Lomax hastete hinter ihm her. »Wir, die wir zurückbleiben, müssen zusammenhalten, Charles. Ich werde verdammt noch mal nicht ans Meer fahren. All das Wasser, ein Element, das ich verachte, weil man es nicht formen kann und es sich darum nur für Springbrunnen eignet. Außerdem könnten Sie mir bei einem kleinen Projekt behilflich sein.«

»Worum geht es?«

»Nun…« Lomax blickte verschmitzt in Richtung Stadt. »Ein kleines *divertissement*, das ich mir ausgedacht habe. Recht spektakulär, um genau zu sein. Ich würde es Ihnen ja sagen, Charles, aber vermutlich ist es am besten, damit noch zu warten, bis uns mehr miteinander verbindet.«

»Wie vorausschauend von Ihnen.« Ransom sah, wie Lomax sich auf seinen weißen Schuhen drehte, sichtlich begeistert von seinem Einfall und kaum imstande, ihn für sich zu behalten. Rote Rauchschwaden stiegen von der Stadt auf, deren Widerschein sich in

Lomax' Anzug und seinem koboldhaften Gesicht spiegelten und ihn für einen Augenblick in einen feisten, feixenden Mephistopheles verwandelten.

»Was haben Sie vor?«, fragte Ransom. »Die Stadt niederbrennen?«

»Charles…« Ein Lächeln zog sich über Lomax' Gesicht wie ein feiner Riss in einer Vase. »Das ist eine überaus bedenkenswerte Empfehlung. Nur schade, dass Quilter nicht hier ist, er liebt solche Einfälle.«

»Das kann ich mir vorstellen.« Ransom ging hinüber zur Tür.

Diesmal unternahm Lomax keinen Versuch, ihn zurückzuhalten. »Wissen Sie, Ihre Idee stimuliert meine Phantasie! Großfeuer bildeten schon immer den Auftakt zu einer noch größeren Zukunft.« Er starrte hinaus auf die Stadt. »Ein Phönix…!«

10

Miranda

Ransom ging hinaus und überließ ihn seinen Gedanken. Als er die Halle durchquerte, drangen die letzten Geräusche der Tankwagenpumpe vom Swimmingpool zu ihm herüber.

»Quilty! Bist du es, Quilty?«, rief eine Frauenstimme schläfrig von der Veranda herab, die auf den Swimmingpool hinausblickte.

Ransom blieb stehen, als er den scharfen, gleichwohl kindlichen Tonfall erkannte. Dann suchte er auf leisen Sohlen durch die Tür zu entkommen.

»Quilty! Was schleichst du hier umher – oh! Wer zum Teufel sind Sie denn?«

Miranda Lomax, die Schwester des Architekten, deren weißer Haarschopf sich wie ein Schal um ihr Gewand legte, stand barfuß im Eingang der Halle und musterte Ransom aus kleinen Augen. Sie war wohl zwanzig Jahre jünger als Lomax und – ob sie nun tatsächlich seine Schwester war oder, wie Ransom manchmal mutmaßte, eine entfernte Cousine, die verstoßene Partnerin einer fragwürdigen *ménage-à-deux* – ihre Gesichtszüge mit den pausigen Backen, den harten Augen und dem Mund eines verderbten Cupido waren ein perfektes Ebenbild von Lomax. Durch ihr langes Haar, weiß wie die Asche, die auf dem Rasen vor dem Haus lag, wirkte sie älter, doch eigentlich war sie ein weises, böses Kind. Bei ihren gelegentlichen Begegnungen, wenn sie mit ihrem Chauffeur zum Krankenhaus fuhr, um irgendetwas zu erledigen, fühlte sich Ransom stets äußerst unbehaglich, obwohl sie, flüchtig betrachtet, durchaus attraktiv war. Vielleicht war es ja gerade diese körperliche Anziehungskraft, der schöne Schein der kranken Lilie, der ihn so abstieß und ihn vor ihr warnte. Lomax' exzentrisches Verhalten war in gewisser Weise immer vorhersehbar, doch Miranda, weniger selbstverliebt, nahm die Welt in den Blick wie eine Hexe, die nur auf eine günstige Gelegenheit lauert.

»Dr. Ransom…« Sie wirkte enttäuscht und machte kehrt, um wieder auf die Veranda zu gehen. Dann, aus purer Langeweile, winkte sie ihm vom anderen Ende der Halle aus zu. »Sie sehen müde aus, Doktor.« Das fleckige Strandtuch hinter sich herziehend zog sie schlurfend davon.

Die Doppelfenster waren abgedichtet, damit kein Staub hereinkam, und dahinter, am anderen Endes des Pools, stand verborgen der grüne Tankwagen. Die Veranda war trotz ihrer Größe beengend, die Luft schal und verbraucht. Die von der Mauer herabhängenden halbtoten Tropenpflanzen verströmten einen eigenartigen Geruch und suchten mit ihren schlaffen Trieben überall Halt, als strebten sie mit letzter Kraft Miranda entgegen.

Miranda ließ sich auf eines der Rattansofas fallen. Früchte kullerten über den Glastisch, die aus einem Korb gefallen waren. Sie verschlang schmatzend eine halbe Weinbeere, musterte argwöhnisch den Kern und winkte Ransom herbei.

»Kommen Sie, Doktor, stehen Sie nicht so geheimnisvoll in der Gegend herum. Ich werde Sie schon nicht kompromittieren oder so. Haben Sie Quilter gesehen?«

»Er jagt Ihren Hausburschen mit ein paar Hunden«, sagte Ransom. »Falls Sie mich später brauchen sollten – ich bin zu Hause.« Miranda schnippte die Traubenhaut auf den Boden. Er klopfte auf seinen Arztkoffer. »Ich muss gehen.«

»Wohin?« Sie machte eine wegwerfende Geste. »Seien Sie doch nicht albern, Doktor, Sie können nirgendwohin gehen. Sagen Sie mir lieber, was Sie wirklich in Hamilton wollen.«

»Was ich will?«, wiederholte Ransom. »Ich will zusammenhalten, was von meiner Praxis noch übrig ist.«

Während sie noch an der halb verzehrten Frucht herumpuhlte, fiel Ransoms Blick auf den schmutzigen Ärmelsaum und Kragen ihres Strandkleids, und er sah, dass auch das Unterkleid, das ihre Brüste locker umspielte, schmutzig war. Sie wirkte schon fast so verwahrlost und verwelkt wie ihre Pflanzen – sobald sie Lomax nicht mehr von Nutzen wäre, würde er das Interesse an ihr verlieren. Ihre Haut jedoch war von nahezu albinohafter Blässe, frei von Sommersprossen oder Schönheitsflecken.

Miranda bedachte ihn mit einem schuftigen Grinsen und strich ihr Haar mit übertrieben koketter Gebärde zurück. »Was ist los, Doktor? Wollen Sie mich untersuchen oder was?«

»Ganz sicher nicht«, sagte Ransom gelassen. Er deutete auf den Tankwagen am Pool. Der Mechaniker wickelte gerade den Schlauch um die Trommel. »Verkauft Lomax das Wasser?«

»Natürlich nicht. Ich wollte, dass er es in der Nähe des Highways ablässt. Hat Lomax Ihnen von seinem Plan erzählt? Ich nehme an, er hat sich wie ein kleiner Junge vor Lachen geschüttelt.«

»Meinen Sie seine Freudenfeuer-Party? Er hat mich dazu eingeladen.«

»Sie sollten kommen, Doktor.« Miranda wandte den Kopf mit solchem Schwung, dass die weißen Haarsträhnen sich wie die Schlangen des Medusenhaupts an ihr Gesicht schmiegten. »Doch ich sage Ihnen was, ich habe selbst einen kleinen Plan.«

»Das glaube ich Ihnen gern«, sagte Ransom. »Aber ich werde bald zur Küste aufbrechen.«

Mit müdem Kopfschütteln entließ ihn Miranda. »Die Küste gibt es nicht mehr. Es gibt jetzt nur das *Hier,* begreifen Sie das doch.« An der Tür angelangt, rief sie ihm nach: »Doktor, haben Sie schon einmal ein Ameisenheer gesehen, das einen Fluss überqueren will?«

Von der Treppe aus ließ Ransom seinen Blick über die sandbedeckten Dächer schweifen. Dunkle Rauchschwaden hingen über der fernen Stadt, doch hier war die Luft heller, reflektierte sie doch die weiße Asche, die über dem Flussbett lag. Die kurze Begegnung mit Miranda hatte ihn verstört. Zuerst hatte er Mitleid mit der jungen Frau gehabt, doch nun erkannte er, dass sie, wie ihr Bruder sagen würde, zu ihrer wahren Bestimmung gefunden hatte.

Der Mechaniker öffnete die Tür des Tankwagens und kletterte in die Kabine. Er zog ein Gewehr aus dem Kasten hinter dem Sitz und lehnte es gegen das Fenster. Der kleine, krummbuckelige Mann blickte Ransom unter seiner Augenklappe misstrauisch an.

Ransom ging zu ihm hinüber. »Beschlagnahmt die Armee inzwischen schon Wasser?«

»Das hier ist ein privates Geschenk.« Der Fahrer wies hinauf zu Lomax' Gemächern, als hege er Zweifel an dessen Motiven. »Für den Zoo in Mount Royal.«

Ransom erkannte den grünen Overall. »Wer ist denn jetzt für ihn zuständig? Dr. Barnes?«

»Der ist weg, fortgeflogen wie ein Vogel. Wir sind jetzt nur noch zu zweit: ich und die kleine Austen, die bis zum Umfallen schuftet.«

»Catherine Austen?«, fragte Ransom. »Wollen Sie damit sagen, dass einige der Tiere noch am Leben sind? Ich dachte, man hätte sie alle getötet.«

»Was?«, sagte der Fahrer aufbrausend. »Getötet? Warum?«

Von seinem aggressiven Ton überrascht, sagte Ransom: »Nun, ihretwegen und unseretwegen. Dieses Wasser wird nicht ewig reichen.«

Der Fahrer lehnte sich aus dem Fenster und machte eine abwehrende Geste. Offensichtlich kein Mann großer Worte, schien ihn Ransoms Bemerkung gleichwohl zu irritieren.

»Es geht ihnen gut«, sagte er. »Es muss nicht für alle Zeiten reichen.« Er deutete auf die Sandlandschaft ringsum. »Das mögen sie. Noch ein paar Wochen, und wir können sie dann vielleicht sogar *freilassen*!«

Er lächelte Ransom an, und sein eines Auge, beseelt von wilder, misanthropischer Hoffnung, leuchtete in seinem fratzengleichen Gesicht auf.

11

Die Lamia

Eine halbe Stunde waren sie bereits in Richtung Mount Royal Zoo unterwegs, fuhren in Schlangenlinien durch verlassene Straßen und nahmen überall dort, wo der Weg blockiert war, Umwege über Gärten und Tennisplätze in Kauf. Ransom saß neben Whitman auf dem Beifahrersitz und versuchte sich die zahlreichen Abzweigungen einzuprägen. Der Zoo war fast fünf Kilometer vom Stadtzentrum entfernt, angesiedelt in einem Viertel, das einst aus schönen, gepflegten Häusern bestand, inzwischen aber eher einer schäbigen Barackensiedlung glich. Zwischen den Grundstücken wuchsen Bäume und Buchsbaumhecken, und in den Gärten vermengte sich der Schwelrauch aus den Verbrennungsanlagen mit der Asche in der Luft. Autos standen verlassen am Straßenrand oder mit weit aufgerissenen Türen auf den Trottoirs. Sie kamen an einem leerstehenden Einkaufszentrum vorbei. Die Schaufensterfronten waren mit Brettern vernagelt oder mit Stahlgittern verriegelt; nur einige magere Hunde wühlten mit krummem Rücken in aufgeplatztzen Kartons.

Der schroffe Szenenwechsel überraschte Ransom, herrschte doch in Hamilton weiterhin der Anschein normalen Lebens. Hier jedoch, obzwar noch innerhalb der Stadtgrenzen, hatte sich der Exodus gewaltsam und jählings vollzogen. Gelegentlich huschte eine einsame Gestalt gesenkten Hauptes zwischen den Reihen zurückgelassener Autos umher. Einmal rumpelte in hundert Meter Entfernung ein alter Lastwagen, vollgestopft mit den Möbeln und Habseligkeiten einer ganzen Familie, in der Fahrerkabine die Eltern und drei, vier Kinder, ruckartig über eine Kreuzung und verschwand im Gewirr der Seitenstraßen.

Achthundert Meter vom Zoo entfernt wurde die Hauptstraße von einem Dutzend Autos blockiert. Sie keilten einen großen Sattelschlepper ein, der in einer schmalen Einfahrt rückwärts hatte wenden wollen. Whitman fluchte und schaute kurz nach links und rechts. Dann lenkte er den Tankwagen ohne zu zögern von der Straße in die Einfahrt eines kleinen, einstöckigen Hauses. Sie rauschten am Küchenfenster vorbei und zerschrammten mit dem Kotflügel eine Mülltonne, während Ransom von seinem Beifahrersitz aus einen Blick auf die Gesichter des grauhaarigen alten Paares erhaschte, Mann und Frau, die das Geschehen erschrocken verfolgten.

»Haben Sie die beiden gesehen?«, schrie Ransom und dachte an die kommenden zwei, drei Wochen, in denen das Paar mutterseelenallein in der verlassenen Stadt sein würde. »Hilft ihnen denn niemand?«

Whitman überhörte die Frage. Ransom hatte den einäugigen Fahrer wider besseres Wissen überredet, ihn zum Zoo zu fahren, unter dem Vorwand, er könne dem Wasser einen Impfstoff gegen Tollwut beimischen. Nach seiner Begegnung mit Lomax und Miranda war die Erwähnung Catherine Austens wie eine Erleuchtung, ein kleiner Lichtstrahl der Vernunft, der alles andere in den Schatten stellte.

Ein weißer Lattenzaun trennte den Durchgang von der Hauseinfahrt an der Parallelstraße. Ein Auto war zwischen den Toren am Rande des Trottoirs steckengeblieben. Whitman fuhr mit nahezu unverminderter Geschwindigkeit weiter und walzte dabei den Zaun nieder. Ein Stück davon verkeilte sich in der Stoßstange, dann brausten sie auch schon am Haus vorbei und beschleunigten sogar noch kurz vor dem Zusammenstoß mit dem Auto. Türen knallten, und der Wagen wurde zur Straßenmitte katapultiert, prallte auf einen Kleinlaster, dessen Kühlergrill er demolierte, rollte dann über die Böschung und stieß mit der Motorhaube seitlich gegen ein leeres Cabriolet. Ein Netz feiner Risse überzog die Windschutzscheibe, Fenster splitterten und fielen auf die Fahrbahn.

Irgendwo jaulte ein Hund. Whitman, dessen Nasenflügel bei diesem Geräusch erzitterten, lenkte den Tankwagen zurück auf die Straße und fegte die Reste des Zauns von der Stoßstange. »Sehen Sie ihn? Wir können anhalten.«

»Nicht hier – schauen Sie nur!«, sagte Ransom warnend.

Linkerhand, in fünfzig Meter Entfernung, standen zwei Gestalten, die hinter einer Hausecke hervorlugten und sie beobachteten. Schwarze Schultertücher, mit Asche übersät, verhüllten ihre breitwangigen Gesichter wie Kapuzen eines urtümlichen Mönchsordens.

»Fischersfrauen«, sagte Ransom. »Sie kommen vom See herunter.«

»Achten Sie nicht auf sie«, sagte Whitman. »Sorgen müssen Sie sich erst, wenn sie in Scharen auftreten.«

Ransom lehnte sich zurück, wohl wissend, dass er, selbst wenn dieser düstere Ausblick Wirklichkeit werden sollte, nicht mehr vor Ort sein würde. Dieser Sinneswandel hatte sich nach seinem Besuch bei Lomax vollzogen. Dort war ihm klar geworden, dass die Rolle des Einsiedlers und Einzelgängers, der wie ein Eremit am Rande einer verlassenen Stadt über seine früheren Unterlassungssünden meditiert, nicht durchzuhalten war. Die verwüstete Landschaft, ihre sinnlose Gewalt und der Verfall der Zeit würden eigene Motive liefern.

Bei Lomax und Miranda traten diese bislang latent gebliebenen Elemente bereits spürbar zutage. Kurioserweise wirkte Lomax weniger bedrohlich als Miranda. Ihr weißes Haar und das Fehlen jeglichen Mitgefühls erinnerten ihn an den Geist, der stets in Zeiten extremer Erschöpfung erscheint – die gelbgelockte, aussätzige Lamia, die den alten Seefahrer verfolgte. Vielleicht verkörperte dieses Phantom ja archaische Erinnerungen an eine Zeit aus der Vergangenheit oder Zukunft, in der Furcht und Schmerz die wertvollsten Emotionen bildeten und das einzige Gebot darin bestand, sie zu pervertieren und auf die schamloseste Weise auszubeuten. Dieses Gefühl gnadenloser Willkür mit ihren unerschöpflichen, von keinerlei moralischen Bedenken getrübten Möglichkeiten, kamen in Gestalt der weißhaarigen Hexe zum Ausdruck. Als er die verlassenen Häuser entlang der aschebedeckten Straßen betrachtete und die aufgeregten Schreie der Tiere hörte, die an den Mauern entlangstreunten, sah er im Geiste Miranda vor sich, die in ihrem schmutzigen Gewand inmitten rauchender Trümmer an irgendeinem Herdfeuer hockte – eine Furie mit verderbtem Engelsgesicht.

Doch Lomax' Anspielungen auf die Zukunft quälten ihn nicht weniger als sein eigener Irrtum, die heraufziehende neue Landschaft mit der Vergangenheit zu verwechseln. Diese letzten Tage in Hamilton schienen ihm eine Wahlmöglichkeit zu bieten, auch wenn er bereits ahnte, dass Lomax recht hatte. Wenn die Zukunft und sein ganzes Zeitgefühl von den Bildern seines eigenen Todes und der fehlenden Identität jenseits von Geburt und Grab geprägt waren, warum deckten sich dann diese Chimären nicht mit der Furcht gebietenden Vision von Miranda Lomax? Er lauschte dem Lamento der Tiere, deren heisere Schreie sich anhörten wie zerreißender Stoff, und dachte im Stillen: Sie werden damit noch Tote wecken.

12

Das geflutete Aquarium

Sie näherten sich den Toren des Zoos. Whitman stoppte den Tankwagen vor der Metallschranke am Betriebseingang. Ransom stieg aus und hob die Schranke hoch, damit Whitman den Tankwagen zum Pumpenhaus hinter den Käfigen fahren konnte.

Ransom spazierte über die Promeniermeile des Zoos. Etwa zwanzig rosafarbene Flamingos kauerten in einer flachen Mulde an einem Ende des Felsbeckens, dessen Wasser bis auf den fahlen Matsch zwischen ihren Stelzenbeinen verdunstet war. Matten lagen auf dem Drahtgeflecht über dem Becken, aber die Vögel waren verstört und reckten Ransom die geöffneten Schnäbel entgegen.

Ein monotoner Chor tierischer Brüll- und Grunzlaute ertönte von überallher und hallte in markerschütternden Schreien von den Betonwänden der Käfige wider. Die kleineren Käfige, einst von Ziervögeln und Affen bewohnt, standen leer. In einem der Gehege lag ein totes Kamel am Boden. Unweit davon tapste ein großer Syrischer Braunbär ruhelos in seinem Käfig auf und ab, der immer wieder mit Pranken und Kopf gegen die Gitterstäbe schlug. Eine Hyäne beäugte Ransom wie ein blindes Huhn und winselte dabei schrill. Nebenan tollte ein Gepardenpärchen in seinem Käfig, das ihm, als er vorüberging, die zierlichen Killerköpfe zuwandte.

Man hatte versucht, die Tiere zu füttern und zu tränken. Auf dem Boden lagen Klumpen von Affenfleisch, und es gab ein paar Eimer mit Wasser, aber die Käfige waren so trocken wie Wüstenhöhlen.

Ransom blieb am Eingang zum Löwenhaus stehen. Als er eintrat, empfing ihn ein ohrenbetäubender Lärm, der ihn mit der Wucht eines Faustschlags traf. Die fünf weißhaarigen Löwen – zwei Paare und ein einzelnes, älteres Männchen – wurden gerade gefüttert, und ihr Brüllen klang wie ein Stahlwerk bei Vollbetrieb. In dem schmalen Gang zwischen dem Geländer und den Gittern schritt Catherine Austen auf und ab. Ihr weißes Hemd und ihre Reithose trieften vor Schmutz und Schweiß, sie aber bewegte sich munter ohne jedes Anzeichen von Erschöpfung, warf den Löwen Innereien durch die Gitterstäbe und hielt ihnen Fleischbrocken unter die Nase. Zuerst dachte Ransom, sie wolle sie quälen, aber die Löwen sprangen auf und nieder und schnappten nach dem Fleisch.

»Komm schon, Sarah, hoch mit dir! Du bist so schwerfällig wie eine Kuh! Nein, Hektor, hier!« Beim letzten Käfig, in dem der einzelne Löwe hauste, ein blindes altes Männchen mit struppiger Mähne, stumpf-gelbem Fell und vom Brüllen heiserer Stimme, der sich wie ein tollwütiger Bär hin- und herwiegte, schob sie das Fleisch durch die Gitterstäbe buchstäblich ins Maul.

Während die Löwen sich über das Fleisch hermachten, ging Catherine zurück und fuhr mit dem Eimer klappernd an den Gitterstäben entlang. Als sie Ransom erkannte, winkte sie ihn zu sich, dann begann sie die Käfige mit einem langstieligen Besen zu säubern, wobei sie den Pranken der Löwen neckische kleine Hiebe versetzte.

»Wer sind Sie denn?«, rief sie über ihre Schulter. »Der Tierarzt?«

Ransom stellte seinen Arztkoffer auf einer Bank ab. »Ihr Freund Whitman hat mich mitgenommen. Er hat bei Lomax Wasser geholt.«

Schwungvoll zog Catherine ihren Besen aus dem Käfig. »Gut für ihn. Ich habe Lomax nicht getraut und wollte es erst mit eigenen Augen sehen. Sagen Sie Whitman, er soll das Wasser in den Reservetank pumpen.«

Ransom ging an den Käfigen entlang, der Geruch und die Energie der Löwen versetzten sein Blut in Wallung. Catherine Austen hatte jede Spur von Lethargie und Launenhaftigkeit bei ihm beseitigt.

»Ich bin froh, Sie zu sehen, Doktor. Sind Sie gekommen, um zu helfen?«

Ransom nahm ihr den Besen aus der Hand und lehnte ihn an die Wand. »In gewisser Weise.«

Catherine begutachtete den Boden, der mit Stroh und Knochensplittern übersät war. »Es sieht zwar aus wie ein Schlachtfeld, aber Vater wäre sicherlich stolz auf mich.«

»Vielleicht wäre er das. Wie haben Sie Barnes dazu gebracht, Sie hierbleiben zu lassen?«

»Er hat vor Jahren für Vater gearbeitet. Whitman und ich haben ihn davon überzeugt, dass wir bleiben und sie nacheinander einschläfern, damit keine Panik ausbricht.«

»Und, werden Sie das tun?«

»Was? Natürlich nicht. Ich weiß, dass wir nicht alle durchkriegen werden, aber bei den Säugetieren wollen wir es auf jeden Fall versuchen. Die Löwen füttern wir bis zum Schluss.«

»Und dann?«

Catherine drehte sich zu ihm um. »Was wollen Sie damit sagen, Doktor? Ich möchte lieber nicht darüber nachdenken.«

Ransom trat auf sie zu. »Catherine, seien Sie doch einen Moment lang vernünftig. Lomax hat Ihnen dieses Wasser nicht aus christlicher Nächstenliebe überlassen – er hat offenbar vor, die Tiere für seine eigenen Zwecke zu benutzen. Und was Whitman anbelangt – vielleicht braucht man in den Zoos Leute wie ihn, doch auch er ist in seiner Gemütsverfassung eine Gefahr. Gehen Sie fort, solange noch Zeit ist, sonst werden Sie eines Morgens alle Käfige offen vorfinden.«

Catherin entzog ihm den Arm. »Doktor, verstehen Sie denn nicht? Es könnte morgen schon *regnen*, auch wenn Ihnen diese Aussicht mißfällt. Ich habe nicht vor, diese Tiere im Stich zu lassen, und solange es Futter und Wasser gibt, werde ich sie sicherlich nicht töten.« Mit gesenkter Stimme setzte sie hinzu: »Außerdem glaube ich nicht, dass Whitman das zulassen würde.« Sie wandte sich ab und berührte den Käfig des blinden Löwen.

»Das würde er vermutlich nicht«, sagte Ransom. »Aber vergessen Sie nicht, dass es hier, anders als in der Welt da draußen, immerhin noch Gitter zwischen Ihnen und den Tieren gibt.«

Leise sagte Catherine: »Sie werden sich eines Tages noch wundern, Doktor.«

Ransom wollte daraufhin gerade etwas entgegnen, als er eine Bewegung hinter sich spürte. Umrißhaft zeichnete sich im Sonnenlicht die faunartige Gestalt ab, die sich an diesem Tag schon einmal an ihn herangeschlichen hatte.

Ransom ging zur Tür, doch der Junge machte sich schnell aus dem Staub.

»Was zum Teufel hat er vor? Hat er sich hier schon früher herumgetrieben?«

»Wer war das? Ich habe ihn nicht gesehen.«

»Lomax' Adlatus – Quilter.« Einige Fuß von Ransom entfernt kauten die Löwen auf den Fleischbrocken herum und zermalmten mit dem Kiefer die Knochenschäfte. Quilters Erscheinen hatte die ohnehin ungewisse Zukunft des Zoos schlagartig in ein neues Licht gerückt.

Die Hände in den Taschen vergraben folgte Catherine ihm ins Freie. »Morgen ziehe ich hier ein, ich werde Sie also nicht wiedersehen, Doktor. Im übrigen sieht Ihr Hausboot kaum so aus, als würde es irgendwohin fahren.«

»Ich werde einen stärkeren Motor einbauen.« Über den Himmel zogen noch immer dunkle Rauchschwaden, die von der Stadt aufstiegen. Er sah, dass Quilter am Eingang zum Vogelhaus vorbeiging, einem Rundgebäude mit Drahtverkleidung, das an das Pumpenhaus angrenzte.

Catherine hakte sich bei ihm unter. »Warum kommen Sie nicht zu mir, Doktor? Wir könnten den Löwen beibringen, im Rudel zu jagen.«

Dann winkte sie und spazierte zwischen den Käfigen davon.

Ransom packte seinen Arztkoffer und machte sich auf den Weg zur Hauptpromenade. Hinter dem Flamingo-Becken blieb er stehen. Rings um in her strichen im hellen Schein der Sonne die Tiere ruhelos in ihren Käfigen auf und ab. Neben dem Pumpenhaus stand der Tankwagen, dessen Schlauch in einem Verteilerrohr steckte. Whitman war zur benachbarten Siedlung aufgebrochen.

Ein Vogelschrei gellte durch die Luft und verstummte mit kläglichem Quieken. Ransom ging die Beckenmauer entlang und durchsuchte die leeren Gänge zwischen den Käfigen. Er trat ins Freie und ging hinüber zum Pumpenhaus, wo er sich im Schatten der Käfigüberdachungen verbarg. Der Bär trottete an den Gitterstäben entlang, immer hinter ihm her, und suchte ihn mit seinen Pranken unbeholfen zu umarmen. Die Schwänze der Geparden zuckten wie Peitschen, während sie Ransom aus kalten Augen anstarrten.

Er betrat das Aquarium. Schwach schimmerte das Sonnenlicht durch die Matten, die auf den Milchglasscheiben des Oberlichts lagen, und hie und da drang durch einen Riss ein Lichtstrahl in die Ecke eines Beckens. Doch der fluide Schimmer, wie man ihn von einem Aquarium kennt, war verschwunden, und ein stechender Geruch hing in der Luft. Ransom ging zwischen den Reihen der Becken hindurch zur Betriebstür hinter dem Alligatorgehege und hielt dann inne, um seine Augen an die Dunkelheit zu gewöhnen.

Im Dämmerlicht, das ihn umgab, sah er die Kadaver von Hunderten von Fischen, deren perlmuttfarbene Körper sich wie Flügel eines kunstvollen Mobiles drehten. Von ihren eigenen Ausscheidungen vergiftet, trieben sie mit aufgerissenen Mündern und leeren Augen, die wie Phosphor glühten, im trüben Wasser. In den kleineren Becken glitzerten tropische Fische in voller Farbenpracht, deren buntes Gewebe sich wie zerbröselnde Edelsteine in spinnwebfeine Fäden auflöste. Bei ihrem Anblick sah Ransom plötzlich das Meer und die Küste vor sich, ebenso trübe und voller Leichen, die mit leerem Gesicht aneinander vorbeitrieben wie in den Wasserbecken des Zoos.

Er durchquerte das Aquarium und betrat den Wartungsbereich. Über einen engen Hof gelangte er in den hinteren Teil des Pumpenhauses. Die Maschinen standen still, das große Schwungrad hing starr in seiner Grube. Auf leisen Sohlen näherte sich Ransom den offen stehenden Doppeltüren, durch die er die grünen Tankbehälter sehen konnte.

Quilter stand mit dem Rücken zu Ransom und prüfte den tropfenden Schlauch, der zum Verteilerrohr führte. Er trug noch dieselbe schmutzige, wein- und fettbefleckte Hose, aber dazu ein teures Paisley-Hemd in Gold und Lila. Ein toter, kopfloser Pfau hing mit einer Schnur befestigt von seinem Gürtel herab, dessen prachtvolles Gefieder er wie eine Schleppe hinter sich herzog.

Eine Fliege kreiste über Quilters Schädel und ließ sich dann auf seinem Nacken nieder. Fahrig hob er die Hand und zerquetschte das Insekt, von dem nur ein roter Fleck übrig blieb. Gedankenverloren zerrieb er die Überreste zwischen den Fingern.

Ransom trat ins Sonnenlicht hinaus. Mit der rechten Hand packte er Quilters Oberarm.

Erschrocken drehte Quilter sich um und rollte die wässrigen Augen unter der vorgewölbten Stirn.

»Doktor…«

»Hallo, Quilter.« Ransom hielt den gewaltigen Muskel seines ausgeprägten Bizeps umklammert und spähte dabei, nach den Schäferhunden Ausschau haltend, zwischen den Rädern des Tankwagens hindurch. »Ist heute dein freier Nachmittag? Ich wusste gar nicht, dass du dich für Zoos interessierst.«

»Doktor…« Quilter starrte auf die Finger, die seinen Arm umkrallten, und runzelte verwundert die Stirn. »Doktor, ich mag es nicht…« Er entriss ihm den Arm und wollte Ransom dann einen Schlag mit der Handkante versetzen. Ransom, darauf vorbereitet, wich zur Seite aus, rammte Quilter den Ellenogen in die Rippen, so dass er sein Gleichgewicht verlor, und schlug ihm den Arztkoffer um die Ohren. Quilter landete auf dem Betonboden, das Pfauengefieder zwischen den Beinen. Einen Moment lang wirkte er fassungslos. Dann rang er seinem fratzenhaften Gesicht ein unwirsches Lächeln ab.

Ransom hatte seinen Standpunkt klargemacht, und nun lehnte er sich an die Seite des Tankwagens und säuberte die Hand mit dem Wasser, das aus dem Schlauch tropfte.

»Du solltest vorsichtiger sein, Quilter. Was hast du hier zu suchen?«

Quilter schüttelte den Kopf, sichtlich erstaunt über Ransoms Verhalten. Er deutete auf die Wassertropfen an Ransoms Fingern. »Eines Tages, Doktor, werden Sie in so wenig Wasser ertrinken.«

»Bleib' bei der Sache. Was machst du so weit weg von zu Hause?«

Quilter starrte ihn treuherzig an. Er stand auf, rückte sich den Pfau an der Hüfte zurecht und betrachtete eingehend sein Hemd. »Lomax sagte, ich soll Ihnen folgen und ihm berichten, was Sie so treiben.«

»Interessant.« Ransom dachte nach. Das freimütige Geständnis war ohne Bedeutung. Zweifellos hatte ihm Lomax Anweisungen solcher Art erteilt, doch der wahre Kern von Quilters Bemerkung war ein anderer. »Lomax hat mir angeboten, zu ihm zu ziehen«, sagte Ransom und setzte gewollt ironisch hinzu: »Dann wirst du für mich arbeiten, Quilter.«

Quilter musterte ihn skeptisch, sein Krötengesicht voller Galle. »Ich arbeite für Miss Miranda«, sagte er.

»*Das* macht mehr Sinn.« Ransom beobachtete Quilters Gesicht, das erbebte und in ein freudloses Lachen ausbrach. Die vernarbten Lippen zitterten leise, das Muttermal auf seiner linken Wange tanzte. Abgestoßen von diesem fratzenhaften Zerrbild eines Menschen wandte sich Ransom zum Gehen und hoffte, Quilter von Catherine Austen und dem Zoo weglocken zu können. Solange die

Tiere lebten, würde Whitman Catherine beschützen, doch einem wie Quilter war der Einäugige nicht gewachsen.

»Ich wünsche euch beiden viel Glück«, rief er über die Schulter zurück. »Ihr habt eine Menge gemeinsam.«

Quilter starrte ihm nach, seine Augen wurden auf einmal glasig, seine Finger tasteten nach dem blutverschmierten Hals des Pfaus, der an seinem Gürtel baumelte. Dann giftete er Ransom voller Inbrunst hinterher: »Wir werden später noch viel mehr gemeinsam haben, Doktor! Noch viel mehr!«

13

Die Netze

Vor dem Zoo blieb Ransom kurz stehen, dann überquerte er die Straße. Er lehnte sich an den Stamm einer toten Platane und betrachtete die leerstehenden Häuser. Quilters absurde Bemerkung, auf die er sich keinen Reim machen konnte, klang ihm noch in den Ohren. Normalerweise hätte der Junge selbst über seine groteske Äußerung gekichert, doch da er von diesem neuen Reich des Möglichen offenbar völlig überzeugt zu sein schien, vermutete Ransom, dass er einfach nicht wusste, was er da sagte. Vielleicht kam der Junge ja wieder zur Besinnung – kein Verrückter könnte jemals ein so zweifelhaftes Hirngespinst ausbrüten.

Ransom folgte dem Weg, den Whitman genommen hatte und überquerte die Straße. Die Häuser waren verlassen, doch in den Gärten schwelten Abfallfeuer. Kein Laut drang aus der Stadt, obwohl über seinem Kopf noch immer Rauchwolken von brennendem Öl hoch in die Luft aufstiegen. Eine Tür ging auf und spiegelte für einen Moment die Sonne. Irgendwo links von ihm vernahm er ein Scheppern, als ein streunender Hund eine Mülltonne umwarf.

Trotz der Rauchschwaden brannte die Sonne nahezu unvermindert auf den Aschestaub nieder, dessen kristalline Quarzpartikel in den Augen schmerzten. Kaum war er eine Viertelstunde unterwegs, bereute es Ransom, keine Wasserflasche mitgenommen zu haben. Der Staub hinterließ in seiner Kehle den trockenen Geschmack von brennendem Müll. Er lehnte sich an den Kotflügel eines Autos, massierte sich den Nacken und überlegte, ob er in eines der Häuser einbrechen sollte.

Kurze Zeit später kam er an einer offenen Haustür vorbei. Er machte das Gartentor auf und folgte dem Weg hinauf zur Veranda.

Im Schatten verborgen, sah er sich auf der leeren Straße um und lugte durch die Tür ins Wohnzimmer und in die Küche. Im Eingang stapelten sich Pappkartons und auf den Sesseln lagen zurückgelassene Koffer.

Er wollte gerade eintreten, als er einige Zentimeter weiter ein kleines Zeichen im Staub entdeckte. Die einfache Schleife, die aussah wie die von Kinderhand skizzierte Silhouette eines Fischs, war mit einem Stock gezeichnet worden, der unweit vom Weg lag.

Ransom betrachtete die Häuser ringsum. Das Zeichen konnte nur vor wenigen Minuten gemacht worden sein, doch auf der Straße regte sich nichts. Er ging den Weg hinunter. Im ersten Moment glaubte er, Quilter sei für das Zeichen verantwortlich, doch dann erinnerte er sich an die beiden Fischerfrauen in ihren schwarzen Schultertüchern, an denen sie im Tankwagen vorbeigefahren waren und an die befremdliche Versammlung in der Kirche an diesem Morgen. Das Zeichen vor der Kirche bestand ebenfalls aus einer simplen Schleife und entsprach just jenem Bilderrätsel, das die Urchristen einst benutzten, um sich untereinander zu erkennen zu geben. Die finsteren Mienen der Fischer, die der Predigt von Reverend Johnstone über Jona und den Rhizinusstrauch lauschten, entsprachen wahrscheinlich in vielerlei Hinsicht den besessenen Gesichtszügen der urzeitlichen Fischer, die einst ihre Netze am See Genezareth zurückgelassen hatten.

Hundert Meter weiter huschte eine schwarz gekleidete Gestalt hinter einer Mauer entlang. Ransom blieb stehen und wartete, dass der Mann auf die Straße trat. Dann ging er schnellen Schritts die Straße hinab, ohne auf die Tür zu achten, die sich hinter ihm öffnete. Er wich bewusst von dem Weg ab, den er und Whitman genommen hatten, und bog an der ersten Kreuzung links ab, dann wieder rechts in die nächste Straße. Hinter ihm rieselte Asche auf die Straße und verwischte sanft alle Fußspuren.

Fünf Minuten später hörte er von allen Seiten das Fußgetrappel von Männern, die ihm im Laufschritt nachsetzten. Hinter Mauern und Häusern verborgen folgten sie ihm in weitem Bogen und nahmen ihn wie eine Gruppe kleiner Boote, die einen wasserspeienden Wal umzingelt, von beiden Seiten in die Zange. Undeutlich hörte er Schritte, die über leere Veranden huschten. Ransom kauerte sich zwischen zwei Autos nieder und ruhte sich aus. Aus den Gärten hinter ihm stiegen Rauchfahnen auf, die auseinanderstoben und unruhig hin- und hertrieben.

Dann ging er weiter und machte nur an den Kreuzungen Halt. Obwohl er bereits ein gutes Stück des Weges zurückgelegt hatte, schien Hamilton noch immer rund anderthalb Kilometer jenseits der Hausdächer zu liegen, so als trieben ihn seine unsichtbaren Verfolger im Kreis umher. Er fragte sich, warum sie ihn verfolgten, und erinnerte sich an Catherine Austens Spöttelei – vielleicht suchten die Fischer, die am Ufer des absterbenden Sees gestrandet waren, eine Art Sündenbock?

Er verlangsamte sein Tempo, holte tief Luft und wagte einen letzten Versuch. Er rannte drauflos, bog wahllos nach links und rechts ab und sprang im Zickzack zwischen den Autos hindurch. Erleichtert stellte er fest, dass es ihm offenbar gelungen war, seine Verfolger abzuschütteln. Dann bog er in die nächstbeste Straße ein und merkte, dass er in eine Sackgasse geraten war.

Ransom machte kehrt und sah zwei schwarz gekleidete Gestalten, die durch das Loch einer Ruinenwand schlüpften. Er preschte über die von weißem Staub bedeckten Trottoirs, doch auf der Straße wimmelte es auf einmal von Männern, die behänd wie Akrobaten über die Autos sprangen. Ein großes Netz lag ausgebreitet über dem Trottoir. Als er sich näherte, wurde es hochgezogen und über ihn geworfen. Ransom machte schleunigst kehrt und kletterte zwischen zwei Autos hindurch. Mitten auf der Straße tauchte ein halbes Dutzend Männer auf, die ihn umzingelten, mit ausgestreckten Armen ihre Netze spannten und seine Füße aufmerksam im Blick behielten. Ihre schwarze, aus Serge gefertigte Fischertracht war voller Asche.

Ransom suchte die Menschenmauer zu durchbrechen und stemmte sich mit seinem ganzen Gewicht gegen zwei der Männer, um sie zur Seite zu schieben. Wie ein schwerer Schal verhüllte ein Netz sein Gesicht. Er fegte es mit seinem Arztkoffer beiseite und stolperte dabei über die Teerstricke am Boden, die wie Lassos aus allen Richtungen über ihn geworfen wurden. Als er den Halt verlor, schloss sich der Kreis der Fischer, und die Netze fingen ihn auf, noch bevor er den Boden berühren konnte. Rücklings landete er in der riesigen Hängematte, dann riss ihn ein Dutzend Arme in die Luft, als wollten sie ihn der Sonne entgegenwerfen. Er zerrte an dem engmaschigen Gewebe, schrie die Männer an und konnte noch einen letzten flüchtigen Blick auf ihre hohlwangigen Gesichter unter den Mützen werfen. Auf der Straße entstand ein wildes Gerangel, unsanft schlug er mit den Schultern auf dem Boden auf. Dann wurde er erneut hochgerissen und prallte mit dem Kopf gegen den Kotflügel eines Autos.

14

Ein neuer Fluss

Im Licht der Nachmittagssonne ragten zu beiden Seiten gebogene Holzbalken auf, die sich im Innern hoch über Ransoms Kopf wölbten wie die Rippen eines gestrandeten Wals. Ransom, ausgestreckt auf einer alten Matratze liegend, zählte die Planken und glaubte einen Moment lang tatsächlich, sich in den Eingeweiden eines gestrandeten Leviathans zu befinden, dessen Kadaver einsam am Ufer verrottet.

Die Kielplatten zwischen den Planken waren noch intakt, so dass der Laderaum eine Art Verlies bildete, in dem er gefangen war. Er befand sich im Bug des Schiffes, auf einem alten Heringskutter irgendwo an einer Abwrackwerft entlang des Flusses unweit von Mount Royal. Eisenleitern führten hinauf zur Außenseite des Rumpfs, dessen Bodenplanken mit Unmengen von Blech, Bullaugen und Teilen von Schottwänden übersät waren. Das schwindende Nachmittagslicht tauchte das Schiffswrack in einen letzten, flüchtigen Glanz.

Ransom stützte sich auf den Ellbogen und betastete die Schürfwunden auf Wangen und Stirn. Der Rockaufschlag seiner Leinenjacke war fast abgerissen, und so entfernte er ihn ganz und presste den Lappen an die Schläfe. Er sah wieder die Netze vor sich, die ihn auf der heißen, stickigen Straße wie die Capas von Stierkämpfern umhüllten, als wären sie aus ihrer Arena auf die Straße geeilt, um den gewaltigen Fisch, der da im Staub umherschnellte, auszappeln zu lassen. Man hatte ihn halb bewusstlos zu den Docks getragen und in den Laderaum des Fischkutters gesperrt. Durch einen Spalt an der Backbordseite des Rumpfes konnte er das Dach eines Lagerhauses sehen, über dem Portalkräne schwebten. Es roch nach Teer und Farbe.

Hinter ihm ragte die Heckbrücke des Trawlers in den Himmel. Wie durchstochene Augen hingen zu beiden Seiten des Brückenhauses zwei Rettungsringe an der Reling. Von unten drang aus einer der Kajüten schwaches Licht. Kein Laut war von den Fischern zu hören, nur eine einsame Gestalt, versehen mit einem Bootshaken aus Metall, patrouillierte an Deck.

Ransom setzte sich mühsam auf und säuberte seine Hände an den Stofffetzen, die aus der Matratze hervorlugten. Der Trawler war in einem nicht ausgebaggerten Hafenbecken gestrandet, unterhalb der einstigen Wasserlinie, so dass nasser Schlamm durch die Kielplatten sickerte. Die dunklen Klumpen lagen wie feuchte Lavabrocken ringsum ihn her. Er stand auf, der Schädel brummte ihm von der leichten Gehirnerschütterung, und tastete sich über den Boden des Laderaums voran. Hinter dem Mastträger hielt er inne, weil er undeutlich ein Geräusch vernahm, das von der Straße herüberwehte. Dann tastete er sich steuerbords weiter am Rumpf entlang auf der Suche nach einer losen Platte. Der Wachtposten auf der Brücke patrouillierte im Heck und beobachtete die Rauchfeuer, die in der Stadt brannten.

Das Geräusch kam näher und entpuppte sich als Fußgetrappel rennender Männer. Ransom ging zur Matratze zurück und legte sich nieder. Die etwa zehnköpfige Gruppe der Fischer passierte das Lagerhaus, erreichte den Kai und gelangte über die hölzerne Gangway zum Brückendeck. In ihren Netzen schleppten sie mit vereinten Kräften ein großes Bündel herbei. Sie beugten sich über die Reling und ließen es in den Laderaum hinab, genau über der Matratze. Dann öffneten sie die Netze, und ein halb bewusstloser Mann purzelte neben Ransom auf die Matratze.

Der Anführer der Jagdgesellschaft, ein Bootsmann, stellte sich an die Reling und spähte hinab auf diesen jüngsten Fang. Der Bootsmann, ein stämmiger, breitschultriger Mann von etwa dreißig Jahren, unterschied sich von den anderen durch sein blondes Haar, das über sein plumpes Gesicht fiel. Ransom stellte sich schlafend. Keinen Meter von ihm entfernt stöhnte der Neuankömmling, ein grauhaariger Landstreicher in einem alten Mantel, schniefend und hustend vor sich hin.

Der Blonde gab seinen Männern ein Zeichen. Sie zogen die Netze hoch und schulterten sie.

Im Brückenhaus ging eine Tür auf, und man sah den Lichtschein einer Laterne. Ein hochgewachsener Mann mit dunklem, verwüstetem Gesicht trat an Deck und schaute mit strengem Blick umher. Seine schwarze Fischertracht war bis zum letzten Knopf geschlossen, so dass Oberkörper und Arme noch länger wirkten.

»Jonas…!« Der Bootsmann eilte mit großen Schritten über das Deck, um die Tür zu schließen.

»Fürchte das Licht nicht, Saul.« Der hochgewachsene Mann stieß seinen Arm weg. Nach einer Weile schloss er die Tür und ging dann zu den Männern. Er nickte jedem von ihnen hoheitsvoll zu, als hieße er sie auf seinem Achterdeck willkommen. Sie wiederum sahen mit ehrfürchtigem Nicken zu ihm auf und griffen nach den Netzen auf ihren Schultern, als wüssten sie, dass sie eine nützliche Aufgabe zu erfüllen hatten. Allein der blondhaarige Saul schien seine Autorität zu mißbilligen. Er lungerte gereizt hinter Jonas' Rücken und trommelte unwirsch mit den Fingern auf die Reling, als suche er nach einem Anlass zur Beschwerde.

Jonas ging über die Brücke und blieb an der Reling im Vorschiff stehen. Die bedächtige Art, mit der er sich an Deck bewegte, sollte gewissermaßen Autorität suggerieren, so als wäre dies das bisher größte Schiff unter seinem Kommando, für das er Verantwortung trug, weshalb er nicht riskieren wollte, dass eine unverhoffte Woge ihn erfassen und von seiner Brücke stürzen könnte. Sein Gesicht war wettergegerbt, die Haut ausgetrocknet von Sonne und Wind. Als er in den Laderaum hinabsah und seine langen Arme sichtbar wurden, die bis zur Reling reichten, erkannte Ransom die gewölbte Stirn und die spitzen, vorspringenden Wangenknochen sofort wieder. Seine Augen hatten den hyperintensiven, gleichwohl wachen Blick eines halbgebildeten Wanderpredigers, der, statt seinen eigentlichen Aufgaben nachzugehen, immerzu gezwungen ist, für alle Nahrung und Unterkunft zu beschaffen.

Er nickte Ransom und dem betrunkenen Landstreicher zu, die beide ausgestreckt auf der Matratze lagen. »Gut. Wieder zwei, die uns bei der Suche helfen. Jetzt nehmt eure Netze und durchkämmt die Straßen. In den nächsten beiden Nächten könnt ihr noch manch guten Fang machen.«

Die Männer erhoben sich, aber der Bootsmann schrie: »Jonas! Wir brauchen die alten Männer nicht!« Mit verächtlicher Geste deutete er zum Laderaum hinab. »Das ist toter Ballast, der uns nur behindert!« Er setzte zu einer nur halb verständlichen Tirade an, der Jonas mit gesenktem Kopf lauschte, als suche er eine innere, zwanghafte Unruhe mit aller Macht zu beherrschen. Die Männer ließen sich leise miteinander streitend erneut nieder, manche bekräftigten Sauls Einwand mit energischem Nicken, andere schüttelten zweifelnd den Kopf. Die Loyalität der Gruppe wechselte von einem zum anderen und wurde letztlich nur durch die von allen wahrgenommene, unausgesprochene geistige Überlegenheit entschieden, die von Jonas' Führerpersönlichkeit ausging.

»Saul!« Der hochgewachsene Captain brachte ihn zum Schweigen. Er hatte lange, schmale Hände, die er wie ein Schauspieler einsetzte. Ransom, der ihn beobachtete, fiel auf, wie berechnend all seine Bewegungen waren, die er auf der hohen Bühne der Brücke ausführte. »Saul, wir weisen niemanden ab. Sie bedürfen jetzt unserer Hilfe. Denk daran, hier ist nichts mehr.«

»Aber, Jonas...!«

»Saul!«

Der blonde Bootsmann gab wie von einem Tic erfasst manisch nickend auf. Als die Männer über das Deck zur Gangway trotteten, warf er Jonas einen bitterbösen Blick zu.

Jonas war nun allein und sah hinab auf die allmählich dunkler werdenden Straßen. Als die Männer mit den geschulterten Netzen von Bord gingen, sah er ihnen mit dem wenig ausgeprägten Mitgefühl eines Mannes nach, der in eine harte und beschränkte Welt hineingeboren wurde. Er schritt ruhelos auf der Brücke seines Schiffswracks auf und ab und blickte zu den Rauchschwaden hoch, die von der Stadt aufstiegen, als überlege er, die Segel vor dem Sturm zu trimmen.

Der alte Landstreicher stöhnte auf der Matratze neben Ransom, aus einem Ohr lief Blut. Sein Mantel hatte rosafarbene Flecken, die, wie Ransom vermutete, von Frostschutzmittel stammten. Hin und wieder erlangte er kurz das Bewusstsein, sackte dann erneut in sich zusammen und starrte mit wilden, traurigen Augen zum Himmel.

Ransom stand auf und tastete sich durch den Laderaum. Über ihm stand Jonas an der Reling und winkte ihn lächelnd zu sich, als habe er nur auf sein Erwachen gewartet. Er rief dem Wachtposten etwas zu, und eine Leiter wurde in den Laderaum hinabgelassen.

Ransom schaffte es nur mit Mühe, die halbe Strecke bis zur Reling auf der Leiter zurückzulegen, dann packten ihn Jonas' starke Hände und zogen Ransom an Deck. Er bat ihn, sich zu setzen.

Ransom deutete auf den Landstreicher. »Er ist verletzt. Können Sie ihn hochholen? Ich bin Arzt, ich werde tun, was ich kann.«

»Natürlich.« Jonas gab dem Wachtposten ein Zeichen. »Geh' runter, dann holen wir ihn hoch.« Während er die Leiter hielt, sagte er zu Ransom: »Ein Arzt, gut. Sie kommen mit uns, wir brauchen für die Suche jeden, den wir finden können.«

Ransom lehnte sich an die Reling und spürte, dass sein Kopf allmählich klarer wurde. »Wo denn suchen? Wonach suchen Sie?«

»Nach einem neuen Fluss.« Jonas machte eine ausladende Geste mit seinen langen Armen, die die verblassende Skyline und das halbe Land umfasste. »Irgendwo dort. Mein Bootsmann glaubt nicht daran und will, dass sie mich auslachen, aber ich habe ihn *gesehen*!« Er schien seine eigene Prahlerei fast selbst zu glauben.

Von fernen Straßen war Fußgetrappel zu hören. Ransom hörte, wie es sich immer weiter näherte. Er wartete, bis der Wachtposten mit einem Netz über der Schulter im Laderaum verschwand. In einer Minute wäre jede Chance zur Flucht dahin. Zur Gangway waren es drei Meter. Neben dem Lagerhaus führte eine Gasse in die Seitenstraßen.

Jonas beugte sich so tief über die Reling, dass sein Körper in der Taille wie ein Galgen abknickte. Der Landstreicher lag reglos im Netz, und Jonas' kräftige Arme hoben ihn hoch in die Luft, wie ein Fischer, der einen mächtigen Fang einholt.

Ransom stand auf, als wolle er ihm helfen, dann drehte er sich um und rannte schnurstracks zur Gangway. Als die Planken unter seinen Füßen knackten, drehte sich Jonas um und schrie auf, wie um ihn vor einem Fehler zu warnen, doch Ransom war schon auf dem Kai und rannte die Gasse hoch.

Hinter dem Lagerhaus sah er die Fischer, die mit gespannten Netzen, in denen ein Mann zappelte, die Straße hinuntergingen. Der blonde Bootsmann marschierte an ihrer Spitze. Als er Ransom erblickte, rannte er los, die kurzen Arme am Körper angewinkelt wie Haken.

Ransom hetzte an den Häusern vorbei, doch nach knapp dreißig Metern hatte Saul ihn bereits eingeholt und versuchte ihn, während sie im Zickzack zwischen den Autos hin und her sprangen, mit Fußtritten zu Fall zu bringen.

Plötzlich brachen zwei Kreaturen wirbelwindgleich hinter einer Mauer hervor und stürzten sich mit gefletschten Zähnen auf den Bootsmann. Außer Atem rannte Ransom noch ungefähr fünfzig

Meter weiter und blieb dann hinter einem Auto stehen, während die beiden Schäferhunde Saul anfielen und knurrend nach seinem Kopf und den abwehrenden Fäusten schnappten.

»Doktor! Hier entlang!«

Ransom drehte sich um und erkannte unter der bunten Maskerade Quilter, der ihm, den geköpften Pfau an der Hüfte, aus einiger Entfernung zuwinkte. Ransom ließ die Hunde stehen und humpelte dem jungen Mann hinterher, der mit wippendem Pfauenschwanz weiterrannte.

Er folgte Quilter durch ein Labyrinth staubiger Straßen, jagte über Zäune und Gärten hinter ihm her und verlor ihn dabei gelegentlich aus den Augen, wenn der in den Rauchschwaden der Abfallfeuer verschwand. Einmal, als er sich in einem hinter hohen Mauern verborgenen Garten verlor, in den er zufällig geraten war, sah Ransom, wie der Junge mit kindlichem Ernst auf den halb verbrannten Kadaver eines großen Hundes starrte, der auf einem Gluthaufen lag.

Schließlich gelangten sie über ein niedriges Brückengeländer zum Flussufer. Zu ihrer Linken wölbte sich einen guten Kilometer weiter der Bogen der Straßenbrücke. Unterhalb des Bogens, im weißen Bett der Wasserrinne, stand Philip Jordan gestützt auf seinen Stocherstab im Heck seines Skiffs. Quilter ging zum Ufer hinab und brach dabei bis zu den Knien in der trockenen Schlammkruste ein, so dass der vom Pfauengefieder aufgewirbelte Staub Ransoms Gesicht umwölkte.

Ransom folgte ihm den Abhang hinunter, blieb aber kurz bei einem gestrandeten Leichter stehen. Die Sonne versank bereits am westlichen Horizont. Die Rauchschwaden am Himmel waren inzwischen dunkler und zahlreicher, aber das Flussbecken schimmerte in einem fast gespenstischen Weiß.

»Kommen Sie, Doktor! Ausruhen können Sie sich später.«

Von dieser brüsken Aufforderung überrascht, drehte sich Ransom zu Philip Jordan um. Die Verbindung zwischen Quilter, dem grotesken Caliban seiner gesammelten Albträume, und dem sanftmütigen Ariel des Flusses war ihm nicht geheuer. Er ging zum Skiff hinunter und sank im feuchten Schlamm ein. Als das Abendlicht allmählich schwand, fing das verbrannte Gelb der alten Löwenhaut in Philip Jordans spitzem Gesicht an zu leuchten. Seine Miene drängte zur Abfahrt und seine Augen musterten Ransom mit abwesendem Blick.

Quilter saß allein im Heck, ein Buddha auf dem Wasser, auf dessen öliger Oberfläche Schatten tanzten, die sein Gesicht besprenkelten. Als Ransom das Skiff bestieg, stieß Quilter zwei schrille Pfiffe aus. Sie hallten über das Ufer und brachen sich an der Betonbrüstung. Einer der Hunde tauchte auf. Mit hoch erhobener Rute sprang er zum Ufer hinab, rannte von einer Staubwolke umgeben zum Skiff und sprang über Ransoms Schulter an Bord. Zwischen Quilters Füßen ließ er sich nieder und heulte in die Abenddämmerung hinein. Quilter wartete und beobachtete weiter das Ufer. Dann runzelte er die Stirn. Wieder heulte der Schäferhund auf. Quilter nickte Philip Jordan zu, und das Boot setzte sich auf dem immer dunkler werdenden Wasserspiegel in Bewegung, während das Pfauengefieder wie ein edelsteingeschmücktes Segel über dem Kielwasser hing.

Sechs Kilometer weiter stieg die Skyline der Stadt aus der Dämmerung auf, die allmählich alle Lücken schloß, und wie ein düsterer Vulkan erhob sich hinter dunklen Rauchschwaden die Stadt Mount Royal.

15

Der brennende Altar

Am nächsten Morgen, nach einer Nacht voller Aufruhr und Gewalt, begann Ransom mit seinen Reisevorbereitungen.

Kurz vor Sonnenaufgang, als die Schießereien endlich verstummten, schlief er auf dem Wohnzimmersofa ein; aus dem niedergebrannten Haus auf der anderen Straßenseite stoben Funken wie Glühwürmchenschwärme zum Himmel. Um sieben Uhr war er zuhause angekommen, erschöpft von seiner Flucht vor Jonas und den Fischern. Die Stadt am See war ruhig, nur einige Fackeln flammten auf, als Reverend Johnstones Milizionäre in den dunklen Straßen patrouillierten, gezielt alle offen stehenden Türen von aufgegebenen Autos schlossen und die Abfallfeuer in den Gärten löschten. Nur in Lomax' Haus waren die Fenster noch hell erleuchtet.

Nachdem er seinen Anzug ausgezogen hatte, ließ Ransom Wasser in die Badewanne ein, beugte sich über den Rand, trank Wasser aus der hohlen Hand und massierte Gesicht und Hals mit dem lauwarmen Nass. Er musste an Philip Jordan denken, wie er den langgezogenen Bug des Skiffs zwischen den gestrandeten Schiffsleibern hindurchmanövrierte, während das Spiegelbild seines schmalen Gesichts im dunklen Wasser dahintrieb wie all die anderen Phantombilder, die Ransom in den letzten Wochen heimgesucht hatten. Die unterschwellige Verbindung zwischen Philip Jordan und einer so widersprüchlichen Figur wie Quilter, der mit dem prachtvollen Fächer des Pfauengefieders spielte und dabei über seinen verlorenen Hund nachsann, schien ihn von Hamilton sogar noch entschiedener auszugrenzen als die Invasion der Fischer mit ihrer Suche nach einem verschollenen Fluss. Er fragte sich daher, welche Rolle er wohl spielen werde und was die neuerliche Ausbreitung der Wüste für das

Land tatsächlich zu bedeuten hatte. Beim Ausstieg aus dem Skiff hatte Ransom noch versucht, mit Philip zu sprechen, doch der junge Mann war seinem Blick beständig ausgewichen. Mit einem aus tiefster Kehle kommenden gutturalen Laut hatte er sich auf seine Stocherstange gestützt und das Boot hinaus in die Dunkelheit gestakt, und so war Quilter, der ihm wie ein weißer Götze zulächelte, das letzte Bild, das Ransom vor Augen hatte – ein ironisches Lebewohl, das über das ölige Wasser trieb.

Eine Stunde verbrachte Ransom in der Badewanne und beschloss abzureisen, sobald er wieder bei Kräften war. Irgendwie würde er Catherine Austen überreden, ihn zu begleiten – die Landschaft, in der sie lebten, war für Leute, die noch bei Sinnen waren, kein Ort mehr zum Verweilen. Das warme Wasser beruhigte seine Nerven und machte ihn schläfrig, doch da hörte er in der Ferne eine dumpfe Explosion und sah eine gewaltige Stichflamme, die in den Nachthimmel schoss. Als er aus der Wanne stieg, erleuchtete ein glühender Lichtstrahl die Kacheln im dunklen Badezimmer. Fünf Minuten lang beobachtete er das Feuer, das wie beim Abstich eines Hochofens hell aufloderte. Als es abflaute, sah man in seinem milderen Widerschein die Umrisse der Nebengebäude einer knapp einen Kilometer vom Zoo entfernten kleinen Lackfabrik.

Eine unheilvolle Stille setzte ein. Ransom zog einen sauberen Anzug an und sah aus dem Fenster. In Reverend Johnstones Haus rührte sich nichts, doch in Lomax' Villa herrschte reges Treiben. Lichter flackerten in den Fenstern und wanderten zwischen den Veranden hin und her. Irgendjemand trug einen riesigen Kandelaber aufs Dach und reckte ihn in die Höhe, als wolle er die Sterne inspizieren. Fackeln beleuchteten den Rasen. Immer mehr Öllampen flammten auf, bis die weiße Rotunde in Licht zu baden schien.

Ransom bereitete sich in der Küche gerade einen Imbiß zu, als in Lomax' Garten ein prachtvolles Feuerwerk entzündet wurde. Unzählige Raketen stiegen über dem Haus auf und explodierten als buntes Spektakel am Himmel, Feuerräder rotierten und zerbarsten wie überbordende Funkenkaskaden. An den Bäumen im Garten hatte jemand Lichter befestigt, die die Dunkelheit in ein rosiges, dünnes Licht tauchten und einen Teil der Hecke in Brand setzten. Im flackernden Licht sah Ransom, wie zwei weiße Gestalten, Lomax und seine Schwester, über das Dach huschten.

Zehn Minuten dauerte das Spektakel noch nach dem ersten Crescendo, das Raketen durch die dunkle Nacht hinüber zur Stadt entsandte. Welche Motive Lomax auch ursprünglich gehabt haben mochte, so ließen Zeitpunkt und Extravaganz des Schauspiels nach Ransoms Einschätzung vermuten, dass er damit Aufmerksamkeit erregen wollte und es als Herausforderung verstand für all jene, die noch in den eigentlich verlassenen Außenbezirken der Stadt ausharrten.

Während Ransom dem Feuerwerk zuschaute und sah, wie die Raketen explodierten und verglühten und als raue Seufzer über die Dächer davongetragen wurden, fiel ihm auf, dass die Echos immer lauter wurden und sich mit harten, trockenen Detonationen mischten, die die Fenster mit der Wucht echten Zündstoffs erschütterten. Sofort wurde das Feuerwerk eingestellt, und die Lichter in Lomax' Haus erloschen. Einige Kanister brannten auf dem Rasen von selbst nieder. Das Heulen und Krachen des Gewehrfeuers hielt an. Die Schüsse näherten sich Hamilton und wurden in Abständen von zehn Sekunden abgefeuert, so als stammten sie aus einer einzigen Waffe. Ransom trat in die Einfahrt hinaus. Mit schrillem Zischen, das am Fluss verhallte, pfiff eine Kugel fünfzehn Meter über seinen Kopf hinweg. Reverend Johnstones Jeep raste ohne Licht die Straße hinunter und hielt an der nächsten Biegung. Drei Männer sprangen heraus und rannten zwischen den Bäumen hindurch zur Kirche.

Fünf Minuten später – er war ihnen die Straße hinunter gefolgt – hörte Ransom inmitten des Gewehrfeuers den Klang der Orgel. Jemand intonierte einen Choral, so unbeholfen und bruchstückhaft, dass man daraus schließen konnte, dass es nicht Reverend Johnstone war, der die Register bediente. Ransom kauerte hinter den Bäumen und beobachtete, wie zwei von Johnstones Männern hinter dem Schutz eines umgestürzten Wagens auf das Kirchenportal feuerten. Als sie zurückgedrängt wurden, eilte Ransom über die Straße und versteckte sich in einem der leerstehenden Häuser. Die Orgel spielte trotz des sporadischen Schusswechsels unverdrossen weiter, während Ransom sah, wie der blonde Saul, das Gewehr im Anschlag, seinen zwischen den Autos postierten Männern ein Zeichen gab. Bis auf Saul war keiner der Fischer bewaffnet, doch sie hatten Latten, die sie aus Zäunen entlang des Trottoirs gerissen hatten.

Ransom wartete, bis sie weiterzogen, dann bahnte er sich einen Weg zwischen den Häusern hindurch. Er schlich durch die engen Gassen hinter den Garagen, kletterte durch offene Fenster und erreichte schließlich das Haus vis-à-vis der Kirche. Vom Straßenrand aus konnte er einen Blick durch das offene Portal werfen. Die Musik war verstummt, und Jonas' hochgewachsene Gestalt stieg schwankend von der Kanzel herab und winkte mit seinen langen Armen drei Männern zu, die in der ersten Reihe auf der Kirchenbank kauerten. Im spärlichen Licht der Ölfunzel flackerte sein Gesicht wie im Fieber, während er mit heiserer Stimme den Gefechtslärm auf den Straßen zu übertönen suchte.

Einer der Männer stand auf und ging hinaus. Dann sah Ransom die Kirchturmspitze, die sich hell vom Nachthimmel abhob. Rauch zog an der Traufe entlang, und Flammen umzingelten den Turm. Jonas blickte auf und hielt in seiner Predigt inne. Mit bloßen Händen suchte er die Flammen zu löschen, die durch das Gewölbe züngelten. Die beiden Männer drehten sich um und rannten mit eingezogenem Kopf unter dem Rauch hindurch ins Freie.

Ransom verließ das Haus und überquerte rasch die Straße. Inzwischen hatte das Feuer das Kirchenschiff bereits in ganzer Länge erfasst, so dass schon kleinere Dachbalken auf die Kirchenbänke herabfielen. Als er die Tür der Sakristei erreichte, sprang der blonde Bootsmann aus dem Seitenschiff hinaus auf die Straße. Auf der Mitte blieb er stehen, um noch einmal zur Kirche zurückzublicken, deren Flammen sein Gesicht und seine Brust hell erleuchteten. In der Hand hielt er den abgebrochenen Schaft eines hölzernen Fischerhakens.

Als er den Innenraum der Kirche betrat, legte Ransom schützend die Arme um den Kopf. Von der Decke fielen rotglühende Kohlestückchen herab und setzten die Gesangsbücher auf den Kirchenbänken in Brand. Auch die Kanzel und der Altar waren mit Benzin übergossen und angezündet worden, und aus einer Benzinlache am Fuß der Kanzel loderten Flammen empor.

Jonas war zusammengebrochen und lag mit schlaffen Gliedern, die weit über den Rand hinausragten, fast ohnmächtig auf der Kanzel. Man hatte ihm einen seltsamen Kopfputz über die Schläfen gestülpt, das abgetrennte Haupt eines mächtigen Fischs aus einem der Becken des Aquariums, in dem die toten Störe schwammen. Als Ransom Jonas aus der brennenden Kanzel zog, fiel ihm der Fischkopf wie eine groteske silberne Mitra vornüber in die Arme. Zwischen seinen Augen steckte die Metallspitze des Fischerhakens, den Ransom draußen vor der Kirchentür in der Hand des Bootsmanns gesehen hatte.

Ransom zerrte den nahezu bewusstlosen Mann durch die Sakristei hinaus in die kühle Luft des Kirchhofs. Er legte ihn zwischen die Grabsteine und wischte ihm das Fischblut von der zerschrammten Stirn. Jonas kam zu sich, sein Brustkorb hob und senkte sich wieder. Plötzlich sprang er vom Grab auf und packte Ransoms Arm. Er bewegte die Lippen in stummem Gebrabbel, als wolle er den Rest seiner Predigt loswerden, wobei er Ransom im Widerschein der niedergebrannten Kirche unverrückt anstarrte.

Dann versank er in tiefen Schlaf und seine Lungen füllten sich mit Luft. Als seine Männer zurückkehrten, stand Ransom auf und verschwand in der Dunkelheit.

Wie Ransom von einem im Obergeschoss gelegenen Fenster aus beobachten konnte, kam es in der nächsten Stunde immer wieder zu Feuergefechten. Manchmal zog es sich zwischen die Häuser zurück, dann wieder kam es ihm bis fast vor seine Haustür bedrohlich nah. Einmal hörte er Schreie von der Straße her und sah einen Mann mit einem Gewehr in rasendem Tempo vorüberrennen, dann eine Gruppe von Männern vor Reverend Johnstones Haus, die Autos aufs Trottoir fuhren, um eine Barrikade zu errichten. Danach verebbte der Lärm wieder.

Während einer dieser Feuerpausen, in der Ransom zum Schlafen nach unten ging, wurden die beiden Häuser auf der anderen Straßenseite in Brand gesetzt. Das Licht der Flammen erhellte die gesamte Straße, flackerte durch die Wohnzimmerfenster und warf Ransoms Schatten auf die rückwärtige Wand. Als die Flammen die Dächer erfassten, näherten sich zwei von Johnstones Männern, wichen dann aber vor der Hitze zurück.

Im gleißend hellen Widerschein sah Ransom auf dem Rasen zwischen den Häusern eine gedrungene, bucklige Gestalt, die inmitten des Flammenkreises zu stehen schien. Neben ihr lief angeleint ein geschmeidiges, katzenartiges Wesen mit kleinem flinkem Schädel und den dynamischen Bewegungen einer wild zuckenden Peitsche.

16

Die Endzone

Als Ransom gegen Mittag erwachte, hörte er von weiter unten auf der Straße das Geräusch zweier Armeelastwagen. Ansonsten waren die Straßen still und menschenleer. Schräg gegenüber standen die Überreste der beiden Häuser, die in der Nacht bis auf die Grundmauern niedergebrannt waren und deren verkohlte Dachbalken nun in den Himmel ragten. Ransom, von den Geschehnissen des Vortags erschöpft, lag auf dem Sofa und lauschte den Lastwagen, die rangierten und dann einparkten. Selbst diese fernen Geräusche klangen bedrohlich nach zielloser Gewalt, als stürze die Landschaft erneut in sich zusammen. Ransom rappelte sich mühsam auf, ging in die Küche und machte sich einen Kaffee. Während das Wasser langsam durch die Kaffemaschine tröpfelte, stützte er sich am Wasserhahn ab und spähte durchs Fenster hinaus auf die Glutstücke, die schwelend am Boden lagen, und er fragte sich, wie lange es wohl noch dauern werde, bis auch sein Haus den Flammen zum Opfer fiele.

Als er fünf Minuten später aus der Tür trat, stand einer der Lastwagen vor Reverend Johnstones Einfahrt. Hamilton war nunmehr eine Endzone, unter derem wolkenlosen Himmel die verwaisten Wachtürme und Dächer wie Gebeine verblichen. Zu beiden Seiten der Straße standen zahllose Autos, manche mit zertrümmerten Scheiben und übersät mit Asche, die aus Abfallfeuern niederrieselte. Die dürren Bäume und Hecken splitterten in der Hitze. Der Rauch über Mount Royal war dichter geworden, und Dutzende schwarzer Schwaden stiegen in die Luft.

Der Lastwagen vor dem Haus des Predigers war bis unters Dach mit Campingausrüstung und Vorratskisten beladen. Eine Schrotflinte lag auf dem Sitz unweit der Ladeklappe. Edward Gunn, der

Besitzer des Eisenwarenladens und Johnstones dienstältester Küster, kniete vor der hinteren Stoßstange und koppelte einen kleinen zweirädrigen Wassertank an. Er nickte Ransom zu, packte die Schrotflinte, steckte die Schlüssel in die Hosentasche und ging zur Einfahrt zurück.

»Da brennt wieder eins.« Er deutete auf den Dunstschleier, der über der Stadt lag. Weiße Rauchschwaden breiteten sich wie Pilze über den Dächern aus, gefolgt von eifrig lodernden Flammenzungen, die in der gleißenden Sonne nahezu farblos wirkten. Kein Geräusch war zu hören, doch für Ransom schien das brennende Haus nur wenige hundert Meter entfernt zu sein.

»Gehen Sie fort?«, fragte Ransom.

Gunn nickte. »Sie sollten auch gehen, Doktor.« Sein schnabelförmiges Gesicht war dünn und grau wie das eines müden Vogels. »Es gibt nichts mehr, wofür es sich zu bleiben lohnt. Letzte Nacht haben sie sogar die Kirche niedergebrannt.«

»Das habe ich gesehen«, sagte Ransom. »Die Fischer waren ja wie vom Wahn besessen. Aber vielleicht war es bloß ein Unfall.«

»Nein, Doktor. Sie haben die gestrige Predigt des Pfarrers gehört. *Das* ist nun alles, was sie uns hinterlassen haben.« Er deutete auf den zweiten Lastwagen, der weiter oben in der Einfahrt abfahrtbereit gemacht wurde. Auf dem Anhänger befand sich ein großes Motorboot und mittschiffs die Trümmer von Reverend Johnstones Kanzel, deren verkohlte Brüstung wie eine Schiffsbrücke in die Luft aufragte. Daneben standen Frances und Vanessa Johnstone, die jüngeren Töchter des Predigers.

Ihr Vater trat mit einem sauberen Chorhemd über dem Arm aus dem Haus. Er trug kniehohe Gummistiefel und eine Fischerjacke aus Tweed mit Ellbogenflicken. Er erklomm die Kanzel, als bräche er im nächsten Moment zu einer beschwerlichen Missionsreise in eine wasserreiche Wildnis auf. Von oben brüllte er über die Schulter blickend: »Fertigmachen! Alle Mann an Bord!«

Julia, die älteste der drei Töchter, trat von hinten an Ransom heran. »Vater benimmt sich schon wie ein alter Seebär.« Sie ergriff Ransoms Arm und lächelte ihn aus grauen Augen an. »Und was ist mit Ihnen, Charles? Kommen Sie mit? Vater«, rief sie, »brauchen wir nicht noch einen Schiffsarzt?«

Gedankenversunken kletterte Johnstone vom Boot herunter und ging ins Haus. »Sybil, es wird Zeit zu gehen!« Im Flur blieb er stehen und blickte auf die verhüllten Möbel und die am Boden gestapelten Bücher. Sein markantes Gesicht drückte Beklemmung und Unsicherheit aus. Dann murmelte er etwas vor sich hin und schien sich zu straffen.

Ransom wartete neben dem Boot, während Julias Hand noch immer auf seinem Arm ruhte. Vanessa Johnstone musterte ihn mit aufgerissenen Augen, die blassen Hände in den Hosentaschen vergraben. Obwohl ihr Gesicht viel der Sonne ausgesetzt war, blieb ihre Haut so weiß wie in den kritischsten Tagen ihrer langen Krankheit vor vier Jahren. Ihr schulterlanges schwarzes Haar fiel offen herab, und ein Mittelscheitel betonte die Ebenmäßigkeit ihres ovalen Gesichts. Die Metallschiene an ihrem rechten Bein wurde von der Hose verdeckt.

In diesem Moment, als Ransom sie ein letztes Mal betrachtete, wurde ihm die geheime Verbindung bewusst, die zwischen ihm und dieser verkrüppelten jungen Frau bestand. Ihr bleiches Gesicht, aus dem Schmerz und Erinnerung gleichermaßen getilgt waren, als sei alle Zeit daraus verschwunden, erschien Ransom wie ein Spiegelbild seiner eigenen Zukunft. Für Vanessa wie auch für ihn existierte die Vergangenheit nicht mehr. Von nun an würden sie beide ihr eigenes Zeitempfinden aus der ringsum neu entstehenden Landschaft erschaffen müssen.

Ransom half ihr auf die Ladefläche des Trucks.

»Auf Wiedersehen, Charles«, sagte sie. »Ich hoffe, bei dir ist so weit alles in Ordnung.«

»Noch musst du mich nicht abschreiben. Vielleicht komme ich ja auch nach.«

»Natürlich.« Vanessa richtete sich auf. »Ich habe dich neulich draußen auf dem See gesehen.«

»Der ist so gut wie verschwunden. Ich wünschte, du hättest bei mir sein können, Vanessa.«

»Vielleicht werde ich das eines Tages. Nimm' Philip Jordan mit, wenn du gehst, Charles. Er versteht nicht, dass er hier nicht bleiben kann.«

»Falls er mitkommt. Übrigens, kennst du den Captain der Fischer – er heißt Jonas…«

Gunn und seine Frau kamen mit einem Weidenkorb in ihrer Mitte die Einfahrt herunter. Die Gruppe setzte sich in Bewegung. Ransom verabschiedete sich von Vanessa und Sybil Johnstone und ging dann zur Haustür, wo der Prediger nach seinen Schlüsseln suchte.

»Wünschen Sie uns Glück, Charles.« Er verschloss die Tür und ging mit Ransom zum Boot. »Behalten Sie diesen Kerl, diesen Lomax, im Auge.«

»Das werde ich. Es tut mir leid wegen der Kirche.«

»Das muss es nicht.« Johnstone schüttelte energisch den Kopf, doch seine Augen leuchteten. »Es war schmerzhaft, Charles, aber notwendig. Machen Sie diesen Männern keinen Vorwurf. Sie haben genau das getan, was ich ihnen gebot – ›Gott schickte einen Wurm, der den Rizinusstrauch annagte, so dass er verdorrte‹.«

Er blickte auf die verkohlte Kanzel und dann auf das ausgetrocknete weiße Flussbett, das sich bis zur Stadt und den in der Ferne aufsteigenden Rauchwolken erstreckte. Der Wind hatte sich gedreht und trieb die Rauchfahnen nun in Richtung Norden, wo sie wie entschlüsselte Chiffren am Himmel vorüberzogen.

»In welche Richtung fahren Sie?«, fragte Ransom.

»Nach Süden, zur Küste.« Johnstone tätschelte den Bug des Bootes. »Wissen Sie, manchmal denke ich, wir sollten die Herausforderung annehmen und nach Norden fahren, mitten hinein in die Dürre… Wahrscheinlich wartet dort irgendwo ein großer Fluss auf uns, Braunwasser und Grünland…«

17

Der Gepard

Als sie einige Minuten später losfuhren, sah ihnen Ransom von der Straßenmitte aus nach, während die Frauen ihm von der Ladefläche aus zuwinkten. Der kleine Konvoi mit dem Boot und dem Wassertank im Schlepptau kurvte zwischen den Autoreihen hindurch, wendete an der nächsten Kreuzung und fuhr im Schritttempo an der ausgebrannten Kirche vorbei.

Er war jetzt allein, und Ransom hörte nur noch die gelegentlich zu ihm herüberdringenden, immer schwächer werdenden Geräusche, sobald die Lastwagen an einer Straßenkreuzung hielten. Rauchschwaden von Abfallfeuern wehten über die Straße, aus denen Ascheflocken zu Boden rieselten, in denen sich das Sonnenlicht brach. Ansonsten regte sich in Hamilton nichts. Als Ransom seinen Blick über die zahllosen Fahrzeugreihen schweifen ließ, wurde ihm klar, dass er, so wie er das unbewusst von Anfang an geplant hatte, nun tatsächlich allein in Hamilton war.

Er ging auf der Mitte der Straße weiter und suchte dabei in die Fußstapfen zu treten, die sich vor ihm in der Asche abzeichneten. Irgendwo klirrte eine Fensterscheibe und zerbrach. Ransom zögerte, seine exponierte Stellung aufzugeben, und blieb stehen. Das Geräusch, so schätzte er, kam aus zwei-, dreihundert Meter Entfernung.

Dann hörte er hinter sich ein leises Fauchen. Ransom drehte sich um und wich erschrocken zurück. Am Bordsteinrand, keine drei Meter von ihm entfernt, stand ein ausgewachsener Gepard und musterte ihn aus schmalen Augen mit dem prüfenden Blick eines missmutigen Juweliers. Das Tier machte eine Bewegung nach vorn und tastete sich mit ausgefahrenen Krallen behutsam auf die Fahrbahn vor.

»Doktor…« Quilter, halb verborgen hinter einem Baum, sprang leichtfüßig aus seinem Versteck hervor, in der Hand eine Stahlkette, die am Halsband des Gepards befestigt war. Er musterte Ransom mit einer Art wohlwollender Geduld und strich dabei die fleecegefütterte Jacke glatt, die er über seinem Hemd trug. Seine Umgebung schien ihn nicht im mindesten zu interessieren, und offenbar verfügte er nunmehr auch über alle Zeit der Welt. In gewisser Weise, so viel verstand Ransom, traf das auch buchstäblich zu.

»Was willst du?«, fragte Ransom und versuchte, so ruhig wie möglich zu klingen. Der Gepard trabte weiter hinaus auf die Fahrbahn, setzte sich auf die Hinterläufe und beäugte Ransom. Ransom fixierte das in Sprungweite befindliche Tier mit starrem Blick und fragte sich, welches Spiel Quilter wohl mit diesem stummen Raubtierkiller im Sinn haben mochte. »Ich hab' zu tun, Quilter, und keine Zeit zu verlieren.«

Er wollte sich umdrehen. Doch der Gepard warf ihm einen Blick zu wie ein Schiedsrichter, der einen Spieler bei einem heimlichen Regelverstoß ertappt.

»Doktor…« Mit einem Lächeln ließ Quilter die Kette zu Boden gleiten, als rutsche ihm eine Perle aus der Hand.

»Quilter, du verdammter Narr…!« Ransom rang um Fassung und suchte nach Worten. »Wie geht es deiner Mutter, Quilter? Eigentlich wollte ich sie ja anrufen und besuchen.«

»Mutter?« Quilter starrte Ransom entgeistert an. Dann kicherte er vor sich hin, amüsiert über diesen Appell an alte Gefühle. »Doktor, nicht jetzt…«

Er hob die Kette auf und riss die Raubkatze mit kräftigem Ruck zurück. »Kommen Sie«, sagte er zu Ransom, willens, ihm diesen Fauxpas zu verzeihen. »Miss Miranda erwartet Sie.«

Ransom folgte ihm durch die Toreinfahrt. Der Garten war übersät mit ausgebrannten Kanistern und den Drahtgestellen der Feuerräder. Mehrere Raketen waren unmittelbar an der Hauswand explodiert, so dass nun schwarze Spuren die weiß gestrichene Fassade verunzierten.

»Mein lieber Charles…« Richard Lomax' unförmige Gestalt empfing Ransom an der Treppe. Statt seines weißen Anzugs trug er nun einen, der noch heller glänzte. Als er seine kurzen Arme zur Begrüßung hob, fielen die Seidenfalten wie eine Kaskade flüssigen Silbers an ihm herab. Mit seinem pomadigen Haar, seinem Cherubsgesicht und den beiden juwelenbesetzten Spangen, die seine Krawatte an der doppelreihigen Weste festhielten, wirkte er wie das Phantom eines Clowns oder wie der Zeremonienmeister eines Karnevals der Narren. Obwohl ein Dutzend Schritte von Ransom entfernt, hob er seine pummeligen Hände, als wolle er ihn tröstend umarmen. »Mein lieber Charles, man hat Sie schmählich im Stich gelassen.«

»Meinen Sie die Johnstones?« Ransom blieb mit einem Fuß auf der untersten Stufe stehen. Hinter ihm ließ Quilter den Geparden von der Kette. Der jagte mit einem Satz über den aschebedeckten Rasen davon. »Es war richtig, dass sie gegangen sind. Es lohnt sich nicht zu bleiben.«

»Blödsinn!« Lomax winkte ihn mit krummem Finger zu sich. »Charles, irgendetwas scheint Sie zu bedrücken. Sie sind heute ganz anders als sonst. Hat Ihnen mein Feuerwerk gestern Abend nicht gefallen?«

»Nur in Maßen, Richard. Ich reise heute Nachmittag ab.«

»Aber, Charles…« Mit übertriebenem Achselzucken gab Lomax seinen Versuch auf, ihn doch noch umzustimmen, dann setzte er sein gewinnendstes Lächeln auf. »Nun gut, wenn Sie unbedingt bei diesem Wahnsinn mitmachen wollen. Miranda und ich haben allerlei andere Pläne. Und für Quilter ist das ohnehin die beste Zeit seines Lebens.«

»Das ist mir auch schon aufgefallen«, bemerkte Ransom. »Doch ich teile nun einmal nicht seine Neigungen und Talente.«

Lomax warf den Kopf zurück und rief mit übertrieben affektierter Stimme: »Jaaaa… Ich weiß, was Sie meinen! Doch wir dürfen den guten Quilty nicht unterschätzen.« Als Ransom ging, schrie er ihm hinterher: »Nicht vergessen, Charles – wir halten Ihnen hier immer ein Plätzchen frei!«

Ransom hastete die Auffahrt hinab und hörte noch, dass Lomax auf der Treppe Selbstgespräche führte. Quilter und der Gepard tollten in einer entlegenen Ecke des Gartens umher und rauften miteinander.

Als Ransom einen der Zierbrunnen passierte, dessen trockenes Betonbecken halb mit Stöcken und Unrat gefüllt war, trat Miranda Lomax hinter der Brüstung hervor und blieb am Wegesrand stehen. Ihr schulterlanges, weißes Haar war zerzaust und fiel auf ihr schmutziges Gewand herab, das mit Asche und Staub übersät war. Sie starrte auf eine Weise in das leere Becken, die Ransom an die wahnsinnig gewordene Ophelia auf der Suche nach dem erlösenden Nass erinnerte.

Ihr rosiger Mund bewegte sich unablässig, als sie ihn beobachtete. »Auf Wiedersehen, Doktor«, sagte sie. »Ich weiß, Sie werden wiederkommen.«

Dann drehte sie sich um und verschwand zwischen den staubigen Hecken.

18

Die Yantras

Der Highway nach Süden schlängelte sich wie ein narbiges Band durch das Land, und zu beiden Seiten türmten sich Fahrzeugwracks wie Trümmerhaufen nach einer Schlacht motorisierter Schützentruppen. Ausgediente Autos und Lastwagen rosteten in wildem Durcheinander auf den Feldern, die Sitze waren herausgerissen und lagen im Staub. Als Ransom von der Mitte der Straßenbrücke aus auf die Szene hinabsah, hatte er den Eindruck, als habe die Straße unter schwerem Artilleriebeschuss gestanden. Lose Bordsteine lagen überall verstreut auf den Trottoirs, und an den Stellen, an denen Autos über die Brücke in den darunter liegenden Fluss gestoßen worden waren, klafften Lücken in der steinernen Brüstung. Die Fahrbahn war übersät mit Glassplittern und abgerissenen Chromteilen.

Ransom ließ den Wagen auf dem Zubringer im Leerlauf zum Fluss hinunterrollen. Anstatt den Highway zu nehmen, hatte er beschlossen, mit dem Hausboot den Fluss hinab zum Meer zu fahren und dann in Küstennähe eine abgelegene Bucht oder Insel zu suchen. Er hoffte, damit dem Chaos auf der Fernstraße und dem Kampf um einen Platz zwischen den Dünen zu entrinnen. Mit etwas Glück würde der Fluss genügend Wasser führen, um ihn bis zur Mündung zu bringen. Auf dem Sitz hinter ihm lag ein großer Außenbordmotor, den er aus einem der geplünderten Geschäfte für Schiffsausrüstungen am Nordufer hatte mitgehen lassen. Er schätzte, dass er für die Reise wenig mehr als zwei, drei Tage brauchen würde.

Ransom hielt auf der Zubringerstraße an. Zehn Meter vom Hausboot entfernt lagen die ausgebrannten Wracks zweier umgestürzter Autos im Schlamm. Der Rauch der explodierten Benzintanks hatte die Bootswand geschwärzt, doch ansonsten war es unversehrt. Ransom hievte den Außenbordmotor vom Sitz und zerrte ihn die Böschung hinunter zum Landesteg. Feine Staubwolken unhüllten ihn, so dass er nach einem Dutzend Schritten, bei denen er bis zum Knie in der brüchigen Kruste versank, stehenblieb und wartete, bis sie vorüberzogen. Die Luft schien wie im Fieber zu glühen, und in den Mauerkanten der betonierten Böschung unterhalb der Brücke spiegelte sich das Sonnenlicht wie in hinduistischen Yantras, die vom Fluss der Zeit künden. Er kämpfte sich noch ein paar Schritte voran, wobei große Brocken aus der Kruste brachen und in den Staub herabfielen.

Dann sah er das Hausboot.

Das Boot war drei Meter von der Fahrrinne entfernt auf dem Trockenen gestrandet und lag nun mit dem Rumpf in einer Mulde aus hart gewordenem Schlamm. Es hatte ein wenig Schlagseite, neigte sich den ausgebrannten Autowracks zu und war bedeckt mit einer vom Ufer herübergewehten Ascheschicht.

Ransom ließ den Außenborder in den Staub fallen und bahnte sich mühsam einen Weg zum Hausboot. Das abschüssige Ufer war übersät mit alten Konservenbüchsen, toten Vögeln und verwesten Fischen. Ein paar Meter weiter links lag ein Hundekadaver am Spülsaum des Wassers in der Sonne.

Ransom kletterte auf den Steg und starrte zum Hausboot hinab, das hier mit all seinen Hoffnungen am sonnendurchglühten Ufer gestrandet war. Dieses Miniaturuniversum, eine Kapsel, die seine ganze Zukunft barg, war zusammen mit allem anderen auf dem Grund des ausgetrockneten Flusses versunken. Er klopfte sich den Staub von Ärmeln und Hose und blickte auf die Schlammbänke hinaus, die aus der Mitte des Sees aufragten. Zu seinen Füßen lag der von der Hitze aufgedunsene Hundekadaver, und einen Moment lang schien es ihm, als bestünde die gesamte Landschaft nur aus Leichen. Tote Fischleiber drehten sich in den Trockenschuppen gemächlich an ihren Haken, und in einem Anfall von Schwindel würgte es Ransom in der Kehle.

An der Uferböschung hoch über ihm heulte ein Automotor auf. Ransom kauerte sich nieder und betrachtete die Häuserreihe mit ihren zugestaubten Überdachungen. Am gegenüberliegenden Ufer regte sich nichts. Der Fluss war still, die gestrandeten Schiffe neigten sich einander zu.

Wieder ertönte das winselnde Motorgeräusch, das selbst das Knarren der Holzplanken überdeckte, als Ransom zur Böschung hinaufstieg. Er durchquerte den verödeten Garten neben Catherine Austens Haus und folgte dann der Einfahrt hinab zur Straße.

Catherine Austen saß am Steuer des Wagens, den Daumen auf dem Anlasserknopf. Sie blickte auf, als Ransom sich näherte, und griff nach der Pistole auf dem Beifahrersitz.

»Dr. Ransom?« Sie ließ die Pistole fallen und wandte sich wieder dem Anlasser zu. »Was machen Sie denn hier? Das verdammte Ding springt nicht an.«

Ransom lehnte sich nach Luft ringend an die Windschutzscheibe und sah zu, wie sie versuchte, den Motor zu starten. Auf dem Rücksitz des Wagens waren zwei große Koffer und eine Reisetasche verstaut. Sie wirkte müde und zerstreut und hatte Staub in ihrem roten Haar.

»Fahren Sie zur Küste?« Ransom beugte sich zum Fenster hinab, bevor sie es hochkurbeln konnte. »Ist Ihnen klar, dass Quilter einen der Geparden hat?«

»Was?« Die Nachricht überraschte sie. »Was meinen Sie damit – wo ist er?«

»Bei Lomax. Sie sind ein bisschen spät dran.«

»Ich konnte nicht schlafen. Bei all diesen Schießereien.« Sie sah zu ihm hoch. »Doktor, ich muss zum Zoo. Nach letzter Nacht sind die Tiere sicherlich in Panik.«

»Wenn sie überhaupt noch da sind. Inzwischen ziehen Quilter und Whitman vermutlich mit der ganzen Menagerie bereits um die Häuser. Catherine, es wird Zeit zu gehen.«

»Ich weiß, aber…« Sie trommelte aufs Lenkrad, sah zu Ransom hoch, als erkenne sie in ihm einen halb vergessenen Freund wieder und versuche nun hoffnungsfroh, sich in seinem verhärmten Gesicht mit dem zotteligen Bart zurechtzufinden.

Ransom ließ sie stehen und rannte die Straße hinunter zum nächsten Haus. In der offenen Garage stand ein Auto. Er klappte die Motorhaube hoch und löste die Klemmen der Batterie. Dann hievte er das schwere Teil aus seiner Halterung und trug es hinüber zu Catherines Auto. Nachdem er die Batterien ausgetauscht hatte, bedeutete er ihr, auf den Beifahrersitz zu rutschen. »Lassen Sie mich mal.«

Sie machte ihm Platz am Steuer, und nach wenigen Versuchen sprang der Motor mit der neuen Batterie an. Wortlos setzte Ransom den Wagen in Gang und fuhr zur Straßenbrücke. An der Kreuzung zögerte er und überlegte, ob er den Highway Richtung Süden nehmen sollte. Dann spürte er Catherines Hand auf seinem Arm. Sie blickte auf das ausgebleichte Flussbett und die dürren Bäume entlang der Ufer, die wie Geheimzeichen in der warmen Luft zu schweben schienen. Ransom wollte etwas sagen, doch dieses kryptische Alphabet schien alles, was er hätte vorbringen können, außer Kraft zu setzen.

Er fuhr über die Brücke und bog links in eine Seitenstraße ein. Früher oder später würde er Catherine verlassen müssen. Ihre fast unbewusste Entschlossenheit zu bleiben, erinnerte ihn daran, dass auch er zunächst gehofft hatte, in der Ödnis der neuen Wüste eine Bleibe zu finden und der Zeit und ihren Erosionen zu trotzen. Doch jetzt wurde ihnen eine Zeit mit ganz anderen Gesetzmäßigkeiten auferlegt.

»Catherine, ich weiß, was Sie…«

Vor ihnen, in dreißig Meter Entfernung, rollte ein Auto führerlos über die Straße. Ransom bremste mit voller Kraft, so dass der Wagen jählings zum Stehen kam und Catherine gegen die Windschutzscheibe geschleudert wurde.

Vorsichtig schob er sie auf den Sitz zurück und untersuchte die Wunde auf ihrer Stirn. Ein Schwarm dunkel gekleideter Männer stand plötzlich vor ihnen auf der Straße und umringte sie. Ransom packte den Revolver und sah in das harte, plumpe Gesicht des Bootsmanns Saul, der ihn durch das Fenster anstarrte.

»Holt sie raus! Macht die Straße frei!« Ein Dutzend Hände ergriff die Motorhaube und zerrte sie hoch. Ein Messer blitzte in der stark vernarbten Hand des Bootsmanns auf, die den Kühlerschlauch durchtrennte. Hinter ihm näherte sich die hochgewachsene Gestalt von Jonas, die langen Arme weit von sich gestreckt, als ertaste er sich einen Weg durch die Dunkelheit.

Ransom startete den Motor erneut und legte den Rückwärtsgang ein. Mit durchgedrücktem Gaspedal schoss der Wagen nach hinten. Die Motorhaube knallte auf Finger, die an Motorkabeln rissen und Schmerzensschreie auslösten.

Über die Schulter blickend fuhr Ransom die Straße im Rückwärtsgang entlang und rammte, als er von links nach rechts drehen wollte, die dort parkenden Autos. Catherine lehnte sich gegen die Wagentür und presste ihre Hand auf die schmerzende Stirn.

Ransom hatte die Kurve falsch eingeschätzt, so dass der Wagen seitlich gegen einen Lastwagen prallte und stehenblieb. Er hielt Catherine schützend mit einer Hand fest und sah, dass die Bande ihnen nachsetzte. Jonas stand auf einem Autodach und wies mit der Hand in ihre Richtung.

Ransom öffnete seine Tür und zog Catherine hinter sich her auf die Straße. Kraftlos strich sie ihr Haar zurück.

»Kommen Sie!« Er nahm ihre Hand, und sie fanden einen Schotterweg, der sie zum Uferdamm hinunterführte. Da der Boden abschüssig war, gelangten sie schnell zur Zufahrtsstraße. Ransom zeigte auf die Straßenbrücke. Zwei Männer liefen an der Brüstung auf und ab. »Wir müssen durch den Fluss waten.«

Als Staubwolken hinter ihnen aufstiegen, hörten sie einen Schrei von der Brücke.

Catherine packte Ransoms Arm. »Da drüben! Wer ist der Junge?«

»Philip!« Ransom winkte mit beiden Händen. Philip Jordan stand unweit des Hausbootes auf der anderen Seite des Flusses und schaute auf den Außenbordmotor hinab, den Ransom dort zurückgelassen hatte. Sein Skiff, das er mit der Stange gesichert hatte, lag im Schutz des Ufers. Er warf einen kurzen Blick auf die Männer, die von der Brücke aus Signale gaben und stapfte zum Ufer. Er packte die Stange und sprang an Bord. Der Schwung trieb das Boot über die Fahrrinne.

»Doktor! Ich dachte, Sie seien fort!«

Er half Ransom und Catherine Austen ins Boot und stakte los. Ein Warnschuss ertönte. Vier oder fünf Männer, von Jonas angeführt, überquerten die Zufahrtsstraße und kletterten die Böschung hinunter. Der Bootsmann, mit einem langläufigen Gewehr bewaffnet, bildete die Nachhut. Steifbeining stakste Jonas den Hang hinab und wirbelte dabei mit seinen schwarzen Stiefeln Staubwolken auf. Seine Männer stolperten hinter ihm her. Saul fluchte, als er ausrutschte und auf die Hände fiel, doch Jonas schritt unbeirrt weiter voran.

Das Skiff hielt nahe am Ufer, da Philip Jordan, unschlüssig geworden, in welcher Richtung sie die Fahrt fortsetzen sollten, zunächst Fluss und Umgebung absuchen wollte. Ransom beugte sich vom Bug aus über die schmale Wasserrinne. Unterdessen pustete der Bootsmann den Staub vom Verschluss seines geladenen Gewehrs und legte auf sie an. Wie ein irre gewordenes Insekt surrte eine Kugel über ihre Köpfe hinweg. »Philip, vergiss das Boot! Wir müssen hier weg!«Philip suchte Schutz hinter seiner Stocherstange, als Saul das Gewehr nachlud. »Doktor, ich kann nicht… Quilter ist…«

»Zum Teufel mit Quilter!« Ransom deutete mit der Pistole auf Catherine, die sich knieend mit beiden Händen an den Seiten des Bootes festhielt. »Paddeln Sie mit den Händen! Philip, hör mir zu…!«

Jonas und seine Männer hatten inzwischen den nur wenige Bootslängen von ihnen entfernten Wassersaum erreicht. Saul nahm Philip ins Visier, doch Jonas machte einen Schritt nach vorn und schlug ihm die Waffe aus der Hand. Aus dunklen Augen musterte er die Bootsinsassen. Er stieg auf einen Felsvorsprung und starrte eine halbe Minute lang, ohne auf die Pistole in Ransoms Hand zu achten, auf das Boot hinab.

»Philip!«, rief er. »Junge, komm her!«

Als sein Name über das ausgetrocknete Flussbett hallte, drehte sich Philip Jordan um, die Stange fest umklammert. Er schaute hoch zu dem Mann mit dem Falkengesicht, das ihn unverwandt anstarrte.

»Philip…, komm!« Wie eine heisere Glocke schallte Jonas' Stimme über das ölige Wasser.

Philip Jordan schüttelte den Kopf und umklammerte die Stange nur noch fester. Hoch oben sah er eine Reihe von Gesichtern, die wie feindselig gesinnte Geschworene von der Brücke aus auf ihn herabblickten. Philip packte die Stange und hob sie waagerecht aus dem Wasser, als wolle er Jonas den Zugang verwehren.

»Doktor…?«, rief er über die Schulter.

»Das Ufer, Philip!«

»Nein!« Mit lautem Schrei und einem letzten Blick zurück auf Jonas' dunkle Gestalt fasste Philip die Stange und stakte das Boot stromaufwärts zum ausgetrockneten See. Die Männer am Ufer scharten sich um den Bootsmann und riefen nach dem Gewehr, doch das Skiff verschwand hinter einem Leichter und drehte dann wieder ab, wobei der Bug wie ein Pfeil in die Höhe schnellte. Mit ganzer Kraft bewegte Philip die Stange hin und her, und das Wasser troff vom nassen Schaft über seine Hände.

»Ich komme mit Ihnen, Doktor. Doch zuvor…« Er ließ die Stange los und kauerte sich nieder, als das Boot das offene Wasser erreichte. »Zuvor muss ich meinen Vater holen.«

Ransom beugte sich vor und ergriff Catherines Hand. Er beobachtete den Jungen, der sie geschickt um die Biegung zum See manövrierte, und erkannte in seinem Gesicht die schnabelförmigen Züge des schwarzgekleideten Mannes wieder, der am Ufer stand, während seine Männer ringsum im Staub kämpften.

19

Mr. Jordan

Eine Stunde lang folgten sie der Wasserrinne, die vom Fluss noch übrig war und durch den See floß. Zuweilen war der Fluss kaum breiter als viereinhalb Meter, anderswo verzweigte er sich und bildete Rinnsale, die zwischen Dünen und Schlickbänken verschwanden. An den Abhängen lagen gestrandete Yachten, übersät mit fleckigen Schaumspuren abfließenden Wassers. Das nahezu ausgetrocknete Seebett war jetzt ein Binnenstrand mit weißen Dünen voller Treibholz. Am Ufer bildete das vertrocknete Sumpfgras eine verbrannte Palisade.

Sie verließen den Hauptkanal und folgten einem der kleinen Nebenflüsse. Der führte sie an den Überresten einer alten Hütte vorbei. Daneben ragte ein Steg über spärlichen Grasbüscheln auf, die dort im letzten Sommer, als der Wasserpegel bereits um mehrere Meter gesunken war, noch gekeimt waren. Philip stakte unermüdlich weiter und navigierte das Boot geschickt durch das Labyrinth der Wasserstraßen, stets darauf bedacht, Ransoms Blick zu meiden. Einmal hielten sie an, und er gebot ihnen auszusteigen, um das Boot über einen engen Kamm zur nächsten Wasserrinne zu hieven. Sie fuhren an den Pumpen einer verrosteten Destillationsanlage vorbei, die man einst im Flussbett errichtet hatte und deren schiefe Türme sich gen Himmel richteten wie Geschützrohre einer aufbegehrenden, widerständischen Artillerie. Zwischen dem Seegras lagen überall die Kadaver von Wühlmäusen und Wasservögeln.

Zuletzt führte der Wasserlauf durch eine Reihe grasbewachsener Dünen und mündete in einer kleinen, ausgetrockneten Lagune. Dort in der Mitte, vom Wasser gerade noch sachte umspült, um dann auf der anderen Seite zu versickern, lag ein altes Segelboot manövrierunfähig auf dem trockenen Schlick. Alle Schiffe und Boote, an denen sie bisher vorbeigefahren waren, waren fleckig und verdreckt, doch dieser Kahn war makellos und sein Rumpf erstrahlte in leuchtenden Farben. Auch die Messingbullaugen waren frisch poliert. Neben dem Kahn befand sich ein weißer Steg mit Seilgeländer, der zum Deck führte. Der Mast war ohne Takelage, doch einschließlich der Rahen bis zum Messingring an der äußersten Spitze frisch lasiert und gefirnißt.

»Philip, was in aller Welt…?«, begann Ransom. Er spürte Catherines warnenden Händedruck auf seinem Arm. Philip zog das Boot drei Meter vom Landesteg entfernt an den Strand und bedeutete ihnen, an Bord zu kommen. An der Kajütsluke blieb er zögernd stehen. »Ich brauche Ihre Hilfe, Doktor«, sagte er mit unsicherer Stimme, die Ransom an das raue Krächzen des Waisenknaben erinnerte, der er früher einmal war. Er deutete auf Kajüte und Deck und setzte nicht ohne Stolz hinzu: »Es ist ein altes Wrack, verstehen Sie? Zusammengebaut aus allen Resten, die ich finden konnte.«

Er führte sie hinunter in die dunkle Kajüte. Ein grauhaariger *Negro* saß aufrecht in einem Schaukelstuhl inmitten des kärglich möblierten Raums. Er trug ein ausgeblichenes Khakihemd und eine mit großer Mühe vielfach geflickte Cordsamthose. Ransom schätzte ihn aufgrund seiner breiten Schultern und seines gewölbten Schädels auf Ende fünfzig, doch als er sich an das Halbdunkel gewöhnt hatte, sah er an seinen dürren Schultern und Beinen, dass er mindestens fünfundsiebzig Jahre alt war. Trotz seines fortgeschrittenen Alters saß er kerzengerade auf seinem Sitz, und als Philip näherkam, wandte er ihm sein faltiges Patrizierantlitz zu. Das fahle Licht, das durch die vergitterten Bullaugen fiel, spiegelte sich in seinen trüben, blinden Augen.

Philip beugte sich zu ihm nieder. »Vater, es ist Zeit zu gehen. Wir müssen nach Süden, an die Küste.«

Der alte *Negro* nickte. »Ich verstehe, Philip. Doch könntest du mich vielleicht deinen Freunden vorstellen?«

»Sie kommen mit uns, um zu helfen. Das ist Dr. Ransom und Miss…«

»Austen. Catherine Austen.« Sie trat einen Schritt nach vorne und berührte die klauenartige Hand des Alten. »Ich freue mich, Sie kennenzulernen, Mr. Jordan.«

Ranson sah sich in der Kajüte um. Offensichtlich bestand keine Blutsverwandtschaft zwischen Philip und dem älteren *Negro*, aber er nahm an, dass dieser blinde alte Mann der Ziehvater des Jungen war, dessen unsichtbare Gegenwart er bei all seinen Begegnungen mit Philip über so viele Jahre gespürt hatte. Tausend Rätsel lösten sich auf einmal – es erklärte, warum Philip sein Essen stets mitnahm und warum er trotz Ransoms großzügiger Gaben im Winter oft dem Hungertod nahe war.

»Philip hat mir schon viel von Ihnen erzählt, Doktor«, sagte der alte Mann mit sanfter Stimme. »Ich habe immer gewusst, dass er in Ihnen einen wahren Freund hat.«

Ransom ergriff die Hand des alten Mannes, der die Berührung mit leichter Nervosität und flinken Bewegungen der Fingerspitzen erwiderte, als wollten sie ein riesiges Braillezeichen entziffern.

»Darum möchte ich, dass wir jetzt aufbrechen, Mr. Jordan«, sagte Ransom, »bevor die Dürre das Land endgültig verwüstet. Fühlen Sie sich denn der Reise auch gewachsen?«

Die leise Besorgnis, die in der Frage mitschwang, erboste Philip Jordan. »Natürlich ist er das!« Er stellte sich zwischen Ransom und den alten Mann. »Keine Angst, Vater, ich lasse dich nicht im Stich.«

»Ich danke dir, Philip.« Die Stimme des alten Mannes war unverändert sanft. »Vielleicht solltest du dich fertig machen. Nimm nur so viel Wasser und Essen mit, wie du bequem tragen kannst.« Als Philip in die Kombüse ging, sagte der alte *Negro*: »Dr. Ransom, kann ich Sie kurz sprechen?«

Als sie allein waren, sah er Ransom aus blinden Augen an. »Es wird eine lange Reise werden, Doktor, für Sie vielleicht länger als für mich. Sie werden verstehen, was ich meine, wenn ich sage, dass sie eigentlich erst mit unserer Ankunft am Strand beginnt.«

»Das sehe ich auch so«, sagte Ransom. »Bis zur Küste ist eigentlich alles klar.«

»Natürlich.« Der *Negro* lächelte und senkte sein großes rundes Haupt, das wie ein Globus aus Teakholz von Adern durchzogen war. »Ich werde eine große Last für Sie sein, Doktor. Ich würde lieber hierbleiben, als später allein im Straßengraben zu enden. Darf ich Sie bitten, sich selbst gegenüber ganz ehrlich zu sein?«

Ransom erhob sich. Er schaute über die Schulter und erblickte Catherine Austen, die sich im Sonnenschein auf der Ruderpinne ausruhte, während der Wind ihr Haar zerzauste, als wäre es das Vlies eines homerischen Widders. Die Frage des *Negros* verdross ihn. Es ärgerte ihn, dass dieser ihn über so viele Jahre ausgenutzt hatte, doch noch mehr ärgerte es ihn, dass er offensichtlich annahm, er, Ransom, habe nach wie vor die Wahl zu entscheiden, ob er ihm entweder helfen oder ihn im Stich lassen solle. Nach den Ereignissen der letzten Tage hatte er den Eindruck, dass humanitäre Beweggründe in dieser neuen Landschaft, die um sie herum entstand, ohne Bedeutung waren.

»Doktor?«

»Mr. Jordan, ich traue es mir nicht zu, ehrlich zu mir selbst zu sein. Heutzutage sind selbst die meisten bekannten Motive so verdächtig, dass ich nicht weiß, ob die unbekannten unverdächtiger sind. Auf jeden Fall aber werde ich versuchen, Sie an die Küste zu bringen.«

20

Die brennende Stadt

Kurz vor Einbruch der Dämmerung traten sie die Rückreise flussabwärts an. Ransom und Philip Jordan standen jeweils mit einer Stocherstange an Bug und Heck, während Catherine und der alte Mann mittschiffs unter einem behelfsmäßigen Sonnensegel saßen.

An allen Seiten, von Horizont zu Horizont, sah man nichts als trockenen weißen Seegrund. Ungefähr einen Kilometer vor der Stadt, wo der See in den Hauptkanal mündete, heulte eine Sirene in der nachmittäglichen Hitze auf. Philip Jordan wies nach Steuerbord, wo zweihundert Meter weiter Captain Tullochs Flussdampfer in einem seichten Tümpel festsaß. Wimpel flatterten und Planen bedeckten die Reihen glänzend polierter Sitze, während der Dampfer mit voller Kraft voraus seinen hohen Bug immer tiefer in eine riesige Sandbank rammte. Unermüdlich drehten sich die Schiffschrauben und wirbelten das schwarze Wasser auf, so dass ein dichter Schaumteppich entstand. Von seinem Steuermann verlassen, stand Captain Tulloch hinter dem Steuerrad, und als der Bug sich in die Düne bohrte, ließ er seine Sirene laut aufheulen, als wolle er damit einen schlafenden Wal wecken.

»Doktor…?«, rief Philip, doch Ransom schüttelte den Kopf. Sie fuhren vorbei, bis allmählich das Tuten der Sirene hinter ihnen im Dunst verhallte.

Bei Einbruch der Dämmerung erreichten sie Hamilton und machten Rast hinter dem rostigen Rumpf eines Schwimmbaggers, der am Eingang zum See zwischen Schlickbänken vertäut war. Aufrecht im Boot sitzend, den Kopf an die Metallpfosten des Sonnensegels gelehnt, schlummerte der alte *Negro* friedlich im schwindenden Licht. Neben ihm Catherine Austen, die Ellbogen auf die beiden Wasserkanister gestützt, die Philip noch gerettet hatte, den Kopf auf den Handgelenken ruhend.

Als sich die Dunkelheit über den Fluss senkte, ging Ransom auf die Brücke des Schwimmbaggers, wo Philip Jordan auf die ferne Stadt zeigte. Mächtige Feuer brannten entlang der Skyline; Flammen loderten von den Dächern auf und Rauchschwaden stiegen über ihre Köpfen hinweg in die Höhe.

»Sie legen Mount Royal in Schutt und Asche«, sagte Ransom. »Lomax und Quilter.« Im flackernden Widerschein des Lichts sah Ransom, wie sehr Philip Jordans Züge Jonas' schnabelartigem Profil ähnelten. Dann wandte er sich wieder den Feuersäulen zu und begann sie zu zählen.

Eine Stunde später verließen sie das Skiff und wanderten das ausgetrocknete Flussbett hinab. Die Gluthitze der ufernahen Brände wogte wie ein heißer Scirocco über dem Fluss. Der Horizont stand in Flammen, gewaltige Feuersbrünste hatten die Randbezirke der Stadt erfasst. Hamilton brannte entlang des Nordufers, Flammen fegten durch die Straßen. Die Bootshäuser an den Kais brannten lichterloh, hunderte von Fischen leuchteten im flackernden Licht. Über ihnen segelten Myriaden glühender Aschekörnchen wie Glühwürmchen vorbei und gingen auf den Feldern im Süden nieder, so dass es aussah, als sei inzwischen selbst der Erdboden in Brand geraten.

»Die Löwen!«, schrie Catherine. »Doktor, ich kann sie hören!« Sie rannte zum Wassersaum, das Gesicht vom Widerschein der Flammen hell bestrahlt.

»Miss Austen!« Philip Jordan packte sie am Arm. Hoch über der Böschung der Straßenbrücke, die wie eine riesige Leinwand leuchtete, stand einer der bemähnten Löwen. Er kletterte auf die Brüstung und schaute hinab auf das Inferno, setzte dann zum Sprung an und verschwand in der Dunkelheit. Von der Zufahrtsstraße gellte ein Schrei, und sie sahen einen Fischer, der auf der Flucht vor dem

Löwen, welcher ihm aus der Dunkelheit nachsetzte, an den lichterloh brennenden Kais entlangrannte.

Sie kletterten die Böschung hinauf in den Schutz der Häuser am südlichen Flussufer. Hinter einer der gestrandeten Barkassen lungerte eine Gestalt herum. Eine zerlumpte alte Frau krallte sich an Ransom fest, bevor er ihre Hände packen und sie von sich stoßen konnte.

»Doktor, Sie werden doch eine alte Schabracke wie Mama Quilter nicht zurücklassen? Hilflos den schrecklichen Flammen und anderem Ungemach ausgesetzt? Haben Sie Erbarmen!«

»Mrs. Quilter!« Ransom suchte sie zu stützen, obwohl er halb befürchtete, die Whiskyausdünstungen, die sie verströmte, könnten beide in Brand setzen. »Was machen Sie denn hier?«

»Ich suche meinen Jungen, Doktor…« Wie eine verängstigte Hexe deutete sie auf das gegenüberliegende Ufer, und man sah im flackernden Widerschein des Lichts, wie sich ihr schnabelartiges Gesicht furchtsam verzog. »Dieser Lomax und seine dreckige Miranda haben mir meinen Jungen gestohlen!«

Ransom trieb sie eilends zum Hang hinauf. Catherine und Philip hatten mit dem alten *Negro* in ihrer Mitte bereits das Ufer erklommen und kauerten hinter einer Gartenmauer. Glutrote Flugasche fiel auf sie herab. Wie auf Kommando stand nunmehr die gesamte Stadt am See gleichzeitig in Flammen. Nur Lomax' Haus im Auge des Orkans blieb verschont. Ransom suchte unter den einstürzenden Dächern sein eigenes Haus zu orten, da hörte er plötzlich wieder Schreie, die das krachend zusammenfallende Gebälk übertönten, und sah zwei Geparde, die ihr Opfer durch die lichterloh brennenden Straßen hetzten.

»Philip…!«

Der Schrei der vertrauten Narrenstimme kam von der anderen Seite des Flusses. Mrs. Quilter drehte sich um, starrte blindlings in die Flammen und rief heiser: »Das ist mein Junge! Das ist mein alter Quilty, der seine Mama holen will!«

»Philip…!« Quilter rannte mit einem sperrigen, flatternden Körper im Arm durch die Straßen auf der anderen Seite des Flusses hinab zum Ufer. Dort angekommen, rief er noch einmal Jordans Namen, dann hob er die Arme und ließ den Vogel frei. Kraftvoll schwang sich der noch immer ölverschmierte schwarze Schwan in die Lüfte, dessen langer Hals sich wie der Schaft eines Speeres Philip Jordan entgegenreckte. Quilter schaute ihm nach und sah, wie er mit kräftigen Flügelschlägen im brennenden Ascheregen den Fluss überquerte. Als der Vogel in weitem Bogen in dem glühend heißen Luftstrom verschwand, winkte Philip zu Quilter hinüber, der ihnen nachsah, bis auch sie aus seinem Blickfeld gerieten. Sein nachdenkliches Gesicht wirkte im flackernden Feuerschein wie das eines verlorenen Kindes.

21

Reise zum Meer

Bis zum Morgengrauen des nächsten Tages hatten sie etwa acht Kilometer in Richtung Süden zurückgelegt. Die Stadt hinter ihnen brannte noch immer, und Ransom drängte die kleine Gruppe zur Eile, da er befürchtete, Jonas und die Fischer könnten über die Brücke gefahren sein. Doch die Straße, die sich hinter ihnen in der einbrechenden Dunkelheit verlor, blieb leer.

Zwischendurch ruhten sie sich auf den Rücksitzen von zurückgelassenen Autos aus, die links und rechts entlang der Fahrbahn standen. In deren Rückspiegeln konnten sie die Flammen sehen, die aus der Stadt aufloderten. Während Ransom und die anderen in einen leichten Schlaf fielen, verbrachte Mrs. Quilter die Nacht damit, von einem Fahrzeug zum anderen zu huschen und im Dunkeln sitzend die zahlreichen Knöpfchen an den Armaturenbrettern auszuprobieren. Einmal drückte sie auf eine Hupe, deren dumpfes Dröhnen durch die menschenleere Straße schallte.

Ihre neu entdeckte Leidenschaft für Automobile hielt auch am nächsten Morgen unvermindert an. Als Ransom und Philip Jordan im warmen Licht des neuen Tages den alten *Negro* auf seiner Tragbahre humpelnd davontrugen, startete sie versehentlich eines der Fahrzeuge.

»Was würde mein Quilter jetzt wohl von mir denken, Doktor?«, fragte sie, als Ransom bei ihr war. Er suchte ihre gierigen Hände vom Schalthebel fernzuhalten, da röhrte der Motor auch schon laut heulend unter ihren tänzelnden Füßen auf.

Fünf Minuten später, als Ransom sie endlich dazu überreden konnte, auf dem Beifahrersitz Platz zu nehmen, fuhren sie los. Zu Ransoms Überraschung lief der Motor einwandfrei, und der Tank war halb voll. Mit Blick auf die zahlreichen verlassenen Fahrzeuge am Straßenrand nahm Ransom an, dass sie dort während der gewaltigen Verkehrsstaus vor einer Woche abgestellt worden waren. Inmitten der zum Stillstand gekommenen Blechlawinen, die sich von der Ebene bis zum Horizont erstreckten, müssen ihre Insassen in größter Verzweiflung aufgegeben und beschlossen haben, die restlichen Kilometer zu Fuß zurückzulegen.

Hinter ihnen entschwand die Stadt ihrem Blick, doch selbst vierzig Kilometer weiter südlich konnte Ransom immer noch Rauchfahnen am Himmel erkennen. Links und recht der Straße, jenseits der am Seitenrand parkenden Autos, erstreckten sich weite Felder im morgendlichen Dunst, deren Oberfläche aussah wie gewölbte Rostplatten. Vereinzelt stand ein Bauernhaus am Ende eines Hohlwegs, dessen vernagelte Fenster von Staub und Sand zugeweht waren. Neben leeren Wassertrögen lagen überall die blanken Gerippe verendeter Rinder.

Drei Stunden lang fuhren sie weiter und machten zweimal Halt, um die Fahrzeuge zu wechseln, wenn deren Reifen durch Glasscherben und Metallsplitter auf der Straße durchlöchert waren. Sie kamen an einer Reihe verlassener Bauerndörfer vorbei und fuhren dann auf das Küstengebirge zu, das sich hinter dem Horizont verbarg.

Niemand sagte unterwegs auch nur ein einziges Wort. Mrs. Quilter und Catherine saßen auf der Rückbank und starrten hinaus auf die verlassenen Vehikel am Straßenrand. Zwischen ihnen, durch seine Blindheit von den Veränderungen der Landschaft abgeschirmt, saß der alte *Negro* hocherhobenen Hauptes und ertrug mit stoischem Gleichmut das Geholper des Wagens. Hin und wieder, wenn Philip sich ihm zuwandte, um seinen Ziehvater zu beruhigen, flüsterte der ihm leise etwas zu. Schon glaubte Ransom zu spüren, dass seine eigene Verbindung zu Philip, die in den Flussgefilden entstanden war, mit dem Versiegen des Flusses und dem Verlassen der Stadt ein Ende gefunden hatte.

Als sie die Zufahrt zum Fluss erreichten und sich der Brücke näherten, wurde das Gelände steiler und die Anzahl der stehengelassenen Autos größer. Ransom fuhr langsam auf der letzten noch passierbaren Fahrspur weiter. Die Stahlträger der Brücke ragten über die liegengebliebenen Autos und Lastwagen hinaus, als transportierten sie Schrott auf einem Förderband über den Hügel.

Vierhundert Meter vor der Brücke mussten sie, eingekeilt zwischen sich verengenden Fahrspuren, anhalten. Ransom ging zu Fuß ein Stück weiter vor und kletterte auf die Brüstung. Der Fluss, an dieser Stelle ursprünglich dreihundertsechzig Meter breit, war jetzt nahezu ausgetrocknet. Nur ein dünnes Rinnsal schlängelte sich wie ein müdes Reptil durch das ausgebleichte weiße Bett. Rostige Leichter säumten die Ufer und ragten wie einsame Klippen aus dem Wüstensand. Obwohl die Brücke und der Damm am gegenüberliegenden Ufer deutlich zeigten, dass hier einmal ein breiter Strom existiert haben musste, verschmolz das ausgetrocknete Flussbett nunmehr unmerklich mit der Wüstenlandschaft.

Als er die Brücke sah, verstand Ransom augenblicklich, was den Verkehrsstau auf den Zufahrtsstraßen ausgelöst hatte. Das über dreißig Meter lange gewölbte Mittelteil war von einem Sprengkommando in die Luft gejagt worden, und nun lagen die Stahlträger steif und verbogen im Flussbett und die Leitplanken zerfetzt am Straßenrand. Drei Armeelastwagen blockierten die Zufahrt zur Brücke, deren Motorhauben und Fahrerkabinen ineinander verkeilt waren.

»Wieso wurde die Brücke gesprengt?«, fragte Philip Jordan, als sie sich auf den Weg hinab zum Flussbett machten. »Wollen sie denn nicht, dass die Leute die Küste erreichen?«

»Vielleicht nicht, Philip.« Ransom packte die Griffe der Tragbahre fester, als er im trockenen Boden endlich Halt fand. »Es gibt nur begrenzt Platz am Strand.«

Beim Versuch, den Fluss zu überqueren, waren mehrere Fahrzeuge die Böschung hinabgestürzt. Nun lagen sie dort halb unter

Staubwolken begraben, die Sitze und Armaturenbretter überzogen mit Schichten feinen Staubs. Mrs. Quilter verharrte zwischen den Autos, als hoffte sie, dass sie plötzlich wieder zu neuem Leben erwachten, raffte dann ihr zerlumptes Seidengewand zusammen und schlurfte an Catherine Austens Arm weiter.

Sie erreichten das flache Bett der Hauptfahrrinne und kamen am eingestürzten Mittelteil der Brücke vorbei. Die Zündschnüre führten spiralförmig nach Süden ans andere Ufer. Ransom lauschte, ob irgendwo vor ihnen Verkehrsgeräusche zu hören waren, geriet dabei ins Stolpern und hätte fast die Tragbahre mit Mr. Jordan fallengelassen.

»Dr. Ransom, bitte ruhen Sie sich einen Moment aus«, sagte der alte *Negro* schuldbewusst. »Es tut mir leid, dass ich Ihnen zur Last falle.«

»Keineswegs. Ich war nur mit meinen Gedanken woanders.« Ransom setzte die Bahre ab und wischte sich über sein Gesicht. Seit ihrem Aufbruch in den Süden verspürte er zunehmend ein Gefühl der Leere, als folge er völlig sinnlos einem verkümmerten Instinkt, der für ihn keinerlei Bedeutung mehr hatte. Seine vier Begleiter wurden immer schemenhafter, verblasste Abbilder ihres einstigen Selbst, und wie der ausgetrocknete Fluss nur noch nominell vorhanden. Er beobachtete, wie Catherine und Mrs. Quilter auf einen der herabgestürzten Stahlträger kletterten, die einmal den Fluss überspannten, und sah sie bereits nur noch im Kontext von Sand und Staub, erodierenden Hängen und geheimen Schatten.

»Doktor.« Philip berührte seinen Arm. »Da drüben.«

Er folgte mit den Augen Philips ausgestreckter Hand. In knapp zweihundert Meter Entfernung lief eine einsame Gestalt am ausgetrockneten weißen Kanal entlang. Der Mann bewegte sich stromaufwärts von ihnen fort, nur wenige Zentimeter von dem schmalen, dunklen Wasserlauf entfernt, auf den er hie und da einen flüchtigen Blick warf, als mache er einen ruhigen, gemütlichen Sonntagsspaziergang. Er trug einen verwaschenen Baumwollanzug, fast so farblos wie die ausgebleichte Landschaft, die ihn umgab, hatte aber keinerlei Ausrüstung bei sich und achtete offensichtlich auch nicht auf die Sonne, die ihm auf Kopf und Schultern brannte.

»Wo will der denn hin?«, fragte Philip. »Soll ich ihn aufhalten?«

»Nein, lass' ihn.« Unwillkürlich machte Ransom ein paar Schritte nach vorn, als wolle er dem Mann folgen. Er wartete, beinah darauf gefasst, dass ein Hund auftauchen und an dem Mann hochspringen würde. Die völlige Abgeschiedenheit der kreideweißen Promenade, die ins Nirgendwo führte, machte die Anwesenheit des einsamen Wanderers umso rätselhafter. Aus irgendeinem Grund schien seine sonderbare Erscheinung, unabhängig von den dräuenden, durch die Dürre und den Exodus ausgelösten Ängsten, eine Art Kompass für all die unausgesprochenen Motive zu sein, die Ransom in den vergangenen Tagen hatte verdrängen müssen.

»Doktor, wir müssen weiter.«

»Gleich, Philip.«

Auch als die Gestalt bereits im gleißend hellen, staubtrockenen Flussbett verschwunden war und Ransom mit den anderen am Südufer saß, ging ihm der geheimnisvolle Wanderer nicht aus dem Kopf. Philip hatte inzwischen ein kleines Feuer entfacht und ein Mahl aus gekochtem Reis zubereitet. Ransom nahm ein paar Löffel des faden Breis zu sich und reichte seinen Teller dann Mr. Jordan. Selbst Catherine Austen, die einen Arm um seine Schulter gelegt hatte, während er unbeirrt auf das breite Flussbett starrte, konnte ihn nicht von seinen Grübeleien ablenken. Schließlich gab er sich einen Ruck und kletterte widerstrebend hinter den anderen, die Mr. Jordan mit sich schleppten, die Uferböschung hinauf.

Auf der Straße nach Süden war weit und breit kein Auto zu sehen. Am Straßenrand lagen verstreut die Hinterlassenschaften eines Militärpostens. Kochutensilien hingen an Dreibeinen vor verlassenen Zelten, und zwischen Drahtrollen und alten Autoreifen lag ein umgekippter Lastwagen. Mrs. Quilter schnaubte angewidert. »Wo sind denn all die Autos, Doktor? Wir brauchen doch eins für meine alten Beine, nicht wahr?«

»Vielleicht finden wir bald eins. Bis dahin werden Sie wohl laufen müssen.«

Ransoms Anteilnahme begann bereits zu schwinden. Die Tragegriffe der Bahre drückten auf seine Schultern. Er wankte die Straße entlang und sann über den einsamen Wanderer im Flussbett nach.

22

»Multiplication of the Arcs«

Zwei Stunden später – sie hatten inzwischen ein Fahrzeug gefunden – erreichten sie die Ausläufer des Küstengebirges. Sie folgten der Straße, die bergauf führte, vorbei an niedergebrannten Obstplantagen und abgestorbenen Bäumen, die aussahen wie Relikte eines versteinerten Waldes. Von umliegenden Hügeln stieg der Rauch kleiner Feuer auf, deren weiße Schwaden bis hinab in die Täler zogen. Hin und wieder sahen sie die flachen Dächer primitiver Hütten, die oben auf den Bergkämmen errichtet worden waren. Die bewaldeten Hänge waren übersät mit Autowracks, die man über die Straßenböschung gekippt hatte. Sie fuhren einen schmalen Seitenweg hinab bis zum Fuße eines breiten Canyons. Dort unten, im ausgetrockneten Flussbett, brannte ein Holzfeuer munter vor sich hin. Zwei Männer hantierten mit nacktem, rußgeschwärztem Oberkörper an einem kleinen Destilliergerät, ohne das vorbeifahrende Auto auch nur im mindesten zu beachten.

Der Baumbestand lichtetet sich und gab den Blick frei auf eine ferne Landspitze, die mitunter von dichten, landeinwärts ziehenden Rauchschwaden verdeckt wurde. Plötzlich roch es im Wagen intensiv nach Seeluft. Noch eine letzte Kurve, und da lag es vor ihnen, das graue, dunstige Meer. Zwei Männer, die am Rande der Steilküste auf einem Autodach saßen und auf die Klippen hinabschauten, versperrten ihnen teilweise die Sicht. Als die beiden das herannahende Fahrzeug erblickten, sah man im Sonnenlicht, wie schmal und verhärmt ihre Gesichter waren. Zahlreiche weitere Autos waren hinter der Kurve entlang der Straße abgestellt, die sich zum Ufer hinabschlängelte. Die Menschen saßen auf den Autodächern und Motorhauben und starrten hinaus aufs Meer.

Ransom hielt an und stellte den Motor ab. Unter ihnen stauten sich auf der ganzen Länge des Küstenstreifens Zehntausende von Autos und Wohnmobilen eng zusammengepfercht wie Fahrzeuge auf einem riesigen Parkplatz. Dazwischen standen Zelte und Holzbuden, deren Reihen immer dichter wurden, je näher sie dem Strand kamen, und selbst dort nahmen sie jede Düne und Sandfläche in Beschlag. Eine kleine Gruppe von Marineschiffen – Patrouillenboote mit grauem Rumpf sowie Kutter der Küstenwache – lagen vierhundert Meter vor der Küste vor Anker. Eine lange Pontonbrücke aus Metall verband sie mit dem Ufer, was die ohnehin unscharfe Trennungslinie zwischen Wasser und Land zusätzlich verwischte. Entlang der Dünen standen in Abständen einige geräumige Wellblechbaracken, die fast die Größe von Flugzeughangars hatten. Hohe Destillationssäulen ragten um sie herum auf, deren Dampfwolken sich mit den Rauchschwaden unzähliger Feuer vermischten, die überall auf dem fast achthundert Meter breiten Küstenstreifen brannten. Noch auf der Höhe der Klippe war der Maschinenlärm zu hören, und für einen Augenblick hätte man glauben können, das Dröhnen der Pumpanlage und die hellen Wellblechdächer entlang der Dünen gehörten zu einem gigantischen Vergnügungspark am Strand, auf dessen Parkplätzen sich Millionen erwartungsvoller Besucher tummelten.

Catherine Austen ergriff Ransoms Arm. »Charles, das schaffen wir nie, bis da runter zu kommen.«

Ransom öffnete die Fahrertür. Er hatte wohl mit einem großen Andrang am Strand gerechnet, doch niemals mit einer solchen Menschenflut, einer solch sinnlosen Replikation von DNA, die aufgrund der krebsartigen Zellteilung der Zeit eine unendliche Anzahl von Doppelgängern generierte. Angestrengt spähte er durch die Rauchschwaden nach unten und hielt Ausschau nach einem freien Platz. Wohl gab es hie und da im Garten eines Hauses oder hinter einer verfallenen Tankstelle noch Platz für einige weitere Fahrzeuge, doch die Zufahrtswege waren allesamt blockiert. Ein oder zwei Autos irrten auf den aufgeheizten Fahrbahnen wie Ameisen umher, blindlings und ziellos, doch ansonsten regte sich nichts. Die Autokolonnen auf der Uferstraße steckten auf ganzer Länge unbeweglich im Stau. Überall saßen Menschen auf Autodächern und Anhängern und starrten durch den Rauch hinaus aufs Meer.

Anzeichen organisierten Handelns gab es nur im unmittelbaren Strandbereich. Lastwagen fuhren eine Straße zwischen den Dünen entlang, und die reihenweise hinter den Wellblechbaracken geparkten Autos standen dort wohlgeordnet in Reih und Glied. Unzählige Zelte, von der Sonne hell beschienen, gruppierten sich um Gemeinschaftsküchen und Versorgungseinrichtungen.

»Warten Sie hier.« Ransom stieg aus dem Wagen und ging zu den beiden Männern hinüber, die nebenan auf einem Autodach saßen.

Er begrüßte sie mit einem Nicken. »Wir sind gerade angekommen. Wie gelangen wir zum Strand?«

Der ältere von beiden, ein etwa sechzigjähriger Mann, ignorierte Ransom völlig. Er starrte nicht zum Stau hinab, sondern zum fernen Horizont, wo das Meer im blassen Dunst verschwamm. Der starre Blick des Mannes erinnerte Ransom an die obsessiven Wolkenbeobachter auf ihren Türmen in Hamilton.

»Wir brauchen Wasser«, erklärte Ransom. »Wir sind heute schon einhundertsechzig Kilometer gefahren. Und haben einen blinden alten Mann im Wagen.«

Der andere Mann, den schmalkrempigen Trilby zum Schutz vor der Sonne tief ins Gesicht herabgezogen, schaute auf Ransom herab. Ihm schien der zögerliche Klang seiner Stimme nicht entgangen zu sein, und so schenkte er Ransom ein dünnes Lächeln, fast wie zur Ermutigung, als hätte Ransom diese erste Hürde erfolgreich genommen.

Ransom ging zum Auto zurück. Die Straße schlängelte sich an der Klippe entlang, vorbei an Menschen, die es bis zu diesem letzten

Aussichtspunkt geschafft hatten. Dann wurde die Straße allmählich flacher und näherte sich dem ersten Barackenlager.

Das Gefühl, am Meer zu sein, verschwand auf einmal, und der Anblick der fernen Dünen wurde von den Dächern der Trucks und Trailer und den Rauchschwaden der Abfallfeuer verdeckt. Tausende von Menschen hatten sich zwischen den Fahrzeugen oder auf deren Trittbrettern niedergelassen. Männer zogen in kleinen Gruppen schweigend umher. Die Straße gabelte sich, eine Fahrbahn führte parallel zum Strand am Fuß des Berges entlang, die andere diagonal in Richtung Meer. Ransom blieb an der Kreuzung stehen und hielt Ausschau nach Anzeichen von Polizei oder militärischen Kontrollposten. Rechterhand am Straßenrand lagen die Trümmer eines großen Verkehrsschilds, dessen hölzerne Platten vom Metallgerüst herabgerissen worden waren.

Ransom entschied sich für die Straße zum Strand und fuhr in die Barackenstadt hinein. Nach knapp zwanzig Metern gelangten sie an eine behelfsmäßige Straßensperre. Als sie anhielten, erschienen vier, fünf Männer in den Türen der umliegenden Trailer. Sie winkten Ransom und bedeuteten ihm umzukehren. Einer von ihnen hatte einen Metallpfosten in der Hand. Er kam heran und schlug damit auf den Kühlergrill.

Ransom rührte sich nicht vom Fleck. Keine fünfzig Meter weiter verschwand die Straße in einem Dschungel aus Hütten und Autos. Riesige Spurrillen hatten den Boden aufgerissen.

Eine schmutzige Hand legte sich auf die Windschutzscheibe. Wie eine Hundeschnauze schnüffelte das unrasierte Gesicht eines Mannes am Fenster. »Los, los, Mister! Verschwinden Sie, verdammt nochmal!«

Ransom wollte etwas erwidern, ließ es dann aber sein und kehrte zur Straßenkreuzung zurück. Sie fuhren die Küstenstraße unterhalb der Klippen entlang. Vor ihnen auf der rechten Seite erstreckten sich Wohnwagenlager, deren Fahrzeughecks bis auf das leere Trottoir reichten. Auf der linken Seite, wo das Gestein der Klippen in Abständen herausgebrochen worden war, um kleine Rastplätze zu schaffen, hockten einzelne Familien unter behelfsmäßigen Vorzelten, außer Sichtweite von Meer und Himmel, und starrten auf die Lager, die ihnen den Zugang zum Strand versperrten.

Achthundert Meter weiter erklommen sie eine kleine Anhöhe und schauten hinab auf die endlose Weite der Lager, die sich, von Dunst umgeben, bis zum sechzehn Kilometer entfernten Kap erstreckten. Ransom hielt an einer verlassenen Tankstelle und erspähte eine schmale Passage, die zum Wohnwagenlager hinabführte. Kleine Kinder kauerten mit ihren Müttern am Boden und sahen dem Palaver der Männer zu. Der Rauch von Abfallfeuern zog über den wolkenlosen Himmel, und der süßliche Geruch offener Abwässer lastete in der Luft.

Aus der Gegenrichtung fuhren einige staubverkrustete Autos vorbei, deren Insassen auf der Suche nach einem Parkplatz das Gesicht gegen die Fensterscheiben pressten. Ransom deutete auf die Nummernschilder. »Von denen müssen einige schon tagelang an der Küste unterwegs sein.« Er öffnete die Fahrertür. »Es macht keinen Sinn, noch weiter zu fahren. Ich steige mal aus und sehe mich um.«

Ransom ließ das Auto in Philip Jordans Obhut zurück und ging, den Blick zwischen die Reihen der Fahrzeuge geheftet, die Straße hinab. Einige Leute hatten sich im Schatten niedergelassen, andere die schmalen Durchgänge mit Planen verhängt. Weiter innen umzingelte eine Menschenmenge einen großen Wohnwagen mit verchromten Seitenteilen, schaukelte ihn hin und her und schlug mit Spaten und Spitzhackenstielen auf Fenster und Türen ein.

Am Straßenrand lehnte ein alter Zigarettenkiosk an einem Telegrafenmast aus Beton. Ransom erklomm die Theke und hangelte sich dann zum Dach hinauf. Im Sonnenlicht blitzten in der Ferne die silbrig glitzernden Seitenwände der Wellblechhangars wie ein unerreichbares El Dorado auf. Das Dröhnen der Pumpanlage drang bis zu ihm herüber, wenngleich vom Stimmengewirr der Campbewohner überlagert.

Unterhalb von Ransom machte sich ein hemdsärmliger Mann mittleren Alters in einer vom Fahrbahnrand wegführenden kleinen Ausbuchtung an einem Gaskocher zu schaffen, der unter dem Vordach seines Gefährts stand. Dieses Miniaturfahrzeug war kaum größer als eine Sänfte. In der Tür saß seine Frau, eine behäbige Person mit rundem Gesicht in einem geblümten Kleid. Der Gaskocher glühte in der Hitze und erwärmte eine metallene Teekanne.

Ransom kletterte hinab und ging auf den Mann zu. Er hatte die klugen, einfühlsamen Augen eines Uhrmachers. Als Ransom vor ihm stehenblieb, goss er gerade Tee in zwei Tassen auf einem Tablett ein.

»Herbert«, rief seine Frau.

»Schon gut, Liebes.«

Ransom beugte sich zu ihm hinunter und nickte der Frau zu. »Darf ich Sie etwas fragen?« – »Nur zu«, sagte der Mann. »Aber Wasser hab ich keins zu verschenken.«

»In Ordnung. Ich bin gerade mit ein paar Freunden angekommen«, sagte Ransom. »Wir wollten eigentlich zur Küste, aber wie es aussieht, kommen wir zu spät.«

Der Mann nickte und rührte in seinem Tee. »Wahrscheinlich haben Sie recht«, pflichtete er ihm bei. »Trotzdem würde ich mir keine Sorgen machen, uns geht es nicht viel besser.« Dann setzte er hinzu: »Wir sind schon seit zwei Tagen hier.«

»Und waren allein drei Tage unterwegs«, warf seine Frau ein. »Sag ihm, was uns passiert ist, Herbert.«

»Er war doch selbst unterwegs, Liebes.«

»Wie stehen die Chancen, an die Küste zu gelangen?«, fragte Ransom. »Wir werden bald etwas Wasser brauchen.

Gibt es hier keine Polizei?«

Der Mann trank seinen Tee aus. »Wie soll ich sagen? Vielleicht konnten Sie es von hier oben nicht sehen, aber entlang des Strands gibt es einen doppelten Stacheldrahtzaun. Dahinter befinden sich Armee und Polizei. Jeden Tag lassen sie ein paar Leute passieren. Hinter den Baracken stehen große Destillationsanlagen. Sie sagen, dass es bald viel Wasser geben wird und jeder bleiben soll, wo er ist.« Er lächelte schwach. »Wasser abzukochen und zu kondensieren ist ein langwieriger Prozess, man braucht dazu dreißig Meter hohe Kühltürme.«

»Was passiert, wenn man den Stacheldrahtzaun überwindet und zum Strand geht?«

»*Wenn* man ihn überwindet. Die Armee ist nicht das Problem, aber letzte Nacht haben Milizionäre auf die Leute geschossen, die versuchten, zwischen den Zäunen hindurchzukriechen. Sie haben sie im Licht der Scheinwerfer mit Maschinengewehren niedergemäht.«

Ransom sah, dass Philip Jordan und Catherine auf dem Trottoir neben dem Kiosk standen. An ihrem Gesichtsausdruck erkannte er, dass sie befürchteten, er könne sich wenige hundert Meter vom Strand entfernt aus dem Staub machen.

»Doch was ist mit den Evakuierungsmaßnahmen der Regierung?«, fragte Ransom. »Wir haben doch alle genaue Instruktionen erhalten…« Er stand auf, als der andere beharrlich schwieg. »Was haben Sie jetzt vor?«

Der Mann blickte Ransom gelassen an. »Hier sitzen bleiben und warten.« Er wies auf das Lager hinter sich. »Das wird nicht ewig so weitergehen. Die meisten Leute hier haben nur noch Wasser für einen Tag. Früher oder später werden sie losschlagen. Ich schätze, dass sich die Reihen lichten, noch bevor sie ans Wasser gelangen, und dann bleibt für Ethel und mich mehr als genug.«

Seine Frau nickte zustimmend und nippte an ihrem Tee.

23

Der Jahrmarkt

Sie machten sich erneut auf den Weg. Nach und nach verschwanden die Hügel, und die Straße führte sie in einem weiten Bogen landeinwärts bis zu den Ausläufern eines Flussdeltas. Das trichterförmige Areal war einst von Sümpfen und Sandbänken umgeben, und an flachen Stellen wirkte es noch immer feucht und düster, obwohl die heiße Sonne nur dürres Gras beschien. Hunderte von Fahrzeugen, zwischen Dünen und Hügeln gestrandet, versanken bis zu den Achsen im weichen Sand, so dass ihre Dächer sich nach allen Himmelsrichtungen neigten. Ransom machte am Straßenrand Halt, gewährte ihm doch der Anblick des Flussbetts eine gewisse trügerische Sicherheit. In knapp dreihundert Meter Entfernung ragten die robusten Grenzpfähle des Außenzauns auf, zwischen denen sich Stacheldraht über den Boden spannte. Ein schmaler Dünenstreifen und ausgetrocknete Rinnsale trennten diese Grenze von der inneren Umzäunung. Vierhundert Meter hinter dem Zaun wurde ein schmaler Strandabschnitt sichtbar, an dem Wellen am ausgewaschenen Sand anbrandeten. Zu beiden Seiten des trockenen Flussbetts standen Dutzende von Hütten, und man sah Männer, die in der prallen Sonne mit nacktem Oberkörper emsig arbeiteten. Ihre Energie und die unmittelbare Nähe des Wassers hinter ihnen bildeten einen schmerzhaften Kontrast zu den Abertausenden von Menschen, die ihnen von den Dünen auf der anderen Seite der Umzäunung herab in Apathie versunken bei der Arbeit zusahen.

Ransom stieg aus dem Auto. »Versuchen wir es doch hier. Wir sind zwar weiter von der Küste entfernt, aber es gibt weniger Leute. Vielleicht meiden sie den Fluss aus irgendeinem Grund.«

»Was ist mit dem Auto?«, fragte Philip. Er musterte Ransom misstrauisch, als widerstrebe es ihm, das bißchen Sicherheit, das der Wagen bot, nun aufzugeben.

»Lass es stehen. Diese Leute haben alles mitgenommen, sie werden ihre Autos nicht verlassen, wenn sie erst einmal im Sand festsitzen.« Ransom erwartete, dass die anderen aussteigen und ihm folgen würden, doch sie rührten sich nicht vom Fleck. »Kommen Sie, Catherine, Mrs. Quilter, Sie können heute Nacht in den Dünen schlafen.«

»Da habe ich so meine Zweifel, Doktor.« Sie verzog das Gesicht zu einem schiefen Grinsen und stieg widerstrebend aus dem Wagen.

»Was ist mit Ihnen, Mr. Jordan?«, fragte Ransom.

»Natürlich, Doktor.« Der *Negro* saß noch immer kerzengerade im Wagen. »Setzen Sie mich einfach in den Sand.«

»Wir sind nicht am Strand.« Mühsam zügelte Ransom seine Ungeduld und sagte: »Philip, vielleicht könnte Mr. Jordan im Auto warten. Sobald wir ein Plätzchen in der Nähe des Zauns gefunden haben, kommen wir zurück und holen ihn.«

»Nein, Doktor.« Philip schüttelte den Kopf. »Wenn wir ihn nicht auf der Bahre mitnehmen können, werde ich ihn tragen.« Bevor Ransom widersprechen konnte, bückte er sich und hob den betagten *Negro* aus dem Wagen. Wie ein Kind trug er ihn auf seinen starken Arme davon.

Ransom ging voraus, gefolgt von Catherine und Mrs. Quilter. Die Alte setzte einen Fuß vor den andern und murrte lauthals über die Leute, die in den Kuhlen neben ihren Autos und Wohnwagen saßen. Philip Jordan, der den betagten *Negro* trug, ging fünfzig Meter hinter ihnen her und achtete sorgsam auf jeden seiner Schritte im zerwühlten Sand. Von der Straße war bald nichts mehr zu sehen, dafür wurde der Gestank des Lagers immer betäubender. Unzählige Trampelpfade führten zwischen den Fahrzeugen und den Sanddünen mit ihren grasbewachsenen Graten hindurch.

Kinder kamen angerannt und streckten Ransom ihre leeren Becher entgegen, als sie den Kanister sahen, der unter seiner Jacke hervorlugte. Unrasierte, staubverdreckte Männer standen heftig palavernd in Grüppchen beisammen und zeigten auf die Umzäunung, die sie vom Wasser trennte. Je näher sie diesem Hindernis waren, desto höher schlugen offenbar die Wogen der Erregung, als verstünden die Erstankömmlinge – darunter viele, die ihrer Campingausrüstung nach zu urteilen schon seit einer Woche oder länger hier lagerten –, dass die hinter ihnen herandrängenden Menschenmassen die Aussicht, jemals ans Meer zu gelangen, nachhaltig schmälerten.

Da die Umzäunung sich bis zur Flussmündung erstreckte, konnte sich Ransom dem Stacheldraht auch ohne direkten Zugang zum Meer nähern. Ein, zwei Mal versperrten ihm mit Schrotflinten bewaffnete Männer den Weg, die ihn von ihrem privaten Lager zu vertreiben suchten.

Eine Stunde später gelangte Ransom an einen etwa zwanzig Meter vom Außenzaun entfernten Platz, der in einer engen Mulde zwischen zwei Wohnwagen-Gruppen lag, umgeben von bewachsenen Dünenkämmen, deren struppige Grasbüschel sie vor der Sonne weitgehend schützten. Catherine und Mrs. Quilter ließen sich nieder, um auszuruhen und auf Philip Jordan zu warten. Fliegen und Stechmücken umschwirrten sie, und Modergeruch, der aus dem einstigen Marschland aufstieg, verpestete die Luft. Die benachbarten Wohnwagen gehörten zwei Schaustellerfamilien, die mit einem Teil ihrer Wanderkirmes zur Küste gezogen waren. Die weit über die Dünen hinausragenden, goldfarbenen Baldachine zweier Karusselle mit ihren auf spiralförmigen Antriebsrädern montierten antiken Pferden verliehen der Szenerie eine karnevaleske Anmutung. Die dunkeläugigen Frauen saßen mit ihren Töchtern wie in einem Hexenzirkel um die reich verzierte Zugmaschine und schauten zum fernen Ufer, als erwarteten sie, dass ein mächtiger Fisch aus dem Wasser gezogen werde.

»Was ist mit Philip und Mr. Jordan?«, fragte Catherine, als die beiden auch nach einer Weile noch nicht auftauchten. »Sollten wir nicht zurückgehen und sie suchen?«

Ransom entgegnete matt: »Sie werden wahrscheinlich noch kommen. Wir können es nicht riskieren, den Platz hier zu verlieren, Catherine.« Mrs. Quilter lehnte sich mit dem Rücken gegen die rissige Erde. Sie verscheuchte die Fliegen von ihrem staubigen Seidengewand und murmelte etwas vor sich hin, als könne sie gar nicht begreifen, was sie in dieser von Fliegen verseuchten Hohlsenke überhaupt zu suchen hatten.

Ransom kletterte auf den Dünenkamm. So bedauerlich seine mangelnde Loyalität gegenüber Philip Jordan auch sein mochte, sie überraschte ihn nicht. Seit sie an dem ausgetrockneten Fluss weilten, hatte er wieder das Gefühl, von allen abgeschnitten zu sein, ein Gefühl, das ihm seit der Zeit vertraut war, als er an Deck seines Hausbootes stand und das ringsum angeschwemmte Treibgut im trockenen Flussbett betrachtete. Hier, wo sich das Flussdelta noch verbreiterte, war die Entfernung, die ihn von den anderen trennte, sogar noch größer. Mit der Zeit würden die Wanderdünen auch diesen Unterschied verwischen, doch im Augenblick bildete jeder für sich eine eigene Welt.

Ganz in der Nähe lag ein Mann mit einem Strohhut im dürren Gras und schaute durch den Stacheldrahtzaun auf den ausgetrockneten Wasserlauf, der zum Strand führte. Ein Geflecht schmaler Rinnsale und niedriger Dünen trennte sie vom Innenzaun. Dahinter wurden die neu errichteten Hütten bereits bezogen. Vor den Eingängen hielten mehrere Lastwagen, aus denen über fünfzig Menschen kletterten, die mit ihren Koffern eilends im Innern verschwanden.

Ein großer Lastwagen holperte an den Hütten vorbei und fuhr auf den Innenzaun zu. Dort hielt er an, zwei Soldaten sprangen heraus und öffneten ein Gittertor. Der Lastwagen rollte weiter und rumpelte über die Dünen. Als der Motor laut aufheulte, geriet das

Lager, wie Ransom sah, mit einem Schlag in Bewegung. Mancherorts kletterten die Leute von den Dächern ihrer Wohnwagen herunter, andere stiegen aus ihren Autos aus und zogen ihre Kinder hinter sich her. Als der Lastwagen in fünfzig Meter Entfernung am Außenzaun stoppte, kam es zu einem Auflauf von drei-, vierhundert Personen. Die Soldaten hievten ein Zweihundert-Liter-Fass von der Ladefläche und rollten es über den Boden.

Als sie sich mit dem Fass dem Zaun näherten, wurden einige Rufe laut, doch keiner der beiden Soldaten blickte auf. Dann schoben sie das Fass durch den Zaun und die Meute drängte nach vorne, unwiderstehlich angezogen von diesen beiden verlorenen Gestalten und ihrer Wasserfracht. Als die Soldaten wieder in den Lastwagen kletterten, verstummte die Meute ungläubig, kam dann wieder zur Besinnung und stimmte ein Wutgeheul an. Die Buhrufe folgten dem Lastwagen, der das offene Gelände überquerte und durch das Tor entschwand. Mit lautem Gebrüll wurde das Fass in die Luft geworfen, fortgetragen und dann einige Meter vom Zaun entfernt zu Boden geschleudert.

Als aus den Schaumgebilden des hochspritzenden Wassers gezackte Regenbögen in die Luft aufstiegen, kletterte Ransom bereits wieder die Düne hinunter und gesellte sich zu den anderen in der Senke. Mrs. Quilter kam aus der Richtung des Jahrmarkts herbei, gefolgt von dem Mann mit dem Strohhut. Er winkte Ransom zu sich.

»Sprechen Sie mit ihm, mein Lieber!«, krächzte Mrs. Quilter. »Ich habe ihnen gesagt, was für ein wunderbarer Arzt Sie sind.«

Der Mann mit dem Strohhut wurde deutlicher. Er nahm Ransom zur Seite. »Die alte Zigeunerin behauptet, Sie hätten eine Waffe. Stimmt das?«

Ransom nickte bedächtig. »Das ist richtig. Warum?«

»Können Sie mit der Waffe umgehen? Sie sagt, Sie seien Arzt.«

»Ich weiß, wie man sie bedient«, sagte Ransom. »Wann?«

»Bald.« Der Mann warf einen Blick auf Ransoms verdreckten Leinenanzug, dann machte er kehrt, ging zum Karussell hinüber und verschwand zwischen den antiken Karussellpferden.

24

Amarum mare – Bitteres Meer

Kurz nach Mitternacht bezog Ransom seinen Beobachtungsposten auf dem Dünenkamm. Er war umgeben von den nächtlichen Geräuschen des Lagers und Hunderten von Feuern, die in der Dunkelheit glommen. Ein dumpfes Gemurmel, unterbrochen von Schreien und Schüssen, wehte vom fernen Strand über die Sandhügel zu ihm her. Weiter unten lagen Catherine und Mrs. Quilter mit geschlossenen Augen einträchtig nebeneinander in einer Mulde, doch außer den beiden schlief niemand. Hunderte Menschen hielten ringsum auf den Dünen Wache. Ransom registrierte die aufgeheizte Stimmung und erkannte, dass da kein koordinierter Aktionsplan am Werk war, sondern ein dumpfer Instinkt, der die Kräfte bündeln und dafür Sorge tragen würde, dass alle im richtigen Moment gleichzeitig zum Zaun stürmten.

Die Lichter hinter dem Zaun waren fast alle erloschen, nur die Umrisse der Hütten schimmerten dunkel im Widerschein der anbrandenden Wellen. Einzig die Pumpanlage dröhnte unablässig weiter.

Irgendwo über ihm surrte ein Draht. Ransom spähte in die Dunkelheit und sah, wie ein Mann hinter dem Zaun verschwand und durch das ausgetrocknete Flussbett kroch.

»Catherine!« Ransom trat mit dem Schuh etwas Sand los, der auf ihre Schulter rieselte. Sie sah zu ihm auf und weckte dann Mrs. Quilter.

»Macht euch bereit!«

Linkerhand, auf der anderen Seite des Flussbetts, wurde erneut geschossen. Die meisten Leuchtgranaten flogen hoch in die Luft und dann in weitem Bogen über die Flussmündung hinweg, doch

Ransom sah, dass mindestens zwei Wachtposten, vermutlich Angehörige der örtlichen Miliz, direkt auf das Wohnwagenlager feuerten.

Auf beiden Seiten des Zauns standen etwa ein Dutzend Wachtürme, deren Scheinwerfer das Gelände hell erleuchteten. Ransom kauerte sich nieder, die Arme reglos im Gras, und wartete, dass das Licht erlosch. Er blickte auf, als er vom offenen Geländestreifen jenseits des Zauns laute Schreie vernahm. Rund fünfzig Männer hatten das erste Stacheldrahthindernis überwunden und stürmten nun über Dünen und seichte Gewässer hinweg unter den Augen des Wachregiments auf die Sandhügel oberhalb des Innenzauns zu. Mit Gebrüll feuerten sie einander an, wateten durch zahllose Furten, zwei von ihnen blieben stehen und beschossen die Scheinwerfer. Unbehelligt erreichten sie den Zaun, und als die Menschen das sahen, erhoben sie sich allerorten und stürzten sich in die Fluten des Lichts.

Ransom beugte sich nach unten und ergriff Catherines Arm. »Kommen Sie!«, rief er. Sie rannten den flachen Hang hinauf zum Zaun. Ein großer Teil des Drahtverhaus war inzwischen entfernt worden, so dass sie durch die Öffnung kriechen und Schutz in einem Bachbett finden konnten. Ihnen folgten Dutzende Menschen, darunter einige, die kleine Kinder hinter sich herzogen, andere waren mit Gewehren bewaffnet.

Sie hatten bereits die Hälfte des Weges zurückgelegt, als von einer Stellung unterhalb der Hütten ein leichtes Maschinengewehr mit hartem Wummern in kurzen Salven von zwei, drei Sekunden über ihre Köpfe hinweg zu feuern begann. Im Schutz des hügeligen Geländes, das ihnen teilweise Deckung gab, drängten alle weiter und schlüpften durch eine Bresche im Innenzaun. Dann, zehn Meter von Ransom entfernt, wurde ein Mann von einer Kugel tödlich getroffen und fiel rücklings ins Gras. Ein anderer wurde am Bein verletzt und lag schreiend am Boden, während die Leute an ihm vorbeihetzten.

Ransom zog Catherine in eine leere Mulde. In wilder Hast stoben Männer und Frauen in allen Richtungen davon. Einige der Scheinwerfer brannten nicht mehr, dennoch konnte er im flackernden Licht, das die Dunkelheit erhellte, bewaffnete Männer erkennen, die sich mit ihren Karabinern auf den Dünen hinter den Hütten verschanzten. Links davon erstreckte sich der offene Wasserlauf des Flusses, der bis zum Meer führte und dessen Strand hell wie ein silberner Spiegel glänzte.

Es kam erneut zu Schießereien, als Soldaten über die Köpfe von Hunderten von Menschen hinwegfeuerten, die sich direkt auf das Meer zubewegten. Ransom packte Catherines Arm und zog sie zur Bresche des Innenzauns. Hinter ihnen, im struppigen Gras der Dünen, lagen noch mehr Leichen mit bizarr verrenkten Gliedern.

Sie folgten einem trockenen Bachlauf, der sie von den Hütten wegführte. Als sie sich niederkauerten, um für den Endspurt zum Meer noch ein wenig Kraft zu schöpfen, stand auf einmal drei Meter über ihnen ein Mann im sonnenverbrannten Gras. Mit erhobener Pistole feuerte er über die Dünen hinweg auf die von den Soldaten zurückgedrängten Menschen.

Ransom sah zu ihm auf und erkannte ihn an seinen breiten Schultern und der rauflustigen Miene.

»Grady!«, rief er. »Hören Sie auf, Mann!«

Als sie aus ihrem Versteck wankten, drehte sich Grady um und spähte nach unten in die Dunkelheit. Er richtete seine Pistole auf sie. Obzwar er Ransom zu erkennen schien, bedrohte er ihn gleichwohl mit der Waffe.

»Zurück!«, rief er heiser. »Haut ab, wir waren zuerst hier!«

Immer mehr Leute tauchten auf, die gesenkten Hauptes durch das trockene Bachbett hasteten. Grady starrte sie entgeistert an, so dass sein kleines Gesicht einen Moment lang aussah wie das eines wildgewordenen Sperlings. Er hob seine Pistole und schoss blindlings auf Ransoms Schatten. Während sich Catherine auf die Knie fallen ließ, zog Ransom die Pistole aus dem Gürtel. Grady machte einen Schritt nach vorn, um die Dunkelheit zwischen den Grasbüscheln besser zu durchdringen, wobei seine kleine Gestalt im Scheinwerferlicht hell aufschien. Ransom wartete. Dann umklammerte er den Revolvergriff mit beiden Händen, richtete sich auf und schoss Grady durch die Brust.

Ransom beugte sich über den untersetzten Mann, dessen eigene Waffe irgendwo im Wasser verschwunden war, als plötzlich ein Trupp Soldaten aus der Dunkelheit auftauchte. Sie warfen sich zu Boden und eröffneten das Feuer über die Köpfe der Menschen hinweg, die sich weiter unten am Bach tummelten.

Ein barhäuptiger Leutnant kroch zu Ransom hinüber. Er warf einen Blick auf die Leiche. »Einer von uns?«, fragte er atemlos.

»Grady«, sagte Ransom. Der Leutnant blickte um sich, sprang dann auf und befahl seinen Männern, sich zurückzuziehen und hinter den Hütten in Deckung zu gehen. Der Schusswechsel wurde spärlicher, als der Ansturm nachließ und die Menschen sich in großer Zahl wieder bis zur Umzäunung zurückzogen. Andere hatten den Durchbruch geschafft und rannten, unbehelligt von den Soldaten, die weiter hinten am Strand postiert waren und sie gewähren ließen, zwischen den Hütten zum Wasser hinab.

Der Leutnant brachte Catherine hinter dem alten Seedeich in Sicherheit und rief Ransom zu: »Nehmen Sie seine Waffe und feuern Sie weiter! Nur über die Köpfe, doch wenn sie angreifen, machen Sie einen von ihnen kalt!«

Die Soldaten rückten ab, und Ransom gesellte sich zu Catherine hinter den Deich. Das Meer war nur noch fünfzig Meter entfernt, so dass sie die Wellen hören konnten, die über den nassen Sand brandeten. Erschöpft von dem ganzen Tohuwabohu lehnte sich Catherine kraftlos gegen den Deichwall.

Zwei, drei Gestalten näherten sich ihnen über den flachen Kanal. Ransom hob die Pistole, doch sie rannten geradewegs auf ihn zu. Schließlich tauchte auch der letzte von ihnen auf, Philip Jordan mit dem alten *Negro* im Arm. Er sah, dass Ransom ihn mit der Pistole bedrohte, humpelte aber dennoch auf nackten Sohlen weiter.

Ransom warf die Pistole weg. Überall am Strand lagen Scharen von Menschen, bewacht von Soldaten und von Wellen umspült, die am Flutsaum über sie hinwegplätscherten. Manche, die vergeblich versucht hatten, das Wasser zu trinken, kletterten bereits wieder hoch zu den Dünen. Ransom rannte hinter den anderen her und sah, dass Philip Jordan niederkniete und den alten Mann behutsam in den Wellen absetzte. Ransom spürte einen stechenden Schmerz, als das Nass seine Beine umspülte und fiel kopfüber ins Wasser, dessen zurückweichende Wellen seinen Anzug durchnässten. Dann erbrach er sich im bitteren Meer.

Zweiter Teil

25

Vorhölle der Dünen

Kilometerweit zogen sich unter dem leeren Winterhimmel die Salzdünen dahin. Sie waren in der Regel zwischen Sohle und Kamm nicht höher als ein Meter und schimmerten feucht in der kalten Luft. Der Seewind kräuselte die Oberfläche der seichten Salzwassertümpel, die sich hie und da in den Senken zwischen den Dünen gebildet hatten. Manchmal, als ferner Vorgeschmack auf den bevorstehenden Frühling, zeigten sich auf ihren Kämmen weiße Schlieren, die durch Verdunstung der Kristalle entstanden, doch am frühen Nachmittag, sobald die Kraft der Sonne nachließ, lösten sie sich wieder auf und tauchten die grauen Flanken der Dünen erneut in ein fahles Licht.

Nach Osten und Westen erstreckten sich die Dünen entlang der Küste bis zum Horizont, nur gelegentlich unterbrochen von einem kleinen, brackigen Salzwassertümpel oder einem verirrten, vom übrigen Kanal abgetrennten Rinnsal. Im Süden, in Richtung Meer, wurden die Dünen allmählich flacher und gingen in ausgedehnte Salzebenen über. Bei Flut standen sie einige Zentimeter unter Wasser, während die zunehmend schmaler werdenden Dämme aus festerem Salz bis hinaus ins Meer reichten.

Nirgendwo gab es mehr eine definitive Grenze zwischen Küste und Meer, einzig die endlosen Niederungen bildeten eine Trennzone in dieser grauen, fluiden Vorhölle, in der Land und Wasser ununterscheidbar wurden. Hie und da tauchte aus dem Salz das Gerippe einer stillgelegten Förderanlage auf, die zum Meer zu deuten schien, verschwand dann aber nach einigen hundert Metern wieder aus dem Blick. Nach und nach entstanden aus Wassertümpeln größere Seen und aus schmalen Rinnsalen weiterführende Kanäle, doch das Wasser selbst schien sich nie zu bewegen. Auch nach einständigem Fußmarsch, knietief watend im zerfließenden Matsch, blieb das Meer so weit entfernt wie immer, stets vorhanden und doch jenseits des Horizonts unerreichbar, von kalten Nebeln, die über die Salzdünen hinwegzogen, geisterhaft umhüllt.

Nach Norden zu wurden die Dünen immer höher und fester, doch die Wassertümpel zwischen ihnen waren nur wenige Zentimeter tief. Hatten sie einmal die einstige Küste erreicht, formten die Dünen reihenweise große, weiße Hügel, die aussahen wie Schutthalden für Industrieabfälle, hinter denen teilweise sogar das Küstengebirge verschwand. Das Küstenvorland selbst, oberhalb des einstigen Strands, war meterhoch mit trockenem Salz bedeckt, dessen schräg abfallende Fläche zu den Dünen hinunterführte. Die rostigen Kühltürme einer zerstörten Destillationsanlage ragten hoch in die Luft, und abgerissene Dächer von Wellblechbaracken, die sich aus ihrer Verankerung gelöst hatten, trieben wie halb versunkene Wracks am Strand. Weiter draußen sah man die Überreste von Pumpanlagen und Förderbändern, die einst die Salzrückstände zurück ins Meer leiteten.

Vierhundert Meter vor der Küste lagen einige Schiffswracks bis zum Oberdeck unter Salz begraben, deren graue Aufbauten sich in den Salzwassertümpeln spiegelten. Kleine, aus Schrottmetall zusammengehauene Verschläge duckten sich seitlich unter ihren vorspringenden Hecks. Rauch quoll aus den Schornsteinen der primitiven Destillationsanlage, der an den nur angelehnten Türen vorüberzog.

Neben jeder dieser manchmal durch einen Palisadenzaun geschützten Behausungen befand sich ein kleiner Salzwassertümpel. Die Umrandung hatte man in mühevoller Arbeit bestmöglich festgeklopft, doch das nach allen Seiten hin versickernde Wasser weichte sie immer wieder auf. Was immer die Bewohner der Salzwüsten auch unternahmen, ihre Schritte hinterließen nie irgendwelche Spuren, denn die wurden stets binnen weniger Minuten von dem austretenden Wasser verwischt.

Nur zum Meer hin, jenseits der Dünen und Wasserläufe, gab es Anzeichen geschäftigen Treibens.

26

Die Lagune

Kurz nach Tagesanbruch, als die Flut bereits die Randzonen der Küstenebene erreicht hatte, füllten sich allmählich auch die Rinnsale und Kanäle mit Wasser. Die langgestreckten Salzdünen färbten sich durch die Feuchtigkeit dunkler, und zwischen den Kanälen entstanden offene Wasserflächen, in denen sich Fische und anderes Meeresgetier tummelten. Das heranflutende kalte Wasser drang wie die Vorhut einer Invasionsarmee nahezu unbemerkt in die Hohlräume und Durchlässe im festeren Boden des Ufers. Es wehte ein kalter Wind, der die Morgennebel lichtete und einige Möwen unfreiwillig über die Sandbänke trieb.

Über einen Kilometer vom Strand entfernt strömte die Flut durch eine große Bresche in einen der Salzdämme, so dass sich das Wasser in eine Lagune von etwa dreihundert Meter Durchmesser ergoss und die flachen Dünen in ihrer Mitte überschwemmte. Nachdem dieses künstliche Becken vollgelaufen war, glätteten sich die Wogen und verwandelten sich in einen Spiegel des wolkenlosen Himmels.

Der Rand der Lagune überragte die umliegenden Salzebenen um mehr als einen Meter, so dass die feuchten Kristalle auf einer Länge von fast achthundert Meter einen durchgehenden Damm bildeten. Als das Wasser durch die Bresche strömte, unterspülte es einen Teil des Damms und versickerte dann bei fallender Flut unterhalb der Böschung.

Möwen kamen herbeigeflogen und stürzten sich auf die Fische, die zu Aberhunderten dicht unter der Wasseroberfläche schwammen. Hatte das Wasser seinen Höchststand erreicht, bewegte es sich nicht mehr, und für einen Augenblick wirkten die große Lagune und die ausgedehnten Salzwasserarme, die im trüben Licht in Richtung Norden versickerten, wie eine riesige, polierte Eisfläche.

In diesem Moment gellte ein Schrei durch die Luft. Ein Dutzend Männer kam hinter dem Lagunendamm hervor und machte sich ans Werk, um mit langen Schaufeln aus Walknochen nasses Salz in die Bresche zu füllen. Bis zu den Hüften versanken sie dabei im grauen Matsch, während sie fieberhaft arbeiteten, um die Lücke zu schließen, bevor das Wasser wieder ins Meer zurückströmen konnte. Arme und Oberkörper waren mit Stofflappen und Gummistreifen umwickelt. Mit spitzen Schreien und gellenden Rufen feuerten sie einander an, während sie mit gebeugtem Rücken Salz in die Bresche stopften, damit das Wasser in der Lagune blieb, wenn die Flut zurückging.

Am Rande der Böschung stand ein hochgewachsener, hagerer Mann, der sie beaufsichtigte. Er trug ein Robbenfellcape über der linken Schulter und in der rechten Hand hielt er den Schaft eines Doppelpaddels. Sein dunkles, ausgemergeltes Gesicht bestand nur aus Haut und Knochen, so dass die spitzen Wangen- und Kieferknochen die lederne Haut fast zu durchbohren schienen. Er starrte auf das erbeutete Wasser und schien mit den Augen die glitzernden, zuckenden Fischleiber zu zählen. Dann drehte er sich um, gewahrte das Fallen der Flut und sah, dass ein Teil des Damms dabei mitgerissen wurde. Die Männer, die in die Bresche gesprungen waren, riefen ihm etwas zu, als das nasse Salz sich über ihnen ergoss, doch bei dem Versuch, die Lücke zu schließen, rutschten sie aus und fielen zu Boden. Der Mann im Cape beachtete sie nicht, rückte sich das Robbenfell auf der Schulter zurecht und sah hinab auf den stetig sinkenden Wasserspiegel jenseits des Damms und auf die glänzende Fläche des in der Lagune eingeschlossenen Meeres.

Unmittelbar bevor das Wasser an einigen Stellen aus der Lagune zu brechen drohte, hob er sein Paddel und winkte damit voller Kraft hinüber zum anderen Ufer. Ein Ruf wie der Schrei einer Möwe entfuhr seiner Kehle. Als er das Ufer entlangrannte, ohne auf die erschöpften Männer zu achten, die sich selbst aus dem Salz emporkämpfen mussten, tauchten am Nordufer der Lagune ein Dutzend Männer auf. Mit rotierenden Paddeln bohrten sie ein fast zwanzig Meter breites Loch in den Deich und trieben das Wasser, bis zur Brust im Wasser watend, durch die neu entstandene Lücke.

Durch den enormen Druck ergoss sich das Wasser wie ein Sturzbach in die umliegenden Rinnsäle und riss den Rest der Lagune mit sich. Bis der Mann mit dem Cape diese neue Öffnung erreichen konnte, war die Hälfte des Wassers aus der Lagune bereits abgeflossen. Wie in einem Wildwasserkanal rauschte es zum Strand hinab und riss dabei kleinere Dünen mit sich. Es bahnte sich einen Weg nach Nordosten, wirbelte schäumend um eine Biegung und mündete dann in einer schmalen, zwischen zwei Dünen künstlich angelegten Rinne. Nach einem Linksschwenk strömte es wieder der Küste zu, und der Mann mit dem Cape lief neben ihm her. Gelegentlich hielt er inne und betrachtete prüfend das vor ihm liegende Bett, wo der künstliche Kanal mit Dämmen aus trockenem Salz verstärkt worden war, dann drehte er sich um und rief seinen Männern etwas zu. Sie folgten dem Wasserlauf entlang der Böschung und trieben mit ihren Paddeln das vorbeirauschende Wasser noch zusätzlich an.

Plötzlich stürzte ein Teil des Kanalbetts ein, so dass sich das Wasser in angrenzende Bäche ergoß. Laut schreiend sprang der Anführer in das seichte Wasser und trieb das kostbare Naß mit seinem zweiblättrigen Paddel zurück. Seine Männer taumelten hinter ihm her, reparierten die Bruchstelle und schleusten das Wasser den Hang hinauf.

Der Anführer ließ sie stehen und eilte nach vorn, wo die anderen den Großteil des Wassers über die durchweichten Dünen leiteten. Zwar wurde das Wasser noch durch seine eigene Bewegungsenergie fortbewegt, füllte aber bereits einen ovalen See, in dessen Drallstrom Hunderte von Fischen schwammen. Während der See weiterfloss, blieben alle zwanzig Meter ein Dutzend Fische hilflos zappelnd im Salz zurück, die von der Nachhut, zwei älteren Männern, wieder ins zurückweichende Wasser geworfen wurden.

Die Männer, die den Wasserstrom mit ihren Paddeln lenkten, verteilten sich rings um das Seeufer. Ganz vorne, nur wenige Meter von der Bugwelle entfernt, navigierte der Mann mit dem Cape sie über wechselndes Terrain. Sachte brach sich das Wasser Bahn, floss in Kanäle hinein und wieder hinaus und überflutete auf seinem Weg einige seichte Tümpel. Auch einen knappen Kilometer von der Küste entfernt plätscherte es immer noch geruhsam vor sich hin.

»Captain!«, schrien die beiden Wachtposten am Ende des Sees. »Captain Jordan!«

Der Anführer machte eine Kehrtwende im feuchten Salz, erhob sein Paddel und trieb die Ruderer zum Seeufer zurück. Zweihundert Meter von ihnen entfernt hatte eine Gruppe von Männern, mit gesenktem Haupt und kurzen Paddeln fieberhaft arbeitend, den Damm auf der Westseite des Sees niedergerissen und trieb nun das ausströmende Wasser über die Dünen heraus.

Die Trapper eilten von beiden Seiten herbei, stürmten auf sie zu und suchten mit ihren Paddeln das Wasser aufzuhalten. Die Piraten beachteten sie gar nicht und trieben das Wasser weiter durch die Bresche. Zwischen den Dünen hatte sich bereits ein großes, etwa fünzig Meter breites Becken gebildet. Da der Hauptstrom des Wassers nun in entgegengesetzter Richtung abfloß, stürmten sie zum Ufer hinab und trieben das Wasser aus dem Becken über die Dünen nach Westen.

Man hörte das Geräusch von Füßen, die sie durchs Wasser verfolgten und von umherwirbelnden Paddel, die salzige Sprühnebel aufstäubten. Die Trapper versuchten, das Wasser, das sie so mühsam dem Meer abgerungen hatten, ihnen wieder zu entreißen und in den See zurückzutreiben. Einige von ihnen attackierten die Piraten und zerschmetterten deren kurze Paddel mit ihren eigenen, schwereren Blättern. Der dunkelhäutige Mann mit dem Robbenfellcape zwang einen Mann in die Knie, zertrat den knöchernen Schaft seines Paddels und schlug einem anderen mit voller Wucht ins Gesicht, so dass er zu Boden ging. Die Piraten suchten sich der fliegenden Paddel zu erwehren, erhoben sich taumelnd und trieben das Wasser zwischen den Beinen ihrer Angreifer hindurch. Ihr Anführer, ein älterer Mann mit einem roten Striemen im bärtigen Gesicht, brüllte ihnen etwas zu, woraufhin sie in alle Richtungen davonstoben und das Wasser in ein halbes Dutzend Tümpel teilten, das sie mit ihren Paddeln oder mit bloßen Händen davontrieben.

Während des Handgemenges war der größte Teil des Meerwassers unaufhaltsam weiter hinab zur Küste geflossen. Die Verteidiger gaben den Versuch auf, das geraubte Wasser zurückzuerobern und rannten in ihren salztriefenden Gummianzügen zurück zum See. Zwei von ihnen blieben stehen und beschimpften sie, doch die Piraten waren bereits zwischen den Dünen verschwunden. Als das graue Licht des Morgens über die nassen Hänge hereinbrach, war von ihren Fußspuren im rieselnden Salz nichts mehr zu sehen.

27

Die Flutwellen

Ransom drückte die aufgeschürfte Wange zur Kühlung gegen das Gummipolster auf seiner Schulter und bahnte sich mit dem Wasser aus dem kleinen Tümpel einen Weg durch die feuchten Senken der Dünen. Manchmal, wenn das Wasser aus eigener Kraft in die gewünschte Richtung floss, hielt er inne, um über die umliegenden Dünenkämme zu spähen und Jordans fernen Rufen und denen seiner Männer zu lauschen. Früher oder später würde eine Strafexpedition zum Strand geschickt werden, wo die Außenseiter lebten. Die drohende Aussicht, die Behausungen zertrümmert und die Destillationsanlagen zerstört vorzufinden, gab Ransom die Kraft, weiterzugehen und das Wasser durch die Senken zu führen. Das Rinnsal, kaum breiter als sechs Meter, barg ein halb Dutzend kleiner Fische. Einer lag zappelnd vor seinen Füßen, und Ransom bückte sich und hob ihn auf. Bevor er ihn wieder ins Wasser warf, betastete er mit steifgefrorenen Fingern den runden Fischbauch.

Dreihundert Meter zu seiner Rechten erblickte er Jonathan Grady, der das Wasser aus seinem Tümpel zu seiner Hütte unterhalb der verrotteten Salzförderanlage trieb. Er war noch keine siebzehn Jahre alt, doch stark genug, um sich fast der Hälfte des geraubten Wassers zu bemächtigen, auf das er unermüdlich eindrosch.

Die anderen vier Bandenmitglieder waren in der Salzwüste verschwunden. Mit letzter Kraft taumelte Ransom weiter, dessen Schürfwunde im Gesicht durch die salzige Luft heftig brannte. Zum Glück hatte ihn Jordans Paddel nur mit der flachen Seite getroffen, andernfalls hätte ihn der Schlag ausgeknockt, und er wäre vor dem Schnellgericht der Johnstone-Siedlung gelandet. Dort hätte ihm seine frühere Freundschaft mit Reverend Johnstone, nach zehn Jahren längst vergessen, nur wenig genützt. Inzwischen musste man vom Strand aus bereits anderthalb Kilometer hinausgehen, um Meerwasser zu fangen – die in den vergangenen Jahren im unmittelbaren Strandbereich entstandenen Halden aus überschüssigem Salz waren in Bewegung geraten und eingestürzt, so dass die einst flachen Küstenzonen nun erheblich höher waren –, und darum bedeutete Wasserdiebstahl für die Siedlungen an der Küste das schwerste aller Verbrechen.

Ransom fröstelte im kalten Licht und suchte die Nässe aus den feuchten Lappen unter seinem aus Gummistreifen gefertigten Anzug zu pressen, der, mit Fischdarm zusammengenäht, zahlreiche undichte Stellen aufwies. Er und die anderen Bandenmitglieder waren drei Stunden vor Sonnenaufgang aufgebrochen und Jordan und seinem Team über die grauen Dünen gefolgt. Sie versteckten sich in der Dunkelheit am leeren Kanal und warteten auf den Gezeitenwechsel, denn sie wussten, dass ihnen nur wenige Minuten verblieben, um einen kleinen Teil des im See gestauten Wassers zu stehlen. Hätten sie den größten Teil des Wassers nicht zum Reservoir der Siedlung lotsen müssen, hätten Jordan und seine Männer sie gefasst. Zweifellos würden sie in naher Zukunft bald freiwillig ihren nächtlichen Fang opfern, um Ransom und seiner Bande endlich habhaft zu werden.

Ransom lief neben dem Wasser her und lenkte es auf den von fern aufscheinenden Turm des gestrandeten Feuerschiffs zu, dessen Heck vierzig Meter entfernt aus dem Sand ragte. Automatisch zählte er immer wieder die Fische, die vor ihm schwammen, und fragte sich, wie lange er wohl noch von Jordan und seinen Männern werde profitieren können. Inzwischen war das Meer so weit in die Ferne gerückt und die Küste derart salzverkrustet, dass nur noch größere und erfahrene Teams das Wasser einfangen und in die Reservoirs bringen konnten. Noch vor drei Jahren war es Ransom und dem jungen Grady gelungen, stabile Rinnen in das Salz zu schlagen, die bei Flut genügend Wasser führten, um Fische und Krabben zu fangen. Jetzt, da die gesamte Zone aufgeweicht war, wurde es durch das nasse, nachrutschende Salz unmöglich, irgendeinen Durchfluss über mehr als zwanzig Meter offen zu halten, es sei denn, man setzte ein riesiges Team von Männern ein, das den Kanal ständig neu freischaufelte, bevor das Wasser hineinlief.

Vor ihm ragten die Überreste einer metallenen Förderanlage aus den Dünen auf. Um die rostigen Träger herum hatten sich Pfützen gebildet, und Ransom beschleunigte seinen Schritt. Er suchte mit wirbelndem Paddel so viel Schwung zu gewinnen, um einen Teil des Wassers mit sich fortzutreiben. Erschöpft von dem flotten Tempo, das er nun vorlegen musste, fiel er auf die Knie, stand wieder auf und rannte hinter dem Wasser her, das sich dem Förderband näherte.

Ein Fisch fiel ihm vor die Füße und lag zappelnd auf dem Salzhang. Ransom ließ ihn liegen, rannte weiter hinter dem Wasser her und holte es ein, als es zwischen den Metallträgern hindurchwirbelte. Gesenkten Hauptes drosch er das Wasser mit dem Paddel über den Hang hinein in die nächste Senke.

Er hatte nun zwar etwas mehr Wasser, doch als er das Feuerschiff endlich erreichte, verblieben ihm weniger als zwei Drittel der ursprünglichen Wassermenge. Zu seiner Linken fiel das Sonnenlicht auf die Hänge der Salzberge und ließ die dahinter liegende Gebirgskette erstrahlen, doch Ransom hatte keine Augen für diese Andeutung von Wärme und Farbe. Er lenkte das Wasser zum kleinen Auffangbecken unweit der Steuerbordbrücke des Schiffs. Dieses schmale Becken, zwanzig Meter lang und zehn Meter breit, hatte er im Laufe der Jahre mit Steinen und allerlei Schrottteilen, die er vom Ufer herbeischleppte, instandhalten und ausbauen können. Jeden Tag klopfte er das Salz ringsum zu einer festen Kruste zusammen. Das Wasser war nur ein paar Zentimeter tief, und Tang sowie einige essbare Seeanomen trieben am Rand schlaff dahin, Ransoms einzige pflanzliche Nahrungsquelle. Wie oft hatte Ransom versucht, Fische in dem Becken zu züchten, doch das Wasser war zu salzig, so dass die Fische unweigerlich binnen weniger Stunden verendeten. In den Reservoirs der Siedlung, deren Wasser weniger salzhaltig war, überlebten die Fische jedoch monatelang. Wollte er nicht an fünf von sechs Tagen allein von getrocknetem Seetang leben, blieb Ransom nichts anderes übrig, als beinahe täglich in aller Frühe aufzubrechen, um Meerwasser zu stehlen.

Er sah, wie das Wasser gleich einer müden Schlange in das Vorratsbecken glitt und bearbeitete dann die nasse Umrandung mit seinem Paddel, um noch den letzten Wassertropfen aus dem Salz zu pressen. Die wenigen Fische schwammen in dem nunmehr zur Ruhe gekommenen Wasser unermüdlich hin und her und knabberten an dem Seetang. Ransom zählte sie noch einmal, dann schritt er die Reihe alter Kesselrohre ab, die von dem Becken zur Süßwasseraufbereitungsanlage neben seiner Behausung führten. Er hatte sie mit Blechteilen aus den Kajüten des Feuerschiffs und mit Stoffbahnen aus altem Sackleinen überdacht. Er öffnete die Tür, horchte auf das vertraute Blubbern und stellte dann verärgert fest, dass die Flamme unter dem Kessel zu niedrig eingestellt war. Die Verschwendung von Treibstoff, von dem jeder Tropfen immer mühevoller aus den unter Sand begrabenen Fahrzeugen geborgen werden musste, machte ihn krank vor Enttäuschung. Ein Benzinkanister stand auf dem Boden. Er füllte ein wenig Benzin in den Tank, drehte dann die Flamme höher und bemühte sich trotz seines Unmuts, sie sorgfältig zu justieren, damit die Anlage nicht überhitzte. Im Laufe der Jahre waren durch die Verwendung dieses gefährlichen und unberechenbaren Treibstoffs bereits Dutzende von Destillationsanlagen explodiert und deren Besitzer verstümmelt oder getötet worden.

Er untersuchte den Kondensator nach Lecks und hob dann den Deckel des Wasserbehälters an. Darin befand sich anderthalb Zentimeter klaren Wassers. Er füllte es vorsichtig in eine alte Whiskyflasche und führte den Trichter dann an die Lippen, um auch noch die letzten berauschenden Tropfen aufzufangen.

Er ging hinüber zur Hütte und betastete seine Wange, deren struppiger Bart, wie er wusste, die Schrammen darunter nicht verbergen konnte. Die Sonne schien auf die gewölbten Heckplatten des manövrierunfähigen Feuerschiffs, wodurch die Bullaugen so matt und undurchdringlich wirkten wie die Augen eines toten Fischs. Tatsächlich war dieser hilflose Leviathan, außer Sichtweite des Meeres in dieser Konzentration seines zerstörerischsten Elements gestrandet, nicht weniger verrottet als ein Wal nach zehn Jahren. Oft suchte Ransom im Rumpf nach Teilen von Rohrleitungen oder Ventilen, doch der Maschinenraum und die Gangways waren inzwischen nichts weiter als groteske, hängende Gärten aus rostigem Metall.

Unterhalb des Hecks, von der flachen Seite des Ruderblatts vor den zumeist aus Osten kommenden Winden weitgehend geschützt, befand sich Ransoms Behausung. Er hatte sie aus verrosteten Autokarosserien zusammengebaut, die er vom Ufer hergeschleppt und übereinander gestapelt hatte. Das bauchige Gehäuse, von einer gewölbten Motorhaube oder einer Kofferraumtür hie und da zusätzlich ausgebeult, ähnelte dem Rückenpanzer einer krebskranken Schildkröte.

Als Ransom den Hauptraum betrat, dessen Boden mit Holzplanken ausgelegt war, brannte eine einzige Fischöllampe. Sie hing an einem Gestell und schaukelte leicht im Luftzug, der durch die Ritzen zwischen den Autoteilen drang.

In der Mitte des Raums war ein kleiner, mit einem primitiven Rauchabzug versehener Benzinofen. Daneben standen zwei Metallbetten um einen Tisch. Auf einem der Betten lag Judith Ransom, eine geflickte Decke über den Knien. Als sie zu Ransom aufblickte, warf ihre nach innen gewölbte Schläfe einen schrägen Schatten auf ihre durch die Brandverletzung entstellte Gesichtshälfte. Seit dem Unfall hatte sie keinerlei Anstalten mehr gemacht, die Asymmetrie ihres Gesichts zu verbergen und trug ihr grau werdendes Haar nun zum schlichten Knoten zusammengebunden im Nacken.

»Du kommst spät«, sagte sie. »Hast du was gefangen?«

Ransom setzte sich und zog den Gummianzug aus. »Fünf«, sagte er. Er rieb seine schmerzende Wange, und da fiel ihm auf, dass er und Judith nun das gleiche Stigma im Gesicht trugen. »Drei davon sind ziemlich groß – im Meer scheint es reichlich Nahrung zu geben. Einen musste ich allerdings zurücklassen.«

»Um Himmels willen, warum denn?« Judith setzte sich auf, ihr Gesichtszüge entgleisten. »Drei müssen wir Grady abliefern, und du weißt, dass er die kleinen nicht akzeptiert! Also bleiben uns heute nur zwei!« Sie blickte zitternd vor Verzweiflung in der Hütte umher, als hoffe sie, dass wie durch Zauberhand aus jeder der schmuddeligen Ecken ihr ein kleiner Hering erschiene. »Ich verstehe dich nicht, Charles. Dann musst du heute Abend noch einmal hinaus.«

Ransom gab den Versuch auf, seine hüfthohen Stiefel auszuziehen – die wie sein Anzug aus Schläuchen von Autoreifen gefertigt waren –, und legte sich aufs Bett. »Judith, ich kann nicht. Ich bin einfach zu erschöpft.« Ihren einschmeichelnden Tonfall nachahmend, fuhr er fort: »Wir wollen doch nicht, dass ich wieder krank werde, nicht wahr?« Er lächelte ihr aufmunternd zu, drehte aber sein Gesicht von der Lampe weg, damit sie die Striemen nicht sah. »Außerdem gehen sie heute Nacht nicht mehr raus. Sie haben einen riesigen Wasserfang gemacht.«

»Das tun sie doch immer.« Mit fiebriger Hand machte Judith eine abschätzige Handbewegung. Sie hatte sich von Ransoms Erkrankung noch nicht wieder erholt. Ihn zu pflegen und Nahrung für sie beide erbetteln zu müssen, war schlimm genug gewesen, doch geradezu eine Lappalie im Vergleich zu der Angst, die es bedeutete, zwei Wochen lang ohne Ernährer zu sein. »Kannst du nicht aufs Meer hinausfahren und dort fischen? Warum musst du unentwegt Wasser stehlen?«

Ransom ging auf diesen Vorwurf nicht ein. Er hielt seine steifgefrorenen Finger an den Ofen. »Man kommt nicht mehr ans Meer, begreifst du das nicht? Es gibt dort weit und breit nur Salz. Außerdem habe ich kein Netz.«

»Charles, was ist mit deinem Gesicht? Wer hat das getan?«

Ihr entrüsteter Tonfall, in dem jenes eigenwillige Temperament zum Ausdruck kam, das sie vor fünf Jahren veranlasst hatte, die Johnstone-Siedlung aus freien Stücken zu verlassen, weckten Ransoms Lebensgeister für einen Moment wieder. Er klammerte sich an diesen seidenen Faden der Unabhängigkeit und war deshalb über die Verletzung beinah froh, die ihn sichtbar machte.

»Wir sind kurz aneinandergeraten. Dabei hat mich eins der Paddelblätter erwischt.«

»Mein Gott! Und wem gehörte es wohl? Jordan?« Als Ransom nickte, sagte sie mit kalter Verbitterung: »Eines Tages wird sich jemand an ihm rächen.«

»Er hat nur seine Arbeit gemacht.«

»Blödsinn. Er hackt mit Absicht auf dir herum.« Sie musterte Ransom prüfend und rang sich dann ein Lächeln ab: »Armer Charles.«

Ransom zog seine Stiefel bis zu den Knöcheln hinunter, ging um den Ofen herum und setzte sich neben sie auf die Bettkante. Unter dem Schal spürte er die Wärme ihrer fahlen Haut. Mit spröden Fingern massierte sie seine Schulter und strich ihm das graue Haar aus der Stirn. Er legte sich zu ihr unter die Decke, die Hand schlaff auf ihre mageren Schenkel gestützt, und blickte sich in der schäbigen Behausung um. Seit Judith vor fünf Jahren zu ihm gezogen war, hatte sich ihre Lebenssituation stetig verschlechtert, doch dieser allmähliche Niedergang betraf alle, die am Strand hausten. Zwar musste er jetzt für zwei sorgen, da Judith zu ihrem Lebensunterhalt wenig beitrug, doch immerhin wachte sie in seiner Abwesenheit über die kargen Fisch- und Wasservorräte. Überfälle auf die Behausungen von abgeschieden lebenden Außenseitern hatten inzwischen zugenommen.

Aber nicht das hielt sie zusammen, sondern das Bewusstsein, dass sie, ungeachtet aller Beschädigungen, nur miteinander einen fahlen Abglanz ihrer früheren Persönlichkeit am Leben erhalten und sich nur gemeinsam gegen den schrittweisen Schwund von Sinn und Identität stemmen konnten, den die Dünenvorhölle unmerklich förderte. Wie alle Purgatorien war der Strand ein Ort des Wartens, dessen endlose, feuchte Salzwüsten sie bis auf den unmittelbaren, wahren Kern ihres Selbst auszehrten. Wie zarte Lichtflecke glommen diese winzigen Knotenpunkte ihrer Identität im Licht der Vorhölle, der Zone des Nichts, die nur darauf lauerte, dass sie sich auflösten und zerfielen wie sonnengetrocknete Kristalle. In den ersten Jahren, als Judith noch mit Hendry in der Siedlung lebte, war Ransom aufgefallen, wie zänkisch und bösartig sie geworden war und hatte darin ein Zeichen ihres Persönlichkeitsverfalls gesehen. Später, als Hendry Reverend Johnstones rechte Hand wurde, geriet die Verbindung zu Judith für ihn, Hendry, zum Nachteil. Ihre bissige Zunge und unberechenbare Art machten sie für Johnstones Töchter und die anderen Frauen untragbar.

Sie verließ die Siedlung aus eigenem Antrieb. Erst lebte sie mehr schlecht als recht in kargen Behausungen irgendwo zwischen Salzhalden, bis sie eines Tages an Ransoms Hüttentür klopfte. Damals erkannte Ransom, dass Judith tatsächlich eine der wenigen Menschen war, die das Leben am Strand unbeschadet überlebt hatten. Kälte und Salzwasser hatten lediglich den Überbau aus Konvention und Manieren vernichtet. Mochte Judith auch noch so übellaunig und ungeduldig sein, so war sie gleichwohl immer noch sie selbst.

Doch dieses Anhalten der Uhr hatte ihnen nichts gebracht. Der Strand war eine Zone ohne Zeit, in einem endlosen Intervall schwebend, so kraftlos und doch beständig wie die nassen Dünen selbst. Wie oft sah sich Ransom an das Gemälde von Yves Tanguy erinnert, das er auf dem Hausboot zurückgelassen hatte. Seine ausgedorrten Strände, frei von allen Assoziationen und jeglichem Zeitempfinden, wirkte in mancher Hinsicht wie ein fotografisches Porträt der Küstenregion mit ihren Salzwüsten. Doch die Ähnlichkeit täuschte. Die Zeit am Strand war nicht abwesend, sie stand nur still; was neu in ihrem Leben und ihrem Verhältnis zueinander war, konnten sie nur aus den Relikten der Vergangenheit formen, aus den Fehlern und Versäumnissen, die in der Gegenwart fortbestanden wie die Wracks und Schrottgegenstände, aus denen sie ihre Behausungen bauten.

Ransom blickte zu Judith hinab, die in den Ofen starrte. Trotz der fünf gemeinsamen Jahre, der fünf arktischen Winter und heißen Sommer, in denen die Salzdünen wie Kreidefelsen gleißend hell erstrahlten, gab es in seinen Augen wenig Verbindendes zwischen ihnen. Der Erfolg, wenn man ihn denn so nennen konnte, ihres gegenwärtigen Bundes wie auch sein einstiges Scheitern war unpersönlichen Umständen geschuldet, vor allem der Zeitzone, in der sie sich befanden.

Er stand auf. »Ich hole einen der Fische. Wir sollten frühstücken.«

»Können wir uns das leisten?«

»Nein. Aber vielleicht kommt heute Nacht eine Flutwelle.«

Alle drei, vier Jahre wurde die Küste infolge eines fernen Seebebens von einer riesigen Welle überflutet. Die dritte und bisher letzte dieser Wellen war vor etwa zwei Jahren aufgetreten, eine Stunde vor Sonnenaufgang über die Salzebenen hinweggestürmt und bis zum Strand vorgedrungen. Hunderte von Behausungen und Unterkünfte, die zwischen den Salzdünen errichtet worden waren, fielen den Fluten zum Opfer, deren hüfthohe Wogen auch die Wasserreservoirs binnen weniger Sekunden fortrissen. Die Menschen taumelten zwischen herabrutschenden Salzhalden umher und mussten mitansehen, wie alles, was sie besaßen, fortgeschwemmt wurde. Als dann das Wasser die Schiffswracks hell aufschäumend umspülte, erklommen die erschöpften Strandbewohner die Salzberge und harrten dort bis Tagesanbruch aus.

Dann, im ersten Morgenlicht, bot sich ihnen ein märchenhaftes Schauspiel. Die trocknenden Salzflächen waren auf ganzer Länge übersät mit Zehntausenden zappelnder Fische, und in jeder Vertiefung wimmelte es von Krabben und Krebsen. Das Schlachtfest, das dann folgte, begleitet von den gellenden Schreien der Möwen, die zwischen blitzenden Wurfspeeren geschickt hin und her tauchten, hatte die Überlebenden wieder zum Leben erweckt. Drei Wochen lang zogen sie unter Führung von Reverend Johnstone von einem Tümpel zum nächsten und schlugen sich die Bäuche voll wie wilde Tiere bei einer obszönen Eucharistiefeier.

Als Ransom zum Wasserbecken hinüberging, dachte er nicht an dieses Ereignis, sondern an die erste große Welle etwa sechs Monate nach ihrer Ankunft. Die Flut hatte ihnen damals eine reiche Beute an Leichen beschert. Abertausende von Gefallenen, die sie nach den letzten blutigen Strandgefechten ins Meer geworfen hatten, waren zu ihnen zurückgekehrt und starrten sie mit toten Augen und bleichen Gesichtern aus seichten Tümpeln an. Die ausgewaschenen, von Blut und Hass gereinigten Wunden verfolgten sie bis in ihre Träume. In nächtlicher Arbeit verscharrten sie die Leichen in tiefen Gräbern am Fuße der ersten Salzberge. Manchmal wachte Ransom nachts auf und ging in die Dunkelheit hinaus, halb darauf gefasst, dass gebleichte Knochen durch das Salz unter seinen Füßen hervorsprießen.

Erst in letzter Zeit waren die Erinnerungen an die Toten, die Ransom über so viele Jahre verdrängt hatte, mit voller Wucht zurückgekehrt. Als er sein Paddel ergriff und damit einen Hering auf den Sand schleuderte, kam ihm der Gedanke, dass seine Abneigung, sich in der Siedlung niederzulassen, möglicherweise daher rührte, dass er die Fischleiber mit den Körpern der Toten gleichsetzte. So bitter und schmerzhaft die Erinnerung an seine halbherzige Mittäterschaft bei den Massakern auch war, akzeptierte er inzwischen doch, dass er seine abgeschiedene Behausung aufgeben und sich Reverend Johnstones kleiner, feudaler Welt anschließen würde müssen. Immerhin könnte er mittels ihrer institutionellen Relikte und Tabus seine Erinnerungen besser unter Kontrolle bringen, als er es allein vermochte. Als der Fisch in der Pfanne brutzelte, sagt er zu Judith: »Grady zieht bald in die Siedlung.«

»Was? Das glaube ich nicht!« Judith bürstete ihr Haar über die Schläfe. »Der war doch immer ein Einzelgänger. Hat er es dir selbst gesagt?«

»Nicht direkt, aber...«

»Dann bildest du dir das nur ein.« Sie teilte den Fisch in zwei gleich große Portionen, wobei sie das Messer mit der lässigen Geschicklichkeit eines Chirurgen präzise an der Mittellinie entlangführte. »Jonathan Grady ist sein eigener Herr. Er würde diesen verrückten alten Pfaffen und seine närrischen Töchter niemals akzeptieren.«

Ransom kaute auf dem faden weißen Fischfilet herum. »Er hat davon gesprochen, als wir auf die Flut warteten. Es war klar, was er im Sinn hatte – und er ist klug genug, um zu begreifen, dass wir hier draußen nicht mehr lange auf uns alleingestellt ausharren können.«

»Das ist Unsinn. Wir haben es bisher doch auch geschafft.«

»Aber Judith... wir leben wie Tiere. Das Salz ist in Bewegung geraten; jeden Tag treibt es das Meer um einige Meter weiter hinaus.«

»Dann werden wir eben an der Küste weiterziehen. Wenn wir wollen, können wir uns an anderer Stelle hundert Kilometer weiter niederlassen.«

»Inzwischen nicht mehr. Es gibt zu viele Blutfehden und zahllose kleine Gemeinden, die sich ihren eigenen kleinen Meeresabschnitt gesichert und Angst vor Fremden haben.« Er stocherte in den wenigen Fetzen herum, die noch an dem Fischkopf hingen. »Ich glaube, Grady wollte mich warnen.«

»Was soll das heißen?«

»Wenn er sich den Siedlern anschließt, gehört er zu Jordans Team. Er wird sie direkt hierher führen. Irgendwie glaube ich fast, dass er mir damit sagen wollte, wie sehr er sich auf die Gelegenheit freut, endlich Rache nehmen zu können.«

»Für seinen Vater? Aber das ist doch schon so lange her. Es war nur ein tragischer Unfall.«

»Das war es keineswegs. Je länger ich darüber nachdenke, desto mehr bin ich davon überzeugt, dass es nichts weiter war als ein kaltblütig durchgeführtes Experiment, weil ich mir selbst beweisen wollte, wie gleichgültig mir alle anderen bereits geworden waren.« Er zuckte mit den Schultern. »Wenn wir uns den Siedlern anschließen wollen, müssten wir vor Grady dort sein.«

Judith schüttelte den Kopf. »Charles, wenn du dorthin gehst, ist das dein Ende. Das weißt du doch.«

Eine Stunde später, als sie bereits schlief, verließ Ransom ihre Behausung und ging in den kalten Morgen hinaus. Die Sonne stand bereits am Himmel, doch die Dünen waren grau und ohne Leben, und die seichten Tümpel glichen blinden Spiegeln. Entlang der Küste ragten die rostigen Säulen halbversunkener Destillationsanlagen in die Luft, deren Schäfte gestreifte Schatten auf die strahlend weißen Hänge der Salzberge warfen. Die Hügel dahinter leuchteten in den Farben der Wüste, doch wie stets hatte Ransom dafür keinen Blick.

Er wartete noch fünf Minuten, um sich zu vergewissern, dass Judith nicht aufwachte, nahm dann sein Paddel und begann, das Wasser aus dem Becken neben dem Schiff zu schöpfen. Mit der Breitseite des Paddels herausgeschwemmt, sammelte es sich in einem Tümpel von etwa sechs Metern Breite, etwas größer als jener, den er am Morgen nach Hause gebracht hatte.

Er trieb das Wasser vor sich her über die Dünen und machte sich dabei das leichte Gefälle zunutze, das vom Strand nach Osten führte. Unterwegs behielt er stets den Küstenstrich im Auge. Niemand würde versuchen, ihm eine so kleine Wassermenge zu rauben, doch sein Aufbruch könnte einen umherstreifenden Strandräuber dazu verleiten, in die Behausung einzubrechen. Hie und da sah man Fußspuren auf der festeren Salzkruste, doch ansonsten waren die Dünen unberührt. Anderthalb Kilometer weiter, in Richtung Meer, saß ein Möwenschwarm auf den Salzbänken, aber bis auf das Rinnsal, das hurtig zu Ransoms Füßen dahinfloß, regte sich nichts zwischen Himmel und Erde.

28

In der Siedlung

Wie eine Eidechse mit gebrochenem Rückrat schlängelte sich das zerborstene Förderband über die Dünen hinaus zum unsichtbaren Meer. Unterwegs änderte Ransom die Richtung und nahm den Weg über das langgestreckte Plateau mit den seichten Gewässern, das im Osten entlang der Küste verlief. Er schritt zwischen Anhöhen hindurch und ging die lang abfallenden Hänge hinab, durch deren Gefälle das Rinnsal aus eigener Kraft floss. Mit diesem Zickzackkurs tarnte er zugleich seinen ursprünglichen Ausgangspunkt. Ungefähr einen Kilometer weiter, als er unter einem zweiten Förderband hindurchging, sah er hoch oben auf einem der Gerüste einen stämmigen, bärtigen Mann in einer Felljacke, der ihn nicht aus den Augen ließ, während er einen Speer aus Walknochen schärfte. Ransom beachtete ihn nicht weiter und setzte seinen Weg fort.

Ein Halbkreis aufgelassener Frachter ragte in der Ferne aus der Salzwüste auf. Um sie herum ein Gewirr von Verschlägen und Nebengebäuden, nicht anders als die Behausungen, die man einst außerhalb der Schutzmauern einer mittelalterlichen Feste errichtete. Manche waren wie Ransom eigener Unterschlupf aus den Karosserien alter Autowracks gefertigt, die man am Strand geborgen hatte, andere jedoch waren solide gezimmerte Hütten aus Holz und Metall, ausgestattet mit Türen und Glasfenstern und durch Niedergänge aus Zinkblech miteinander verbunden. Grauer Rauch stieg aus den Schornsteinen auf und vermittelte einen Eindruck von Wärme und Behaglichkeit. Zehn große Destillationsanlagen auf dem Küstenvorland schickten ihren Dampf hinüber zu den fernen Bergen.

Die Siedlung war mit Stacheldraht umzäunt. Als Ransom auf das Westtor zuging, sah er die großen offenen Flächen der Wasserspeicher und Zuchtteiche. Jede davon war etwa zweihundert Meter lang und mit Sand und Kieselsteinen ummauert. In einem der Wasserspeicher arbeitete schweigend und gesenkten Hauptes eine Gruppe von Männern im kalten Sonnenlicht, vom Rand aus bewacht von einem Aufseher, der einen Stock in der Hand hielt. Etwa dreihundert Menschen lebten in der Siedlung, doch im Zentrum des Lagers war niemand zu sehen. Wie Ransom von früheren Besuchen wusste, war Arbeit die einzige Aktivität in der Siedlung.

Ransom lenkte seinen Wasservorrat hinüber zum Tor, um dessen Wachturm sich einige Hütten scharten. Zwei Frauen saßen auf einer Türschwelle und wiegten ein blutarmes Kind. Im Umkreis der Siedlung waren mancherorts einige vom Basislager abgespaltene Untergemeinschaften entstanden, die entweder zu den ursprünglichen Bewohnern des Geländes gehörten, oder zu faul oder zu unzuverlässig waren, um sich dem puritanischen Gemeinschaftsleben anzupassen. Doch alle verfügten über besondere Fähigkeiten, mit denen sie sich ihren Platz erkauften.

Bullen, der Torwächter, der von seinem Schilderhaus unter dem Wachturm Ransom längst erspäht hatte, stellte Paddel für die Wasserfallensteller her. Auf langen Gestellen trockneten die schmalen, aus Walknochen und Draht gefertigten Blätter im Sonnenlicht neben den Hütten. Als Gegenleistung hatte man Bullen das Wegerecht am Einlass übertragen. Der hochgewachsene, bucklige Mann mit dem gelblichen Gesicht musterte Ransom misstrauisch, dann ging er langsam über die unterhalb des Turms befindlichen Wassergräben auf ihn zu.

»Na, auch mal wieder da?«, sagte er. Obwohl Ransom die Siedlung nur gelegentlich aufsuchte, schien er seine Besuche seltsamerweise zu fürchten – ein Symptom für die komplette Abschottung der

Siedler von der Außenwelt. Er zeigte mit einem Paddel auf Ransoms Wasserrinnsal. »Was haben Sie da?«

»Ich möchte zu Captain Hendry«, sagte Ransom.

Bullen gab das Tor frei. Als Ransom das Rinnsal durchs Tor treiben wollte, hielt Bullen es mit seinem Paddel zurück. Widerstrebend schaufelte Ransom mit dem Paddelblatt ein wenig Wasser in das Becken am Turm. Normalerweise hätte Bullen wenigstens ein paar kleine Heringe als Obulus erwartet, doch nach einem kurzen Blick auf Ransoms Erscheinung schien er zu akzeptieren, dass er nicht viel mehr als diese wenigen Liter Wasser besaß.

Als sich das Tor hinter ihm schloss, eilte Ransom direkt zum Hauptplatz. Der größte der Frachter, dessen Bug unter dem Salz begraben war, bildete das Zentrum der Siedlung. Ein Teil der landeinwärts weisenden Steuerbordseite war demontiert und auf den Decks eine Reihe von zwei- und dreistöckigen Behausungen errichtet worden. Ein großes Kreuz aus Fischbein krönte das hoch aufragende Achterdeck. Hier befand sich das Gotteshaus der Siedlung. Die Bullaugen und Fenster hatten heimische Kunsthandwerker durch grobschlächtige Glasmalereien mit biblischen Szenen ersetzt, die Christus und seine Jünger, umringt von springenden Haien und Seepferdchen, darstellten.

Es war unverkennbar, dass das Meer und seine Geschöpfe das Leben in der Siedlung prägten. Vor jeder Hütte trockneten Dutzende kleiner Fische auf provisorischen Tischen oder hingen von Rinnen herab. Größere Fische, Zackenbarsche und Haie, die sich ins seichte Wasser verirrt hatten, baumelten an der Reling der aufgelassenen Frachter, während ein riesiger Schwertfisch, der stolzeste Fang der Siedlung und Reverend Johnstones bevorzugtes Symbol als Ausdruck ihrer militanten Gesinnung, mit himmelwärts gerecktem Säbel unter dem Kreuz am Mast aus Fischbein hing.

Auf der seewärtigen Schiffsseite arbeitete ein zweites Team Männer in gebückter Haltung im kalten Wasser eines Tanks, um essbaren Seetang zu ernten. In Gummischläuche eingehüllt sahen sie aus wie urzeitliche Taucher, die mit behelfsmäßiger Schutzbekleidung experimentierten. Genau unterhalb der Gangway des Frachters hatte man in den Salzdünen ein halbes Dutzend Rundbecken ausgeschachtet, provisorische Vorratstanks für all jene, die mit ihrem Wasser die Küste hinauf- und hinunterzogen. Ransom lotste sein Rinnsal in den zweiten Tank, neben den eines auswärtigen Fischers, der einem Vorarbeiter gerade seine Waren zum Kauf anbot. Die beiden Männer feilschten miteinander und stiegen sogar ins Wasser, um die Größe der Schollen und Seezungen zu prüfen.

Ransom steckte sein Paddel in den Sand neben seinem Becken. Einen Teil des Wassers hatte er unterwegs verloren, und so war kaum noch genug übrig, um den Boden zu bedecken.

Er rief dem Wachtposten auf der Brücke zu: »Ist Captain Hendry an Bord? Sagen Sie ihm, Ransom will ihn sprechen.«

Der Mann stieg durch den Niedergang hinab zum Deck und winkte Ransom, ihm zu folgen. Sie gingen an Bullaugen vorbei, die mit Brettern verbarrikadiert waren. Der Rumpf, seit zehn Jahren ohne Anstrich, wurde fast nur von Rost zusammengehalten. An den Decks und Stahlstreben sah man noch die Spuren der Granateinschläge des einst mit Frischwasser und Vorräten beladenen Frachters, der, von Aufständischen aus einem Hinterhalt in Strandnähe gestürmt und von einem Zerstörer, der jetzt hundert Meter weiter zerschellt in den Dünen lag, beschossen worden war. Durch einen der wie ein einsames, gezacktes Blumengebilde im Oberdeck klaffenden Risse erblickte Ransom ein altes Chorhemd, das in der Sonne trocknete.

»Warten Sie hier. Ich gehe zum Captain.«

Ransom beugte sich über die Reling und sah in den Innenhof hinab. Eine alte Frau mit schwarzem Schultertuch hackte Brennholz mit einer Axt, eine andere glättete Seetang, der auf einem Gestell in der Sonne zum Trocknen auslag. Die Atmosphäre in der Siedlung war so düster und freudlos wie in einer der frühen Pilgergemeinschaften, die in einer unwirtlichen Gegend am Rande eines nördlichen Kontinents durch grimmige Umstände zusammengehalten wird. Das lag zum Teil an den Schuldgefühlen, die die Überlebenden noch immer verspürten, heimgesucht von den Geistern der Abertausenden von Toten, die an den Stränden ermordet oder scharenweise zum Sterben hinaus ins Meer getrieben worden waren und als Schattenwesen weiterhin über den Salzdünen zu schweben schienen. Doch es spiegelte auch den allmählichen Zerfall des Lebens, den unaufhaltsamen Abbau und Verlust der Vielfalt und Bewegung, die einst ihr Leben prägten und nun in den unfruchtbaren Dünen versanken. Dieses Bewusstsein der schwindenden Möglichkeiten, der Erosion von Zeit und Raum jenseits des stumpfen Sands und der sich stetig ausbreitenden Trockengebiete, lähmte Ransoms Verstand.

»Der Captain läßt bitten.«

Ransom folgte dem Mann ins Innere des Schiffes. Die nautische Terminologie – es gab einst ein Dutzend Captains, darunter Hendry, Jordan und Reverend Johnstone, von Amts wegen eine Art Konteradmiral – war ein Relikt aus den ersten Jahren, als die Kernbesatzung der ursprünglichen Siedler auf dem Schiff lebte. Der Frachter lag nach wie vor an der Stelle, an der er einst, hilflos den Wogen ausgeliefert, im seichten Wasser gestrandet war, bis die von den Destillationsanlagen produzierten Salzhalden das Meerwasser weit zurückdrängte. Damals hausten Tausende von Emigranten in Autos und Bretterverschlägen an den Stränden, wo die von Bürgergenossenschaften betriebenen Destillationsanlagen, die sie nach den Entscheidungsschlachten vom Militär übernommen hatten, täglich tonnenweise Salz erzeugten. Es dauerte nicht lange, und der große Frachter erstickte förmlich im Salz.

»Nun, was führt dich zu mir?« Hendry saß an seinem Schreibtisch in der Zahlmeisterkabine und blickte auf, als Ransom eintrat. Mit einer Handbewegung bat er Ransom, auf einem Stuhl Platz zu nehmen, während er die Eintragungen in einem ledergebundenen Logbuch überprüfte, das ihm als Tagebuch und Kassenbuch zugleich diente. Hendry hatte in den vergangenen Jahren jede Spur seines einst stillen Humors verloren, geblieben war das Gebaren eines pflichtbewussten Polizisten. Er war zwar mürrisch, aber effizient, einzig darauf bedacht, der Siedlung das Überlebensminimum zu sichern und daher außerstande, überhaupt noch über diesen engen Horizont hinauszublicken. Für Ransom war er die Verkörperung aller Gefahren und Beschränkungen ihrer Vorhölle.

»Judith lässt dich grüßen, Captain«, hub Ransom mit aufgesetzter Munterkeit an. »Wie geht's dem Baby?«

Hendry wedelte mit dem Schreibstift. »Gut, den Umständen entsprechend.«

»Möchtest du Wasser für dein Kind? Ich habe welches dabei. Eigentlich wollte ich es der Siedlung schenken, doch dir und Julia würde ich gern den Vortritt überlassen.«

Hendry musterte Ransom argwöhnisch, als habe er diesen unfähigen, harmlosen Außenseiter in Verdacht, möglicherweise auf eine himmlische Quelle gestoßen zu sein. »Was ist denn das für Wasser? Ich wusste gar nicht, dass du so viel davon hast, dass du es sogar verschenken kannst.«

»Es gehört mir nicht«, sagte Ransom mit lammfrommer Miene. »Die Wilderer waren letzte Nacht wieder unterwegs und haben Jordans Fang gestohlen, als das Wasser kam. Heute Morgen habe ich den Tümpel in der Nähe des Kanals gefunden.«

Hendry erhob sich. »Schauen wir es uns an.« Er ging voran auf das Deck. »Wo ist es? Ist es etwa *das* da unten?« Kopfschüttelnd machte er sich auf den Weg zurück in seine Kabine. »Doktor, was soll das?«

Ransom holte ihn ein. »Judith und ich haben ernsthaft überlegt, Captain…, es war egoistisch von uns, allein zu leben, doch jetzt sind wir bereit, uns der Siedlung anzuschließen. Du wirst bald alle Hilfe brauchen, die du kriegen kannst, um Meerwasser zu erbeuten.«

Hendry zögerte, brachte Ransoms Bitte ihn doch in Verlegenheit. »Wir haben genug Wasser.«

»Vielleicht jetzt noch, aber nicht in ein oder zwei Jahren – wir müssen vorausschauend denken.«

Hendry nickte stumm. »Das ist ein guter Rat.« Er drehte sich in der Kabinentür um. Einen Moment lang glomm in seinen Augen der schwache Widerschein des alten Hendry auf. »Danke für die Wasserofferte. Doch in der Siedlung, Charles, würde es dir nicht gefallen. Die Leute haben zu viel durchgemacht. Wenn du herkämst, würden sie es dich spüren lassen.«

Nachdenklich tätschelte er den Kadaver eines kleinen Hais, der vor der Kabine in der Sonne hing. Das verschrumpelte weiße Gesicht starrte Ransom aus blinden Augen an.

29

Der gestrandete Neptun

Ransom lehnte an der Reling und rang um Fassung. So sehr er sich dafür verachtete, dass er seine Aufnahme in der Siedlung mit Schmeicheleien zu erreichen suchte, wusste er doch auch, dass es keine andere Möglichkeit gab. Aber auch diese Appelle an frühere Gefühle fruchteten nicht. Hendrys prompte Ablehnung konnte nur bedeuten, dass er aufgrund einer von den anderen Captains längst getroffenen Entscheidung handelte.

Doch die Kraft seiner inneren Überzeugung hielt ihn aufrecht. Flüchtige Sonnenstrahlen wärmten sein Gesicht, und er blickte nahezu erleichtert auf die tristen Behausungen hinab, froh, nicht den Rest seiner Tage dort verbringen zu müssen. Irgendwo und irgendwie würde er mit Gottes Hilfe einen Ausweg aus seinem derzeitigen Purgatorium finden. Dieses vage Gefühl hatte ihn seit ihrer Ankunft am Strand begleitet, so als hätte er nie so recht an die Realität des Meeres zu glauben vermocht. In Zeiten der Dürre sollte Wasser nicht als Maß aller Dinge dienen. Das hatten die letzten zehn Jahre an der Küste bis zum Überdruss bewiesen.

Der Wachtposten stand an der Gangway und sah, dass Ransom ungehalten auf die Reling trommelte. Ransom ging zu ihm hinüber. »Wo ist Captain Jordan? Ist er da?«

Der Mann schüttelte den Kopf. »Er ist drüben bei den Klippen. Er kommt erst am Nachmittag zurück.«

Ransom drehte sich um, blickte hinüber zu den fernen Bergen und überlegte, ob er auf Jordan warten sollte, der einzige Mensch, der jetzt noch Einfluss auf seine Aufnahme in der Siedlung nehmen konnte. Fast jeden Nachmittag ging Jordan hinauf in die Berge oberhalb des Strands und verschwand zwischen den in Schluchten eingebetteten Sanddünen. Ransom vermutete, dass er dort das Grab seines Ziehvaters, Mr. Jordan, besuchte. Der alte *Negro* war nur wenige Tage nach ihrer Ankunft am Strand gestorben, und Philip hatte ihn irgendwo dort zwischen den Dünen begraben.

Als er an dem Wachtposten vorüberging, sagte der Mann leise: »Miss Vanessa möchte Sie sehen.«

Ransom nickte ihm zu, ließ seinen Blick über den verlassenen Schiffsrumpf schweifen und begab sich dann zur Backbordseite. Bis auf die Schritte des Wachtpostens, die leise auf den Metallschienen der Brücke klapperten, war es auf dieser Seite des Schiffes still.

Ransom ging das leere Deck entlang. Ein rostiger Niedergang führte zum oberen Bootsdeck. Die meisten Rettungsboote waren bei der Bombardierung zerstört worden, doch die nebeneinanderliegenden Offizierskajüten noch weitgehend intakt. In einer dieser kleinen Kabinen hinter der Brücke hauste Vanessa Johnstone.

Als Ransom den Niedergang erreichte, blieb er stehen, um durch eine defekte Lüftungsklappe einen Blick nach unten zu werfen. Unmittelbar darunter befand sich das Mittelschiff. Dieser lange, hohe Raum war entstanden, nachdem der Fussboden, der den Passagiersalon vom darunter liegenden Speisesaal trennte, durchgerostet war. Jetzt war er Reverend Johnstones Sakristei und Thronsaal.

Einige Ölfunzeln, die in Halterungen an der Wand steckten, warfen ein flackerndes, unterseeisches Licht an die Decke. Die Schatten der zerklüfteten Deckenbalken tanzten wie schartige Speere auf und ab. Der Boden war mit getrockneten Seetangmatten ausgelegt, um die Kälte abzuhalten. In der Mitte, fast genau unterhalb von Ransom, saß Reverend Johnstone in einem Lehnsessel, der einmal im Bugbereich seiner alten Motorbarkasse verankert war, jenem Schiff, von dem aus Johnstone seinen ersten Angriff auf den Frachter eröffnet hatte. Die muschelförmige Schale mit ihrem weiß gestreiften Holzgerippe war auf einem Podest der einstigen Bühne montiert. Neben ihm, auf dem Boden, saßen seine Töchter Julia und Frances mit zwei oder drei anderen Frauen, die Schultertücher trugen und sich flüsternd unterhielten, während sie ein anämisches Baby in den Schlaf wiegten, das in zerlumpte Spitzen gehüllt war.

Als Ransom auf die beiden Töchter hinabblickte, mochte er nicht glauben, dass seit ihrer Ankunft am Strand erst zehn Jahre vergangen waren. Ihre Gesichter waren durch die einseitige Ernährung aus Heringen und Fischtran aufgedunsen, und sie hatten die breiten Backenknochen und Mondgesichter von Eskimofrauen. Neben ihrem Vater sitzend, die Schultertücher über den Kopf gezogen, erinnerten sie Ransom an zwei wohlbeleibte, wachsame Madonnen. Aus irgendeinem Grund war er fest davon überzeugt, dass er diesen beiden Frauen seinen Ausschluss aus der Siedlung zu verdanken hatte. Möglicherweise war er ihnen, den Verfechterinnen des Status quo, den Hüterinnen und Erzengeln der toten Zeit, ein Dorn im Auge, weil er es geschafft hatte, sich vor den Dünen und Salzwüsten zu schützen.

Auf jeden Fall konnte ihr seniler Vater, Reverend Johnstone, nunmehr als Einfluss ausgeschlossen werden. Wie ein gestrandeter Neptun saß er sabbernd und zitternd auf seinem Thron aus Decken im Schiffsbauch dieses weitab vom Meer im Salz begrabenen Wracks und umklammerte die Hände seiner Töchter. Er war während des Bombardements verletzt worden, und die rechte Gesichtshälfte war rosa und unbehaart. Der graue Bart, der auf seiner linken Wange spross, verlieh ihm das Aussehen eines dem Wahnsinn anheimgefallenen Lear, der die Macht zurückverlangt, die er einst seinen Töchtern anvertraute. Doch anders als Lear wusste Johnstone nicht mehr, worin diese Macht bestand. Sein Kopf zuckte hin und her, und Ransom vermutete, dass er seit zwei oder drei Jahren nahezu blind war. Die beschränkte Welt der Siedlung wurde durch sein eigenes eingeschränktes Sichtfeld noch weiter eingegrenzt und versank zusehends in einem von seinen beiden Töchtern beherrschten starren Matriarchat.

Falls es für Ransom noch so etwas wie einen Ausweg gab, dann konnte er nur von der dritten Tochter kommen. Auf dem verlassenen Bootsdeck des Frachters angekommen, hatte Ransom das Gefühl, mit dem Aufstieg zugleich auch der tristen Welt der Siedlung da unten entronnen zu sein.

»Charles!« Vanessa Johnstone lag in der kalten Kajüte in ihrer Koje und sah durch die offene Tür den Möwen auf der Reling zu. Das schwarze Haar fiel ihr wie eine einzige Lockensträhne herab auf die blasse Brust. Ihr glattes Gesicht war so makellos wie einst, als sie in Hamilton am Fenster ihrer Dachkammer saß. Ransom schloss die Tür, nahm auf der Koje neben ihr Platz und ergriff ihre Hand. Sie hielt sie fest umklammert und sagte mit wehmütigem Lächeln: »Charles, wie ich mich freue…«

»Ich war bei Hendry, Vanessa.« Sie umfasste seine Schultern mit ihren kalten Händen. Ihr Blut schien immer kühl zu sein, doch es pulsierte wie Quecksilber und strömte so flink dahin wie die Fische, die er im Morgengrauen gejagt hatte. Die kalte Luft in der Kajüte und ihre weiße Haut, die wie gewaschene Muscheln am Strand im winterlichen Sonnenlicht schimmerte, weckten seine Lebensgeister.

»Hendry – warum?«

»Ich…« Ransom zögerte. Er hatte Vanessa in den letzten Jahren in Abständen immer wieder besucht, als ihre Krankheit erneut auszubrechen drohte, schreckte aber davor zurück, sich ihr ganz und gar anzuvertrauen. Wenn sie ihm Zugang zur Siedlung verschaffte, wäre er für immer an Vanessa gebunden. »Ich möchte Judith herbringen und mich in der Siedlung niederlassen. Hendry war nicht allzu begeistert von der Idee.«

»Aber Charles…« Vanessa schüttelte den Kopf und streichelte seine Wange. »Ihr könnt nicht herkommen. Das ist ausgeschlossen.«

»Warum?« Ransom, von ihrer Antwort überrascht, packte sie am Handgelenk. »Ihr sagt beide das gleiche. Doch es ist jetzt eine Frage des Überlebens. Das Meer hat sich so weit zurückgezogen…«

»Das Meer! Vergiss das Meer!« Vanessa sah Ransom finster an. »Wenn du hierher kämst, Charles, wäre das dein Ende. Du müsstest tagein, tagaus Salz aus den Kesseln harken.«

Eine halbe Stunde später, als er neben ihr in der Koje lag und die kühle Seeluft durch das Bullauge über ihn hinwegwehte, fragte er: »Was bleibt uns denn noch, Vanessa?«

Er wartete, während sie sich in das weiße Kissen zurücklehnte und die kalte Luft in der Kajüte ihre schwarzen Lockenpracht umspielte. »Weißt du's, Vanessa?«

Sie blickte zu den Möwen auf, die hoch über dem Wrack kreisten und sich auf den am Mast hängenden Kadaver des großen Schwertfischs herabstürzten.

30

Im Zeichen des Krebses

Hoch über den Dünen, im Turm des Feuerschiffs, sah Ransom, wie Philip Jordan zwischen den Salzbergen am Strand entlangging. Seine hochgewachsene Gestalt, die sich deutlich vor dem Hintergrund der weißen Berge abzeichnete, war gekrümmt und wirkte gedankenverloren, als er sich ruhigen Schrittes seinen Weg auf dem steinigen Pfad bahnte. Mit einem Stoffbeutel in der Hand erklomm er einen der Hügel und kletterte dann auf den Sandhängen hoch, die von den bergigen Schluchten bis zu den Hügeln hinabreichten.

Durch die gesprungenen Scheiben der Glaskuppel vom Wind geschützt, genoss Ransom einen Moment lang das Spiel des Sonnenlichts auf den Sanddünen und verwitterten Felswänden. Die küstennahen Berge markierten nunmehr den Rand der Wüste, die sich in einem Plateau über den ganzen Kontinent erstreckte, ein Ödland aus Staub und zerstörten Städten, doch gab es hier immerhin mehr Farbe und Abwechslung als in der tristen Welt der Salzebenen. Am Morgen schienen die Quarzadern im Sonnenlicht zu schmelzen und sich wie flüssige Ströme über die Felswände zu ergießen, während der Sand tief unten in den Schluchten sie in gefrorene Springbrunnen verwandelte. Am Nachmittag wurden die Farben wieder weicher und die Schatten wanderten über hunderte Höhlen und Salzgrotten, bis das Abendlicht hinter den Klippen im Westen die gesamte Küste wie mit einem riesigen rubinroten Scheinwerfer erhellte und durch die Öffnungen der Höhlen leuchtete, als käme es von einem unterirdischen Feuer.

Als Philip Jordan außer Sichtweite war, stieg Ransom die Treppe hinunter und betrat das Deck des Feuerschiffs. Jenseits der Reling zog ein einziger Hering im Becken seine Bahn – Grady war gekommen und hatte seinen Anteil eingefordert, als Ransom in der Siedlung war –, und die Aussicht auf das triste Mahl, das der kleine Fisch verhieß, trieb Ransom fort. Judith schlief, erschöpft von dem Streit mit Grady. Unter ihm senkte sich das Deck zu den Salzdünen, die sich über den Strand schoben. Ransom stieg über die Reling und ging, die seichten, windgefurchten Salztümpel meidend, hinunter zum Strand.

Der Boden unter seinen Füßen wurde fester. Er kletterte bis hinauf zu den Spitzen der Salzdünen, die sich wie weiße Pyramiden vor den Bergen abhoben. Die Überreste einer großen Destillationsanlage, deren korrodierte Ventilsteuerung den rostigen Schacht verzierte, ragten aus dem Abhang hervor. Ransom stieg vorsichtig über das braune Dach einer Wellblechhütte, brach dabei mit den Füßen durch das poröse Metall und kletterte dann weiter, vorbei an einem Haufen ausgedienter, halb unter Salz begrabener Autokarossen. Oben angekommen, suchte er den Boden nach Philip Jordans Fußspuren ab, doch auf dem trockenen Salz gab es Dutzende von Spuren, die von den Schlitten der Steinbrucharbeiter stammten.

Jenseits der Salzkämme erstreckte sich offenes Land, das einst zum Küstenstreifen gehörte. Die ursprünglichen Dünen waren unter dem Salz begraben, das Stürme vom Strand hergetragen hatten oder durch Sand- und Staubverwehungen von den Bergen herabgeweht wurde. Aus dem grauen Sandboden, auf dem einige Grasbüschel unsicheren Halt fanden, ragten halb im Verborgenen zahlreiche Eisen- und Blechteile hervor. Irgendwo unter Ransoms Füßen lagen die Wracks von abertausenden Autos und Lkws. Vereinzelt ragten Motorhauben und Windschutzscheiben im Sand auf, und meterweit reckten sich Teile von Stacheldrahtumzäunungen in die Höhe. Hie und da sah man Reste von Dachbalken, die darauf schließen ließen, dass hier einmal ein Strandhaus gestanden haben musste.

Etwa vierhundert Meter zu seiner Rechten befand sich die nunmehr trockene Flussmündung, die ihn vor zehn Jahren erstmals zur

Küste gebracht hatte. Die Uferböschungen waren zum Teil vom Abraum des Steinbruchs zugeschüttet und unter abertausenden Tonnen von Sand und Geröll begraben, die von den angrenzenden Bergen in das leere Flussbett gestürzt waren. Ransom ging am Rand des Steinbruchs entlang und bahnte sich vorsichtig einen Weg durch die aus alten Fahrgestellen und entsorgten Stoßstangen bestehende Wüstenei.

Der Eingang zum Steinbruch fiel zu seiner Linken ab, die Rampe führte hinunter zum früheren Strand. Dort lagen eingebettet im Kieselsand die halb ausgegrabenen Karosserien von etwa einem Dutzend Autos und Wohnwagen, die aussahen wie gut erhaltene Panzersaurier-Fossilien. Hier, im Steinbruch, legten die Männer der Siedlung die Autowracks frei und durchsuchten sie nach Reifen, Sitzen und Kleidungsstücken.

Hinter dem Steinbruch befand sich zwischen den Dünen eine kleine Talsenke, aus der das verblichene, goldfarbene Dach eines alten Jahrmarktkarussells aufragte. Die gestreifte Holzbedachung hing schief über den stummen Karussellpferden, die festgefroren wie Einhörner auf spiralförmigen Gestellen saßen. Daneben stand eine weitere Bude, an deren verzierter Traufe eine Wäscheleine aufgespannt war. Ransom folgte einem der angelegten Pfade, die durch die Dünen in dieses kleine Tal führten. Hier lebte Mrs. Quilter, abgeschnitten vom Meer und der Küste, aufgesucht von Steinbrucharbeitern und den Frauen der Siedlung, denen sie sich als Wahrsagerin und Medium für harmlose spiritistische Sitzungen anbot. Auch wenn Reverend Johnstone und seine Captains diese Besuche in den Dünen missbilligten, erfüllten sie gleichwohl einen nützlichen Zweck, brachten sie doch in dem ereignislosen Leben der Menschen, so glaubte Ransom, jene Zufallsvariablen ins Spiel, ein Bewusstsein für Zufall und Zeit, ohne das sie alsbald jedes Selbstwertgefühl verlören.

Als er das Tal erreichte, saß Mrs. Quilter vor ihrer Behausung und flickte ein Schultertuch. Als sie Schritte hörte, legte sie ihr Nähzeug beiseite, schloss die untere Hälfte der gestrichenen Tür und sperrte sie sogleich wieder auf, als sie Ransom erkannte. Sie war während der zehn Jahre in den Dünen kaum gealtert. Allein ihr spitzes Gesicht war etwas weicher geworden, so dass sie nun aussah wie eine wunderliche, liebenswerte Eule. Ihr kleiner Körper war in allerlei bunte Stoffe gehüllt, zusammengenäht aus Resten, die die Steinbrucharbeiter gerettet hatten – Vierecke von karierten Wolldecken, schwarzem Samt und verblichenem Kord, gerüscht mit Damastbordüren.

Vor der Tür stand ein großer Krug mit Fischöl. Ein Dutzend Heringe, der Ertrag ihres jüngsten Tauschgeschäfts, trocknete in der Sonne. Muscheln und Schneckengehäuse zierten in Form von Pentagrammen und Halbmonden die umliegenden Hänge.

Catherine Austen wollte gerade den Sand von den Muscheln entfernen, als Ransom auf einmal vor ihr stand. Sie blickte auf und begrüßte ihn mit einem Nicken. Obwohl im Tal die Sonne schien, hatte sie den Lederkragen ihrer mit Fleece gefütterten Jacke hochgeschlagen, hinter dem sie ihr zerfurchtes Gesicht verbarg. Ihr selbstvergessener Blick erinnerte Ransom an die ersten harten Jahre, die sie mit der alten Frau zwischen Autowracks hausend verbracht hatte. Dass ihre derzeitige Beziehung funktionierte – beide hatten das gleiche ausgeblichene rote Haar, das sie wie Mutter und Tochter aussehen ließ –, beruhte auf der absoluten Abhängigkeit voneinander und der rigorosen Ausgrenzung Dritter.

Auf dem Sandhang hatte Catherine die Umrisse von Tierkreiszeichen wie Krebs, Widder und Skorpion in punktierten Linien skizziert.

»Das sieht sehr professionell aus«, bemerkte Ransom. »Wie steht's denn mit meinem Tageshoroskop?«

»Wann wurden Sie geboren? In welchem Monat?«

»Cathy!« Mrs. Quilter drohte Ransom von der Bude aus mit der Faust. »Das kostet einen Hering, Doktor. Wir haben nichts zu verschenken, Liebes.«

Catherine nickte der alten Frau zu und wandte sich dann mit leichtem Lächeln an Ransom. Ihr kräftiges, dunkel gebräuntes Gesicht war wettergegerbt. »In welchem Monat? Haben Sie ihn etwa vergessen?«

»Anfang Juni«, sagte Ransom. »Wassermann?«

»Krebs«, korrigierte Catherine. »Im Zeichen des Krebses, Doktor, im Zeichen der Wüste. Hätte ich das doch nur früher gewusst.«

»Schon gut«, sagte Ransom. Sie gingen an dem Karussell vorbei. Er hob die Hand und strich einem der Pferde leicht über die Augen. »Wüste? Ja, gut, damit kann ich leben.«

»Doch welcher Wüste, Doktor? Das ist die Frage.«

Ransom zuckte mit den Schultern. »Spielt das noch eine Rolle? Mir scheint, als hätten wir die Gabe, alles, was wir anfassen, in Sand und Staub zu verwandeln. Wir berieseln sogar das Meer mit seinem eigenen Salz.«

»So pessimistisch, Doktor? Hoffentlich erstellen Sie Ihren Patienten bessere Prognosen.«

Ransom blickte hinab in ihre klugen Augen. Sie wusste sehr wohl, dass er keine Patienten mehr hatte. In den ersten Jahren am Strand hatte er Hunderte von Kranken und Verwundeten versorgt, doch fast alle waren an Entkräftung und Unterernährung gestorben. Inzwischen galt er bei den Siedlern als Paria, glaubten sie doch, dass, wer einen Arzt braucht, bald sterben werde.

»Ich habe keine Patienten«, sagte er leise. »Die Leute wollen sich von mir nicht mehr behandeln lassen. Eure Beruhigungsmittel sind ihnen offenbar lieber.« Er blickte hinauf zu den Bergen. »Für einen Arzt gibt es keine größere Niederlage. Haben Sie Philip Jordan gesehen? Vor etwa einer halben Stunde?«

»Er ist hier vorbeigekommen. Ich weiß aber nicht, wohin er wollte.«

Sie folgte ihm einige Schritte, als er den Weg einschlug, der zum Tal hinausführte, fast so, als wolle sie ihn begleiten. Dann machte sie kehrt und ging zurück zu Mrs. Quilter.

Eine halbe Stunde lang kletterte Ransom die Dünen hinauf und wanderte dann am Fuße der Klippen umher. Dort befanden sich alte Höhlen, deren Eingänge mit Glasfenstern und Blechtüren versehen waren, doch seit Jahren waren sie unbewohnt. Der Sand speicherte einen Teil der Sonnenwärme, und so legte sich Ransom für zehn Minuten hin und spielte mit den Papierfetzen, die sich an der Oberfläche verfangen hatten. Hinter ihm bildeten die Hänge ein sanft ansteigendes Kliff, das sich dreißig Meter über den Dünen erhob, nicht weit vom Kap entfernt, das die umliegenden Bergen überragte. Ransom kletterte an der Flanke hoch, weil er hoffte, von hier aus Philip Jordan zu sehen, sobald er zur Siedlung zurückkehrte.

Am Kliff angekommen, ließ er sich nieder und suchte mit den Augen den Strand tief unten ab. Bis zum Horizont erstreckten sich die endlosen Salzwüsten, die sich zum Meer hin wellenförmig ausbreiteten. Wie in einem kleinen Hafen scharten sich in der Siedlung die gestrandeten Frachtschiffe im Halbkreis umeinander. Doch Ransom beachtete sie nicht, sondern blickte zum Flussbett hinaus. Das einstige Mündungsgebiet war auf einer Länge von über achthundert Meter unter Dünen und Geröll begraben. Dann allmählich lichtete sich die Oberfläche und bildete eine weiße Ebene voller Steine und Felsbrocken, auf der der Wind den Staub zwischen den Grasbüscheln aufwirbelte.

Als Ransom mit den Augen dem Küstenverlauf folgte, entdeckte er zwischen allerlei Felsen und Schluchten ein enges Tal. Wie das Flussbett war es voller Sand und Staub, und hie und da sah man an den Hängen einzelne, unter Dünensand halb begrabene Mauerwände von Hausruinen.

Im schräg einfallenden Licht sah Ransom deutlich die frisch im pulverfeinen Staub der Bergflanke sich abzeichnenden Fußspuren. Sie führten geradewegs hinauf zu den Trümmerresten eines großen Hauses und überquerten eine teilweise ausgebaute Straße, die das Tal erschloss.

Als Ransom das Kliff hinabkletterte, sah er Philip Jordan, der kurz hinter einer Mauer auftauchte und dann nach unten über eine Treppe verschwand.

31

Der weiße Löwe

Fünf Minuten später, als Ransom den Hang erklomm, an dem er das geheime Grab des alten *Negro* vermutete, sauste ein Gesteinsbrocken knapp an seinem Kopf vorbei. Er duckte sich und sah, wie der faustgroße Stein durch den Sand bergab purzelte.

»Philip!«, schrie er hinaus ins Sonnenlicht. »Ich bin's, Ransom!«

Philip Jordans hohlwangiges Gesicht lugte am Straßenrand hervor. »Verschwinden Sie, Ransom«, rief er schroff. »Gehen Sie zurück zum Strand.« Er hob einen zweiten Stein auf. »Einmal habe ich Sie heute bereits verschont.«

Ransom versuchte, im rutschenden Sand sein Gleichgewicht zu wahren. Er zeigte auf die Hausruine. »Philip, vergiss nicht, wer ihn hergebracht hat. Ohne mich hättest du ihn ja gar nicht begraben können.«

Philip Jordan trat an den Straßenrand. Den Stein locker in einer Hand haltend sah er zu, wie Ransom sich anschickte, zu ihm hinaufzuklettern. Er hob den Stein über seinen Kopf. »Ransom…!«, rief er warnend.

Ransom blieb erneut stehen. Obwohl Philip Jordan kräftiger und jünger war, scheute Ransom die finale Auseinandersetzung mit ihm nicht. Als er den Hang erklomm und an das Messer dachte, das in seinem rechten Stiefel versteckt war, wusste er gleichwohl, dass Philip Jordan sich endlich für all die Hilfe revanchieren würde, die Ransom dem heimatlosen Flusskind vor fünfzehn Jahren einst gewährte. Niemand konnte sich einer solchen Verpflichtung entziehen, die Dankesschuld eines Tages mit anderer Münze abzugelten. Doch vielleicht sah Philip in Ransoms Gesicht vor allem das Ebenbild seines leiblichen Vaters, jenen vagabundierenden Fischerkapitän, der ihn vom Flussufer aus gerufen hatte und vor dem er ein zweites Mal davongelaufen war.

Ransom kletterte weiter nach oben und ertastete mit den Füßen trittsicheren Grund. Er ließ den Stein in Philips Hand nicht aus den Augen, der sich deutlich vom Himmel abhob und in der Sonne glänzte.

Auf einem Felsvorsprung neun Meter oberhalb der Straße stand ein mageres Tier mit langgestrecktem Körper und zotteliger Mähne, das von der Szene, die sich unter ihm abspielte, nichts mitbekam. Sein graues Fell war weiß vor Staub und die schmalen Flanken waren übersät mit Dornennarben, so dass Ransom es nicht sogleich erkannte. Dann hob er die Hand und deutete auf das Tier, das auf die nassen Salzbänke und das ferne Meer starrte.

»Philip«, flüsterte er heiser. »Dort, hinter dir auf dem Felsen!«

Philip Jordan blickte über die Schulter, fiel auf die Knie und schleuderte den Stein in die Höhe. Als der Brocken zu Füßen des Tieres in ein Dutzend Teile zersplitterte, sprang der kleine Löwe erschrocken zur Seite. Mit eingezogenem Schwanz raste er, eine Staubwolke hinter sich herziehend, über die zerklüfteten Hänge davon.

Als Ransom die Straße erreichte, spürte er Philips Hand auf seinem Arm. Der junge Mann sah noch immer dem Löwen hinterher, der nun das trockene Flussbett entlangrannte. Seine Hand zitterte, weniger aus Furcht als aus tiefer, innerer Erregung.

»Was ist das – ein weißer Panther?«, fragte er mit belegter Stimme, während seine Augen der fernen Staubwolke folgten, die zwischen den Dünen verschwand.

»Ein Löwe«, sagte Ransom. »Ein kleiner Löwe. Er sah hungrig aus.« Er packte Philip an der Schulter. »Philip! Begreifst du…? Erinnerst du dich an Quilter und den Zoo? Der Löwe muss den ganzen Weg von Mount Royal bis hierher zurückgelegt haben! Das bedeutet…« Er verstummte, Staub war ihm in Hals und Mund gedrungen.

Ein Gefühl ungeheurer Erleichterung durchströmte ihn und spülte den Schmerz und die Bitterkeit der letzten zehn Jahre fort.

Philip Jordan wartete, bis Ransom wieder zu Atem gekommen war. »Ich weiß, Doktor. Es bedeutet, dass es zwischen hier und Mount Royal Wasser gibt.«

Eine Betonrampe führte hinter der Mauer zur Tiefgarage des Hauses. Eine Palisade aus sorgfältig miteinander verdrahteten Holzpfählen schützte die von Staub und Geröll befreite Einfahrt vor weiteren Sandverwehungen.

Noch etwas benommen zeigte Ransom auf den glatten Beton und die fast fünfzig Meter lange Straße, die entlang des Tals gebaut worden war. »Du hast hart gearbeitet, Philip. Der alte Mann wäre stolz auf dich.«

Philip Jordan nahm einen Schlüssel aus seiner Gürteltasche und schloss die Tür auf. »Da wären wir, Doktor.« Er winkte Ransom zu sich. »Was halten Sie davon?«

In der Mitte der Garage stand ein riesiger schwarzer Leichenwagen, dessen verchromter Kühlergrill sogar im Schatten glänzte. Blechdach und Karosserie waren spiegelblank, und die Radkappen glänzten wie polierte Schilder. Auf Ransom, der seit Jahren nichts anderes als nasse Lumpen und rostendes Eisen gesehen hatte und dessen einzige Unterkunft trostlose Behausungen waren, wirkte die Limousine wie ein einbalsamiertes Relikt aus einer in Vergessenheit geratenen Vergangenheit.

»Philip«, sagte er. »Der Wagen ist wunderschön, aber…« Vorsichtig umrundete er das riesige schwarze Gefährt. Drei der Reifen waren intakt und aufgepumpt, der vierte jedoch fehlte, weshalb die Achse auf zwei Holzblöcken ruhte. Er konnte die Innenverkleidung aus Glanzleder und Mahagoni nicht sehen und fragte sich, ob der Leichnam des alten *Negro* wohl in einem Sarg auf dem Rücksitz ruhe. Vielleicht hatte Philip die so eindrucksvollen wie grotesken

Bilder seiner Kindheit all die Jahre mit sich herumgetragen, als er Zeuge wurde, wie die geschmückten Leichenwagen auf dem Weg zum Friedhof durch Mount Royal rollten.

Er spähte durch das Rückfenster. Die hölzerne Bahre war leer, die Chromständer sauber und poliert.

»Philip, wo ist er? Wo ist der alte Mr. Jordan?«

Philip machte eine vage Handbewegung. »Kilometerweit von hier entfernt. Er ist in einer Höhle über dem Meer begraben. Das hier wollte ich Ihnen zeigen, Doktor. Was halten Sie davon?«

Ransom fasste sich wieder und sagte: »Aber sie haben mir gesagt, alle dachten – die ganze Zeit bist du hierher gekommen, Philip? Zu diesem… Fahrzeug?«

Philip entriegelte die Fahrertür. »Ich fand es vor fünf Jahren. Sie wissen ja, dass ich nicht fahren kann, also machte es damals keinen Sinn, doch es brachte mich auf eine Idee. Ich fing an, es herzurichten, und vor einem Jahr fand ich sogar einen Satz neuer Reifen…« Er redete hastig, eifrig bemüht, Ransom in Windeseile auf den neuesten Stand zu bringen, als wäre die Entdeckung und Restaurierung des Leichenwagens das einzige bedeutsame Ereignis der letzten zehn Jahre.

»Was hast du damit vor?«, fragte Ransom. Er öffnete die Fahrertür. »Darf ich einsteigen?«

»Klar.« Philip kurbelte das Fenster herunter, nachdem Ransom Platz genommen hatte. »Eigentlich möchte ich, dass Sie es für mich starten.«

Der Zündschlüssel steckte im Schloss. Ransom schaltete ein. Er drehte sich zu Philip um und sah, dass er ihn aus dem Halbdunkel heraus beobachtete, ein intelligenter Wilder mit dunklen Gesichtszügen voller seltsamer, kindlicher Hoffnung. Ransom fragte sich, inwieweit er aus seiner Sicht ein entbehrliches Werkzeug war, und sagte: »Gern, Philip. Ich verstehe, was dir dieses Fahrzeug bedeutet.

Die letzten zehn Jahre waren für uns alle schwer, und das Auto bringt einen zurück…«

Philip lächelte, so dass man seinen abgebrochenen Zahn und die weiße Narbe unter seinem linken Auge sah. »Machen Sie weiter. Der Tank ist voll, im Motor ist Öl, und der Kühler hat genug Wasser.«

Ransom nickte und betätigte den Anlasser. Wie erwartet rührte sich nichts. Er versuchte es noch mehrere Male, löste die Handbremse und bewegte den Schalthebel. Philip Jordan schüttelte den Kopf, schien aber nur mäßig enttäuscht.

Ransom gab ihm die Schlüssel zurück und stieg aus dem Wagen aus. »Er fährt nicht, Philip, verstehst du? Die Batterie ist leer, und die elektrischen Kabel werden durchgerostet sein. Es wird nie mehr starten, nicht in hundert Jahren. Es tut mir leid, es ist ein so schönes Fahrzeug.«

Laut schreiend trat Philip Jordan mit dem Fuß gegen die halb geöffnete Tür und knallte sie zu. Seine Hals- und Backenmuskeln wölbten sich unter der Haut wie verknotete Seile, als reiße ihn die Verzweiflung der vergangenen Jahre in Stücke. Mit einem Schraubenschlüssel riss er den Scheibenwischer aus seinem Ritzel, dann trommelte er mit den Fäusten auf die Motorhaube und verbeulte das auf Hochglanz polierte Blech.

»Es muss einfach fahren, Doktor, und wenn ich es den ganzen Weg schiebe!« Er stieß Ransom zur Seite, bückte sich und stemmte die Schulter gegen den Rahmen. Mit animalischer Kraft hob er den Wagen hoch und schob ihn auf seinen Rädern vorwärts. Polternd fielen die Holzblöcke zu Boden und Hinterachse und Stoßstange krachten auf den Beton. Das Auto sackte mit all seinen Karosserieteilen ächzend nach unten. Philip rannte um den Wagen herum und zerrte mit seinen kräftigen Händen an Türen und Kotflügeln.

Ransom trat ins Sonnenlicht hinaus und wartete. Zehn Minuten später kam Philip mit hängendem Kopf heraus, sein rechtes Handgelenk blutete.

Ransom ergriff seinen Arm. »Wir brauchen das Auto nicht, Philip. Mount Royal ist nur hundertsechzig Kilometer entfernt, wir können die Stadt bequem in zwei oder drei Wochen zu Fuß erreichen. Der Fluss wird uns direkt hinführen.«

Dritter Teil

32

Der leuchtende Fluss

Wie ein ausgebleichter weißer Knochen zog sich das flache Flussbett nach Norden. An seinen Rändern, wo die Überreste des Steinwalls einen durchlässigen Windschutz bildeten, türmten sich die Dünen zu hohen Staubbergen, die den gewundenen Verlauf des ausgetrockneten Bettes bestimmten. Hinter den Dünen begann die Wüste, deren rissige Erde mit staubtrockenen Schlammbrocken übersät war, die aussahen wie Tonscherben. Gelegentlich markierte ein Baumstumpf auf einem versteckten Grat die Entfernung zum Fluss, andernorts bewachte eine Windmühle aus Metall, deren rostige Flügel sich wie ein Geheimzeichen über die leere Ödnis erhoben, einen ausgetrockneten Wasserlauf. An den oberen Hängen des Küstengebirges blühten einige Büschel Stechginster, die vom Sprühregen der Gischt zehrten, doch fünfzehn Kilometer vom Meer entfernt war die Wüste so trocken, dass der Boden unter den Füßen zu feinem weißem Pulver zerrann. Blühende Landschaften bildeten allein die überall in den Dünen verstreuten Ansammlungen von Metallschrott – da ragten verbogene Bettgestelle wie Dornenbüsche aus dem Sand, und Wasserpumpen und Landmaschinen formten eigenwillige Skulpturen, von deren Kanten bei jedem Windstoß Staub aufwirbelte.

Von der frühlingshaften Sonne beschwingt zog die kleine Gruppe in gleichmäßigem Marschtempo durch das trockene Flussbett. Seit ihrem Aufbruch vor drei Tagen hatten sie über dreißig Kilometer zurückgelegt und waren gemächlichen Schrittes den Fahrspuren im festeren Sand gefolgt, die sich am Flussbett entlangzogen. Ihr Vorwärtskommen wurde zum Teil von Mrs. Quilter bestimmt, die darauf bestand, jeden Morgen ein paar Kilometer zu laufen. Nachmittags war sie dann bereit, sich auf den Karren zu setzen, wo sie unter der Plane vor sich hindöste, während Ransom und Catherine Austen ihn abwechselnd mit Philip Jordan schoben. Mit seinen großen Holzrädern und dem leichten Unterbau war der Karren mühelos zu bewegen. Unter der Plane befand sich das Nötigste für ihre Expedition – ein Zelt und einige Decken, eine Kiste mit geräuchertem Hering und essbarem Seetang sowie ein halbes Dutzend großer Wasserkanister, ausreichend für drei Wochen, wie Ransom schätzte. Sollten sie auf dem Weg nach Mount Royal kein Wasser finden, müssten sie aufgeben und noch vor den Toren der Stadt umkehren, doch alle waren stillschweigend übereingekommen, dass sie keinesfalls an die Küste zurückkehren würden.

Das Auftauchen des Löwen hatte Ransom überzeugt, dass es in Küstennähe im Umkreis von dreißig, vierzig Kilometer Wasser geben musste, wahrscheinlich von einer Quelle oder einem unterirdischen Fluss. Ohne Wasser hätte der Löwe nicht überlebt, und sein überstürzter Rückzug flussaufwärts ließ darauf schließen, dass er den Weg zur Küste über das ausgetrocknete Flussbett gefunden hatte. Sie fanden zwar keine Spuren des Tieres, doch auch ihre eigenen Fußspuren ringsum das Camp wurden allmorgendlich vom Wind zuverlässig verweht. Gleichwohl hielten Ransom und Jordan unablässig Ausschau nach dem Tier, die Hände stets griffbereit an den Speeren, die seitlich am Karren befestigt waren.

Von Mrs. Quilter erfuhr Ransom, dass die drei sich schon seit einem Jahr auf die Reise vorbereitet hatten. Sie folgten dabei keinem richtigen Plan oder einer festen Route, sondern teilten einfach miteinander das Verlangen, nach Mount Royal und die kleine Stadt am nunmehr trockenen See zurückzukehren. Mrs. Quilter suchte ohne jeden Zweifel ihren Sohn, überzeugt, dass er irgendwo in den Ruinen der Stadt lebte.

Philip Jordans Beweggründe waren, wie auch die von Catherine, weniger offenkundig. Ob er tatsächlich nach seinem Vater Jonas oder nach dem lackierten Hausboot Ausschau hielt, das er einst mit dem alten *Negro* bewohnte, konnte Ransom nicht in Erfahrung bringen. Er vermutete, dass Mrs. Quilter Philips unbewusstes Verlangen bei seinen Besuchen in ihrer Behausung instinktiv wahrgenommen und sich für ihre Zwecke zunutze gemacht hatte, wusste sie doch genau, dass sie und Catherine die Reise keinesfalls allein würden antreten können. In dem Moment, als Philip ihr das Versteck des Autos verriet, musste Mrs. Quilter ihn nicht weiter überzeugen.

Ironischerweise war Ransom erneut in ihrer Gunst gestiegen, nachdem der Plan, stilvoll in dem prachtvollen Leichenwagen nach Mount Royal zurückzukehren, gescheitert war.

»Ein großartiger Wagen, Doktor«, sagte sie zum zehnten Mal, als sie im Schatten des Karrens ihr zeitiges Mittagsmahl beendeten. »Der hätte meinem alten Quilty bestimmt gefallen, meinen Sie nicht auch?« Sie starrte in die diesige Ferne, als schwebe das Bild von der Heimkehr der verlorenen Mutter über den Dünen. »Stattdessen sitze ich jetzt wie ein Sack Kartoffeln auf diesem alten Karren.«

»Er wird sich deswegen nicht weniger freuen, Sie zu sehen, Mrs. Quilter.« Ransom vergrub die Reste ihrer Mahlzeit im Sand. »Außerdem hätte der Wagen spätestens nach wenigen Kilometern seinen Geist aufgegeben.«

»Nicht, wenn Sie ihn gefahren hätten, Doktor. Ich weiß noch genau, wie Sie uns hierhergebracht haben.« Mrs. Quilter lehnte sich an das Rad des Karrens. »Sie brauchten bloß mit dem kleinen Finger auf einen Knopf zu drücken, und schon sprangen die Autos an.«

Philip Jordan gesellte sich zu ihr, ihn verdroß ihr Gesinnungswandel. »Mrs. Quilter, die Batterie war leer. Der Wagen stand seit zehn Jahren dort herum.«

Mrs. Quilter wischte den Einwand verächtlich beiseite. »Batterien…! Helfen Sie mir hoch, Doktor. Wir sollten den Karren noch ein bisschen weiter schieben. Vielleicht findet Philip ja irgendwo noch einen alten Esel für uns.«

Sie halfen ihr hinauf und setzten sie unter die Plane. Ransom zog zusammen mit Catherine den Karren, während Philip Jordan fünfzig Meter weiter, den Speer in der Hand, am Ufer entlangpatrouillierte. Catherine Austen schien Mrs. Quilters neuerliche Hochachtung für Ransom nicht zu teilen. Sie zerrte unablässig am Griff des Karrens, die Ärmel ihrer Lederjacke um die kräftigen Schultern geschlungen. Als einmal das Rad auf Ransoms Seite in dem schrundigen Boden steckenblieb, sagte sie unwirsch: »Kommen Sie schon, Doktor – oder wollen Sie sich vielleicht hoch zu Mrs. Quilter setzen?«

Ransom reagierte darauf nicht, erinnerte sich aber an ihre erste Begegnung im Zoo von Mount Royal, als sie die Löwen in ihren Käfigen auf Trab brachte. Seit ihrem Abschied von den Raubtieren war sie sichtlich niedergeschlagen und unnahbar gewesen, doch jetzt gewahrte er, dass sie, angezogen von den leeren Savannen und der lauernden Behendigkeit der Wüstenkatzen, neuerlich auflebte.

Sie zogen am Fluss entlang, während Mrs. Quilter unter der Plane schlummerte und ihr veilchenblaues Seidengewand wie ein übertrimmtes Segel in der warmen Luft flatterte. Vor ihnen schlängelte sich der Fluss in Serpentinen zwischen den Dünen hindurch. Die Sonne ließ sein fast dreihundert Meter breites Bett wie eine Kreidebahn leuchten. In der Mitte hatte das ablaufende Wasser Rillen in die Oberfläche gekerbt, die aussahen wie die wettergegerbte, staubige Haut eines Albino-Elefanten. Die Räder des Karrens brachen durch die dünne Kruste, und mit jedem ihrer Schritte wirbelten sie Staub auf, der in weichen Schwaden hinter ihnen in die Luft stieg. Überall war der Sand durchsetzt mit den feinen Gräten kleiner Fische und den weißen Flocken von Muschelschalen.

Ein oder zwei Mal warf Ransom einen Blick zurück auf die Küste und war jedes Mal froh, dass ihm der Staub die Sicht auf die Berge jenseits des Strands entzog. Er hatte die langen zehn Jahre in der Salzwüste bereits aus seinem Gedächtnis getilgt, die Winternächte, die er zusammengekauert zwischen austrocknenden Salzwassertümpeln und dem zermürbenden Kleinkrieg mit den Männern in der Siedlung verbrachte. Er hatte Judith ohne Vorwarnung verlassen, doch von Philip Jordan erfahren, dass man sie in der Siedlung aufnehmen werde. Von Philip erfuhr Ransom auch, dass es paradoxerweise keinen gemeinsamen Beschluss gegeben hatte, ihn aus der Siedlung auszuschließen. Hendry hatte aus einem kollektiven Instinkt heraus gehandelt, weil alle spürten, dass Ransoms Versagensgefühle sie schmerzlich daran erinnerten, was sie selbst verloren hatten.

Der Fluss machte eine Biegung nach Nordosten. Sie passierten eine Reihe zerstörter Landungsbrücken. Daneben ruhten gestrandete Leichter, unter Sand fast ganz begraben, die grauen Rümpfe bleich und leer. Am Ufer standen einige Lagerhausruinen, von denen hie und da eine Wand in die Luft aufragte, deren obere Fensterreihen noch intakt waren. Eine Straße führte über Marschland hinauf zu den Hügeln, deren Verlauf zahlreiche Telegrafenmasten markierten.

An dieser Stelle war das Flussbett ausgebaggert und verbreitert worden. Sie kamen an weiteren Barkassen und Flussbooten vorbei, die halb unter Sandhügeln begraben waren. Ransom blieb stehen und ließ die anderen weiterziehen, um die gestrandeten Schiffe ringsum in Ruhe zu betrachten. Schattenlos standen sie da mit ihren runden Formen im senkrecht herabfallenden Sonnenlicht, ihrer ursprünglichen Identität bis auf einen verschwindenden Rest beraubt, als wären sie Gespenster eines fernen Universums, in dessen Untiefen die leeren Bilder einer verlorengegangenen Zeit ruhten. Das unveränderliche Licht und das Fehlen jeglicher Bewegung gaben Ransom das Gefühl, eine innere Landschaft zu durchwandern, in der ihn die Elemente der Zukunft wie Bestandteile eines Stillebens umgaben, ungestalt und frei von jeder Assoziation.

Beim Wrack eines Flussdampfers angekommen, machten sie Halt. Es war ein anmutiges Schiff mit hohem, weißem Schornstein, das mitten im Kanal auf Grund gelaufen war. Das Deck befand sich auf gleicher Höhe mit dem Sand ringsum. Ransom kletterte über die Reling und schlenderte dann zum Salon unterhalb der Brücke, dessen Türen offen standen. Staub bedeckte Boden und Tische und begrub Sessel und Eckbänke unter sich.

Catherine und Philip Jordan erklommen die Brücke und hielten Ausschau, ob sich in der Ebene irgendetwas regte. Drei Kilometer weiter sah man vor dem Hintergrund der Berge die leuchtenden Aluminiumtürme eines Getreidesilos.

»Seht Ihr was?«, rief Ransom nach oben. »Bei heißen Quellen sollten Dampfwolken aufsteigen.«

Philip schüttelte den Kopf. »Nichts, Doktor.«

Ransom ging vor zum Bug und setzte sich auf die Ankerwinde. Als er den Kopf senkte, sah er, dass sein Schatten genau auf seine Hände fiel. Er legte die Innenflächen aneinander und veränderte damit die Umrisse seines Schädels in Form und Länge. Er sah, dass Mrs. Quilter ihn von ihrem Platz auf dem Karren neugierig musterte.

»Doktor, das machte mein Quilty auch immer. Sie sahen gerade aus wie er. Der arme Junge, er wollte immer so einen Kopf haben wie alle anderen.«

Ransom kletterte über die Reling und ging zu ihr hinüber. Aus einem Impuls heraus ergriff er ihre Hand. Die war klein und rundlich, und er spürte das schwache Pochen ihres Pulses, das ihn an einen ängstlich zitternden Spatz erinnerte. Bekümmert blickte Mrs. Quilter zu ihm auf, ganz in Gedanken versunken. Plötzlich hegte er wider alle Logik die absurde Hoffnung, Quilter irgendwo zu entdecken.

»Wir finden ihn, Mrs. Quilter. Er ist noch da.«

»Es ist ein Traum, Doktor, nur ein Traum, die Marotte einer Frau. Doch ich fände keine Ruhe mehr, wenn ich's nicht wenigstens versuchte.«

Der Fluss vor ihnen machte eine scharfe Biegung. Eine Rinderherde war seinerzeit hinunter zum Ufer getrieben worden, als es dort noch ein Rinnsal gab, und nun lagen ihre verwitterten Gerippe überall im Sand. Ihre unförmigen Schädel, in deren leeren Augenhöhlen Quarzkörner glitzerten, ruhten auf der Seite, und jeder einzelne davon sah aus wie Quilters Kopf.

33

Der Zug

Nach drei Kilometern gelangten sie an eine Eisenbahnbrücke, die über den Fluss führte. Ein Zug stand auf den Gleisen zwischen den Brückenpfeilern, die Türen der Waggons entlang der Strecke waren offen. Ransom nahm an, dass ein Hindernis die Gleise blockiert hatte und Personal und Passagiere daraufhin beschlossen, die Reise zur Küste per Schiff fortzusetzen.

Sie machten im Schatten unter der Brücke Halt und schauten zwischen den Pfeilern hindurch auf die endlose Weite des trockenen Flussbetts. Im Nachmittagslicht überzog der Schatten zahlloser Altmetallteile den Boden mit kalligrafischen Mustern.

»Wir werden heute Nacht hier zelten«, sagte Philip Jordan. »Und morgen frühzeitig aufbrechen; um diese Zeit werden wir dann bereits unterwegs sein.«

Wie jeden Abend brauchten sie mindestens zwei Stunden, um ihr Lager vorzubereiten. Sie schoben den Karren in den Schutz eines Pfeilers, stießen die Speere tief in den Sand und breiteten die Zeltplane darüber. Catherine und Ransom hoben einen tiefen Graben ringsum das Zelt aus und häuften warmen Sand als Windschutz auf. Philip ging inzwischen zum Ufer und suchte in den Dünen nach Metallresten. Nachts wehte ein eisiger Wind über der Wüste, und die wenigen Decken, die sie mitführten, reichten kaum aus, um sie zu wärmen.

Bei Einbruch der Dunkelheit hatten sie einen halbkreisförmigen, nahezu meterhohen Wall aus Schrottmetall um das Zelt und den Karren errichtet. In dieser kleinen Höhle saßen sie beieinander und kochten ihr Mahl auf einem Feuer aus Zunder und Treibholz. Der Rauch kroch über die Träger nach oben und verschwand in der kalten Nachtluft.

Während die beiden Frauen das Essen zubereiteten, kletterten Ransom und Philip Jordan auf die Eisenbahnbrücke. Zwischen zwei Pfeilern standen die zerklüfteten Wracks von Passagierwaggons, durch deren rissige Dächer die Sterne leuchteten. Philip schickte sich an, trockenes Holz aus der Seitenverkleidung der Waggons zu reißen. Verrottete Koffer und Rucksäcke lagen neben den Gleisen im Staub. Ransom ging die Schienen entlang bis zur Lokomotive. Er kletterte in die Führerkabine und suchte zwischen den verrosteten Bedienelementen nach einem Wasserhahn. Er stützte den Ellbogen auf das Brett des Kabinenfensters und sah hinüber zu den Gleisen, die über die Brücke führten und sich durch die Wüste schlängelten.

Nachts, als er schlief, wurde er von Philip Jordan geweckt. »Doktor! Hören Sie!«

Er spürte die Hand des jungen Mannes auf seiner Schulter. Als er aufsah, spiegelte sich die Glut des Feuers in Philips Augen, der zum Fluss hinüberstarrte. »Was ist los?«

Im Nordwesten, fern von ihnen, wo die kahle Wüste in die Ausläufer dunkler Höhenzüge überging, ertönte das müde Geheul eines Tiers. Seine Klagerufe brachen sich an den Brückenpfeilern und hallten über das weiße Flussbett, als suchten sie die schlummernden Gebeine des toten Landes wiederzuerwecken.

34

Die Schaufensterpuppen

Bei Anbruch des Tages bauten sie das Lager ab und luden ihre Ausrüstung auf den Karren. Die unruhige Nacht und der allmorgendlich immer zeitigere Sonnenaufgang verzögerten ihre Abreise. Philip Jordan umrundete den Karren, während er auf Mrs. Quilter wartete, ungeduldig mit seinem Speer auf die Radspeichen klopfend. Im Licht der Sonne wirkte er mit seinem hohlwangigen Gesicht wie ein gereizter Wüstennomade, der edle Spross eines dem Untergang geweihten Adelsgeschlechts.

»Hast du die Schreie gehört?«, wollte er von Catherine wissen, als sie erschien. »Was war es – ein Löwe oder ein Panther?«

Catherine schüttelte den Kopf. Sie trug ihr Haar nun offen, und die langen Locken umspielten in der kalten Luft ihren Kopf. Im Unterschied zu Philip schienen die nächtlichen Geräusche sie eher zu beruhigen. »Weder noch. Ein Hund vielleicht, oder auch ein Wolf. Es war jedenfalls weit weg.«

»Nicht weiter als acht Kilometer.« Philip stieg auf den kleinen Trümmerberg ihres Nachtlagers und spähte hinüber zum Flussbett. »Gegen Mittag sind wir dort. Haltet die Augen offen.« Er musterte Catherine mit scharfem Blick und sah dann zu Ransom hinab, der am Feuer hockte und sich die Hände über der Glut wärmte. »Doktor?«

»Ja, klar, Philip. Doch ich würde mir keine Sorgen machen. Nach zehn Jahren haben sie vermutlich mehr Angst vor uns als wir vor ihnen.«

»Das ist Wunschdenken, Doktor.« Dann begab er sich hinunter zur Böschung und setzte, an Catherine gewandt, lapidar hinzu: »Das war ein *Löwe*, den wir auf der Klippe gesehen haben.«

Als Mrs. Quilter marschbereit war, versuchte er sie zu überreden, auf dem Karren Platz zu nehmen. Obwohl sie schlecht geschlafen hatte und die Reise an ihren Kräften zehrte, bestand Mrs. Quilter darauf, die erste Stunde zu Fuß zu gehen. Im Schneckentempo bewegte sie sich vorwärts, mit winzigen, gestiefelten Füßen, die wie ängstliche Mäuse über den rissigen Erdboden trippelten.

Philip ging mit kaum verhehlter Ungeduld neben ihr her und lenkte den Karren mit einer Hand. Hin und wieder nahm Catherine Mrs. Quilters Arm, doch sie bestand darauf, selbständig zu gehen, brummelte leise vor sich hin und schüttelte bloß den Kopf.

Ransom nutzte die Gelegenheit, um das Flussbett zu erkunden, wo er auf allerlei Trümmer stieß, Windmühlenflügel und abgerissene Autotüren, die der Wind ans Ufer geweht hatte. Die kalte Morgenluft erfrischte ihn, und er war froh, dass sich durch Mrs. Quilters Eigensinn das Vorankommen der Gruppe etwas verlangsamte. Denn in den wenigen Minuten, die er mit sich allein war, konnte er seine vagabundierenden Gedanken sammeln, die ihn seit ihrem Marsch flussaufwärts zunehmend beschäftigten.

Während er noch Mutmaßungen über die eigentlichen Gründe ihrer Reise anstellte, ahnte er bereits deren wahren, inneren Verlauf. Anfänglich glaubte Ransom noch, dass er – nicht anders als Philip Jordan und Mrs. Quilter – in die Vergangenheit zurückkehren und die zerfransten Enden seines altes Lebens wieder aufnehmen werde, doch inzwischen spürte er, dass das weiße Flussbett sie alle zusammen in die entgegengesetzte Richtung führte, hinein in die Zeitzonen der Zukunft, in denen die unbewältigten Rückstände der Vergangenheit runder und glatter erscheinen würden, zurechtgeschliffen von den Trümmern der Zeit, nicht anders als Bilder in einem trüben Spiegel. Vielleicht waren diese Rückstände die einzigen Elemente, die Zukunft in sich bargen, so bizarr und bruchstückhaft wie die Schutthalden, durch die er jetzt wanderte. Gleichwohl würden alle im weichen Staub des trockenen Flussbetts miteinander verschmelzen und sich auflösen.

»Philip! Dr. Ransom!« Catherine Austen, die ungefähr achtzehn Meter hinter den anderen herging, war stehengeblieben und deutet nun auf den Fluss hinter ihnen.

Einen Kilometer weiter, wo die Brücke den Fluss überspannte, sah man im Schein der Sonne, dass der leere Zug lichterloh brannte und Rauchschwaden unaufhaltsam in die Luft aufstiegen. Die Flammen sprangen von einem Waggon zum nächsten, und helle Glutstücke fielen zwischen den Gleisen herab auf ihre vormalige Lagerstatt. Binnen weniger Minuten stand der gesamte Zug in Flammen. Dunkle Rauchwolken verfärbten den Himmel im Süden.

Ransom ging zu den anderen hinüber. »Das ist immerhin ein Signal«, sagte er. »Wenn es hier jemanden geben sollte, wissen sie jetzt wenigstens, dass wir angekommen sind.«

Philip Jordan unklammerte seinen Speer. »Es muss das Lagerfeuer gewesen sein. Haben Sie es nicht gelöscht, Doktor?«

»Doch, natürlich. Ich nehme an, dass in der Nacht ein Stück Glut auf die Gleise geweht wurde.«

Sie sahen zu, wie das Feuer zwischen den Waggons auf den Zufahrtswegen zur Brücke ausbrannte. Philip Jordan stapfte ruhelos auf und ab, dann drehte er sich zu Mrs. Quilter um und bedeutete ihr, zum Karren zu gehen.

Ransom nahm seinen Platz an der Deichsel ein. Zu dritt schoben sie den Karren weiter und kamen rasch voran. Als sie eine Flussbiegung erreichten, blickte Ransom über die Schulter zurück zur brennenden Brücke. Noch immer stieg Rauch aus den Zugtrümmern auf, der den Süden hinter ihnen wie mit einem Vorhang verdeckte.

Bis zum Mittag hatten sie weitere fünfzehn Kilometer zurückgelegt. Sie pausierten, um ihr Mittagessen einzunehmen. Philip Jordan, mit dem Fortgang der Reise zufrieden, half Mrs. Quilter vom Karren herab und baute ihr ein Sonnensegel, das er am Rumpf eines alten Leichters befestigte.

Nach dem Essen schlenderte Ransom am Ufer entlang. Zwischen den Wracks dreier Lastkähne lagen die Überreste eines Landestegs unter Sand begraben. Der Fluss war hier einmal breiter gewesen und hatte einen Hafen geformt. Ransom kletterte auf einen Holzsteg und ging an windschiefen Kränen vorbei durch die Straßen am Ende der kleinen Stadt. Fassaden von Wohn- und Lagerhausruinen säumten die versandeten Straßen. Er kam an einem Eisenwarengeschäft vorbei und an einer Bankfiliale, deren Eingangstüren mit Axtschlägen zertrümmert worden waren. In einem Trümmerhaufen aus Glas und verwittertem Chrom entdeckte er die Reste eines ausgebrannten Busdepots.

Im Innenhof stand ein Bus, dessen Dach und Seitenwände versandet waren, die Fenster aber waren frei und sahen aus wie Augen, in denen sich die Innenwelt zu spiegeln schien. Ransom bahnte sich einen Weg zur Straßenmitte, vorbei an zurückgelassenen, unter hohen Sandschichten begrabenen Autos. Die endlose Reihe von Autodächern als prekärstem Rest ihrer Kenntlichkeit unterbrach den sanften Dünenverlauf entlang der Straße. Er erinnerte sich an die Autos, die im Steinbruch am Strand ausgegraben worden waren. Unversehrt hatte man sie aus ihrem zehnjährigen Dornröschenschlaf geholt und Stoßstangen und glänzendes Chrom aus der Vergangenheit zutage befördert. Die halb vergrabenen Autos auf der Straße hingegegen, zwischen denen er sich jetzt befand, waren nichts anderes als Götzenbilder, reduziert auf ihre eigene Geometrie und rund wie Wasserstrudel, die in einer platonischen Zukunft nach außen strömen.

Unter dem Sand hatte sich die Umwertung aller Werte vollzogen. Ransom machte an einem der Geschäfte in der Hauptstraße Halt. Durch Sandverwehungen war von der einst quadratischen Schaufensterscheibe nur noch ein elliptisches Fenster zu sehen. Als er durch die Öffnung in den dämmrigen Innenraum spähte, sah er ein Dutzend Gesichter, die ihn mit dem wächsernen Ausdruck von Schaufensterpuppen anstarrten. Mit gefrorenem Lächeln, so leer wie die Welt, die sie umgab, reckten sie gleichmütig die Arme in die Höhe.

Auf einmal stockte Ransom der Atem. Zwischen den ausdruckslosen Gesichtern, von den Spiegelungen des Gebäudes hinter ihm teilweise verdeckt, tauchte unversehens der Kopf eines grinsenden Mannes auf. Wie eine verdrängte Erinnerung rückte er ins Blickfeld, und Ransom schreckte zusammen, als sich hinter ihm auf der Straße ein Schatten bewegte.

»Quilt…!« Er spähte hinab auf die leeren Straßen und Trottoirs und versuchte sich zu erinnern, ob alle Fußspuren im Sand von ihm stammten. Der Wind fegte die Straße hinab und ließ am Dach des gegenüberliegenden Ladengeschäfts ein hölzernes Schild hin- und herschwingen.

Ransom ging darauf zu, dann drehte er sich um und eilte durch den aufwirbelnden Sand davon.

Sie setzten ihren Weg flussaufwärts fort. Sie machten nun weniger Ruhepausen und schoben den Karren das trockene weiße Flussbett entlang. Weit hinter ihnen stiegen die langen Rauchfahnen des ausgebrannten Zugs in den Himmel.

Am späten Nachmittag dann, als die kleine Stadt bereits acht Kilometer hinter ihnen lag, blickten sie zurück und sahen dunkle Rauchschwaden aus den Straßen emporsteigen. Flammen schlugen aus den Dächern, und binnen zehn Minuten verdunkelte eine gewaltige Rauchwolke den südlichen Horizont.

»Dr. Ransom!« Er lehnte an der Deichsel, als Philip Jordan zu ihm herüberkam. »Haben Sie da unten Feuer gemacht? Sie waren doch dort spazieren.«

Ransom schüttelte den Kopf. »Nicht das ich wüsste, Philip. Ich hatte zwar Streichhölzer dabei – hätte es also tun können.«

»Haben Sie oder haben Sie nicht? Versuchen Sie sich zu erinnern.« Philips musterte ihn unverwandt, wobei seine hochgezogene, vernarbte Oberlippe den abgebrochenen Zahn sichtbar machte. Er war so sehr darauf bedacht, Ransom die Schuld an den Bränden zu geben, dass man meinen konnte, er wolle die Realität der Wüste nicht wahrhaben, ihre unverhoffte Gewalt und implodierende Leere. Oder hielt er Ransom vielleicht zu Recht für unberechenbar? Catherine und Mrs. Quilter starrten auf Ransom hinab, als der Rauch über den Himmel zog.

»Ich bin mir sicher, dass ich das nicht getan habe«, sagte Ransom. »Warum sollte ich auch?«

Von da an war Ransom überzeugt – trotz Philips Verdacht, den er aus unerfindlichen Gründen sogar teilte –, dass sie verfolgt wurden. Die Landschaft hatte sich verändert. Die beschaulichen, offenen Areale der Küstenebene, nur gelegentlich von einem einzelnen Baum oder einem Silo unterbrochen, waren verschwunden. Nun prägte die Trümmerlandschaft der Kleinstädte das wechselvolle Bild der Ebene; Autowracks standen zwischen den Dünen am Fluss und entlang der Zufahrtsstraßen. Überall ragten Metalltürme und die Reste von Schloten in die Höhe. Selbst in der einstigen Fahrrinne waren mehr Schiffe gestrandet als anderswo, so dass sie sich an Dutzenden von Bootswracks vorbeischlängeln mussten.

Sie gingen unter den Pfeilern der zerstörten Straßenbrücke hindurch, die vor zehn Jahren ihrer Fahrt zur Küste ein Ende gesetzt hatte. Als sie die eingestürzten Bögen passierten und sich vor ihnen der vertraute Anblick wieder auftat, erinnerte sich Ransom an den einsamen Wanderer, den sie damals im trockenen Flussbett gesehen hatten. Er ließ den Karren stehen und suchte weiter vorn nach Spuren dieser rätselhaften Erscheinung. Das Licht war trübe und verhangen, und als er die Augen zusammenkniff, um besser sehen zu können, sah er etwa dreihundert Meter entfernt die Rückenansicht eines Mannes, die, als er zwischen den trockenen Wellentälern entschwand, von der Sonne bestrahlt wurde.

35

Rauchfeuer

Als sie zur letzten Etappe ihrer Reise nach Mount Royal aufbrachen, sah er immer wieder dieses Bild vor seinem inneren Auge,. Zehn Tage später, als sie den westlichen Stadtrand erreichten, hatte es sich in Ransoms Wahrnehmung bereits untrennbar mit allen anderen Simulakren der Landschaft verwoben, die sie im Laufe ihrer Reise durchquert hatten. Die Dürre, Unfruchtbarkeit und Leere der Zentralebene, deren trostlose Ödnis und endlose Wüsten sich über den ganzen Kontinent erstreckten, betäubten ihn allein schon durch ihre Ausmaße. Das unveränderliche Wüstenlicht, das Fehlen jeglicher Farbe und das gleißende Weiß der steinigen Wüstenlandschaft gaben ihm das Gefühl, über einen riesigen Friedhof zu wandeln. Mehr als alles andere aber gewann selbst die kleinste Unterbrechung oder Abweichung durch die Absenz jeglicher Bewegung eine nahezu halluzinatorische Intensität. Nachts, wenn sie in einer Mulde zwischen den ufernahen Dünen rasteten, heulte irgendwo im Nordwesten stets dasselbe unsichtbare Tier, das ihr Nahen zu verkünden schien. Stets kilometerweit von ihnen entfernt, hallte sein Geheul über die Wüste und wurde von einzelnen, im Dämmerlicht düster aufscheinenden Felswänden zurückgeworfen. Dann, bei Tage, sobald sie weiterzogen, sahen sie Feuer hinter sich auflodern. Dunkle Rauchfahnen stiegen vom Wüstenboden auf, die den Verlauf des Flussbetts in südlicher Richtung anzeigten. Manchmal brannten sechs oder sieben Feuer gleichzeitig in einer langen Reihe, deren Schwaden zum Himmel aufstiegen.

Mehr als die Hälfte ihres Wasservorrats war inzwischen verbraucht, und da sie bisher nicht die geringste Spur einer Quelle oder eines unterirdischen Wasserlaufs gefunden hatten, war der ursprüngliche Zweck der Expedition eigentlich hinfällig. Doch niemand von ihnen hatte den Wunsch, zur Küste zurückzukehren oder unternahm einen ernsthaften Versuch, im Sand nach Wasser zu graben. Stattdessen zogen sie unermüdlich den Karren immer weiter und näherten sich alsbald der Stadt, deren Skyline sich bereits am Horizont abzeichnete.

Aufgrund der Verknappung ihrer täglichen Wasserration stellten sie das Reden bald ein. Mrs. Quilter saß die meiste Zeit festgebunden an der rückwärtigen Wand des schwankenden Karrens und plapperte vor sich hin. Philip Jordan, dessen staubbedecktes Gesicht in der Hitze immer echsenartiger wurde, suchte mit den Augen die Flussufer ab, nahm seinen Speer und sondierte das vor ihnen liegende Terrain, während die anderen rasteten. Catherine Austen schob unermüdlich den Karren, war aber ansonsten sehr still und in sich gekehrt. Allein das nächtliche Geheul der Tiere vermochte ihr eine Reaktion zu entlocken.

In der Nacht, bevor sie die Stadt erreichten, erwachte Ransom durch das ferne Geheul und sah, wie Catherine etwa hundert Meter vom Lager entfernt über die Dünen jenseits des Flusses wandelte und der Nachtwind in der Dunkelheit an ihrer schulterlangen Mähne zerrte.

Am nächsten Morgen, als sie am Feuer knieten und Wasser aus einem der beiden noch verbliebenen Kanister nippten, fragte er sie: »Catherine, wir sind fast am Ziel. Was suchen Sie?«

Sie hob eine Handvoll Staub auf, ballte die Hand zur Faust und ließ die weißen Körnchen zwischen den Fingern hindurchrieseln.

Die Stadt, von allen Seiten von Sand umgeben, war wie ein Kartenhaus zusammengefallen, nur Dachfirste aus Ziegel und Stein lugten neben Sandhügeln hervor. Als sie sich dem Hafen näherten, sahen sie verkohlte Dachbalken, die über den Lagerhäusern entlang der Kais aufragten. Ransom schaute zu den Piers und Uferstraßen hinauf in der Hoffnung, ein Zeichen von Bewegung zu entdecken, doch die Straßen waren leer und die Straßenschluchten versandet. Reihenweise verschwanden die Gebäude unter Staub und Sand und verwandelten Mount Royal in eine prähistorische Terrassenstadt, eine tote Metropole, die ihnen im Vorübergehen ihre abweisende Fratze zeigte.

Auch die Seestadt jenseits der Peripherie von Mount Royal gab es nicht mehr. Zwischen den zerstörten Mauern erhoben sich Dünen, aus deren weichen Flanken verkohlte Holzstücke ragten. Philip Jordan und Ransom kletterten das Ufer hoch und betrachteten die Trümmerhalden, die sich wie keusche Fundamente einer neu zu errichtenden Stadt in alle Richtungen erstreckten. Hie und da lehnten die Überreste einer armseligen Hütte an einer Mauer oder es standen irgendwo ein paar Gebäude verloren in der Gegend wie ein verlassenes Fort. Achthundert Meter entfernt sahen sie den Bogen der Straßenbrücke und dahinter undeutlich allerlei Erdwälle, unter denen sich die Ruinen Hamiltons verbargen.

Ransom starrte zum See hinaus. Wo einst offenes Wasser war, erstreckte sich nun bis zum Horizont ein Meer weißer Dünen, deren sanft geschwungene Hügelkämme im Sonnenlicht glänzten. Ransom wartete darauf, dass sie sich bewegten und Wellen über das Ufer schwappen würden. Die symmetrischen Dünen mit ihren trockenen Hängen, die aussahen wie Polierkreide, ließen die Landschaft hell erstrahlen.

Philip Jordan schüttelte angesichts der Verwüstungen den Kopf und murmelte: »Hier gibt es kein Wasser, Ransom. Diese Feuer hat niemand gelegt. Quilter und alle anderen sind tot.«

Ransom warf einen Blick zurück auf die dunklen Rauchschwaden, die hinter ihnen zum Himmel aufstiegen. Eines der Feuer war nur einen knappen Kilometer entfernt und brannte irgendwo im Hafen. Unterhalb von ihnen lehnte Catherine Austen am Karren. Mrs. Quilter schaukelte unter ihrem Sonnensegel wie ein Kind mit dem Oberkörper hin und her. Als Philip sich ihnen wieder zugesellen wollte, drang aus einem der isoliert am Ufer stehenden Gebäude hundert Meter weiter heiseres Gebell.

Philip ging sofort hinter einem abgebrochenen Metallzaun in Deckung, doch Ransom winkte ihn zu sich: »Philip, komm schon! Diesen Hunden gibt jemand Wasser.« Sie sprangen über den Zaun und hangelten sich im Schutz der Hausruinen weiter. Autodächer und schwarz verkohlte Überreste von Wachtürmen drangen durch den Sand. Das Hundegebell kam von der Rückseite des Gebäudes. Zu beiden Seiten führte ein Sterngang zur Verkaufsetage im zweiten Stock. Ransom und Philip erklommen vorsichtig die Stufen hinauf zum offenen Balkon. Staubwolken, vermischt mit alten Konservendosen und zerbrochenem Mobiliar, hatten sich an der Metallbalustrade angesammelt, die auf die Piazza hinausging. Mit Speeren bewaffnet kletterten sie über die Brüstung. Philip zögerte einen Moment, als fürchtete er sich vor dem Anblick, der ihn unten erwarten könnte, da zog ihn Ransom bereits am Arm weiter.

In der Mitte der Piazza, ungefähr fünfzig Meter zu ihrer Linken, stürzte sich ein halbes Dutzend Hunde auf eine Schar Plastikpuppen, die aus einem der Läden geholt und auf dem Pflaster aufgestellt worden waren. Die abgemagerten weißen Kreaturen sprangen umher und knurrten. Sie zerbissen die Gesichter der Schaufensterpuppen und rissen ihnen die Kleiderfetzen vom Leib, die über Hüften und Schultern drapiert waren. Eine Puppe nach der anderen fiel zu Boden, die Arme und Beine von schnappenden Mäulern abgerissen.Vom anderen Ende des Gebäudes ertönte ein peitschenartiger Knall. Die Meute machte kehrt und stob davon, darunter zwei, die eine kopflose Schaufensterpuppe hinter sich herzerrten. Sie rannten um die Ecke des Gebäudes und verschwanden in den Straßenruinen, angetrieben vom scharfen Knall der Peitsche.

Ransom deutete auf einen abgerissenen Kopf, der in den Rinnstein gerollt war. In dem verwüsteten Gesicht erkannte er eine der Puppen wieder, die er in der kleinen Stadt am Fluss im Schaufenster gesehen hatte. »Eine Warnung für Reisende, Philip? Oder eine Übung für die Hunde?«

Sie kehrten zu Catherine und Mrs. Quilter zurück und ruhten sich für einige Minuten im kühlen Innern eines Schiffswracks aus. Auf dem Abwrackplatz auf der anderen Seite des Flusses lag das Gerippe eines großen Fischtrawlers. Sein langer Rumpf wurde von einer hohen Heckbrücke gekrönt, die Jonas einst ruhelos auf- und abschritt wie ein Wüsten-Ahab auf der Jagd nach seinem weißen Meer. Ransom sah, dass Philip Jordan zur Brücke hochstarrte und mit den Augen die leeren Bullaugen absuchte.

Mrs. Quilter richtete sich mühsam auf. »Sehen Sie meinen alten Quilty?«, fragte sie. Noch in den letzten Tagen, je näher sie an Mount Royal heranrückten, hatten sie alle großzügig ihre Wasserration mit Mrs. Quilter geteilt, als könnte das in irgendeiner Weise das bedrohliche Gespenst ihres Sohnes besänftigen. Doch jetzt, da nur noch zwei Kanister übrig waren und die Stadt wie ausgestorben wirkte, stellte Ransom fest, dass sie nicht einmal mehr ihre eigene Ration erhielt.

»Er ist hier, Doktor«, sagte sie, diesen Sinneswandel registrierend. »Irgendwo hier. Ich spüre es.«

Ransom klopfte den Staub aus seinem Bart. Sein inzwischen schütteres Haar war nun ebenso weiß wie das von Miranda Lomax. Er sah hinaus zu den Rauchschwaden, die in der Ferne vom Flussbett aufstiegen. »Vielleicht, Mrs. Quilter.«

Sie verließen den Trawler und machten sich auf den Weg zur Straßenbrücke. Eine halbe Stunde später befanden sie sich bereits im Schatten der Brückenpfeiler. Vor der Einfahrt zum Yachthafen trieben Reste von Mrs. Quilters Hausboot in der Sonne, dessen Umrisse einige verkohlte Balken erkennen ließen. Sie stolperte über sie, stocherte mit einem Stock in dem verbrannten Holz und ließ sich dann wieder auf den Karren heben.

Als sie sich an den Fischerkais entlang einen Weg durch den feinen Staub bahnten, sah Ransom, dass der Boden von hier bis zu den weißen Dünen am See ganz und gar aus pulverisierten Gräten unzähliger kleiner Fische bestand. Winzige Knochen- und Wirbelreste glitzerten im Staub zu seinen Füßen. Dieser Knochenmehlbelag war ein hervorragender Reflektor, der den See und die Wüste ringsumher in hellem Licht erstrahlen ließ.

Sie fuhren mit dem Karren unter dem unversehrten Brückenbogen hindurch. Ransom fiel die Deichsel aus der Hand. »Philip!«, schrie er. »Das Hausboot!« Kaum hatte er den rechteckigen Umriss im Sand erkannt, rannte er durch die Sandverwehungen darauf zu.

Er kniete nieder, wischte den losen Sand von den Scheiben und spähte durch das zerkratzte Glas ins Innere, da tauchte Philip Jordan neben ihm auf.

Die Kajüte war offenbar bereits vor einigen Jahren geplündert worden. Überall waren Bücher verstreut, die Schreibtischschubladen lagen auf dem Boden, doch mit einem Blick erfasste Ransom, dass alle Andenken, die er vor seiner Abreise aus Hamilton zusammengetragen hatte, noch in der Kajüte waren. Eine Scheibe auf der Backbordseite war zerbrochen, und Sand ergoss sich über das Deck, das die gerahmte Reproduktion des Gemäldes von Tanguy, ein Bild von trockenen Stränden, halb unter sich begrub. Ransoms Briefbeschwerer, ein Gesteinsbrocken aus Jurakalkstein, hatte der Sand nicht erreicht.

»Doktor, was ist mit dem Wasser?« Philip Jordan kniete neben ihm und schaufelte den Sand mit den Händen fort. »Sie hatten doch etwas Wasser in einem Geheimtank.«

Ransom stand auf und klopfte den Staub aus seiner zerlumpten Kleidung. »Unter der Kombüse. Geh' zur anderen Seite rein.« Während Philip über das Dach stieg und sich anschickte, den Sand mit seinen langen Beinen den Abhang hinunterzuschieben, spähte Ransom durch die Scheibe. Die Sorgfalt, mit der er seinerzeit das

Hausboot eingerichtet und die Andenken, mit denen er es ausgestattet hatte, als handele es sich um Frachtgut für eine psychische Bundeslade, eine Schatzkammer der Seele, ließen ihn fast glauben, dass es in der Zukunft vorbereitet und dann in Vorwegnahme seiner gegenwärtigen Bedürfnisse vorzeitig, zehn Jahre zu früh, am Ufer gestrandet war.

»Hier drüben, Doktor!«, rief Philip. Ransom ging vom Fenster weg und überquerte das Dach. Fünfzig Meter zu seiner Rechten kletterte Catherine Austen zum Ufer hinauf und starrte auf die Ruinen ihres Hauses.

»Hast du ihn gefunden, Philip?«

Philip deutete durch das Fenster. Der Boden der Kombüse war bis zu den Wänden hin aufgerissen, so dass die Treppensprossen, die zum Ponton hinunterführten, sichtbar wurden.

»Da ist uns jemand zuvorgekommen, Doktor.« Erschöpft richtete sich Philip auf. Er rieb sich den Hals, und seine Hände hinterließen weiße Streifen auf seiner Haut. Dann schaute er flussabwärts zurück zu dem verlassenen Fischtrawler an der Mole.

36

Die Fata Morgana

Der Sand geriet in Bewegung und umspülte ihre Knie.

Ransom kletterte die Böschung zur Brücke hinauf. Mit den Füßen stieß er gegen einen spitzen Metallgegenstand, und er erinnerte sich an den Außenbordmotor, den er neben dem Hausboot zurückgelassen hatte. Aus irgendeinem Grund wollte er jetzt von den anderen wegkommen. Während der Reise von der Küste waren sie aufeinander angewiesen gewesen, doch mit ihrer Ankunft in Hamilton, jenem Ort, von dem sie vor zehn Jahren aufgebrochen waren, fühlte er sich von allen Verpflichtungen ihnen gegenüber entbunden. Als er die Böschung erklomm, schaute er auf sie herab. Wie verloren standen sie da im immergleichen Licht, ein jeder für sich allein, miteinander verbunden einzig durch den Sand, der zwischen ihren Füßen hindurchrieselte.

Er schwang sich über die Brüstung und humpelte auf dem Trottoir zur Mitte des Brückenbogens. Der Boden war übersät mit Metallschrott und alten Reifen. Er blieb am Brückengeländer stehen und schaute über die sandbedeckten Ruinen und die unwirtlichen Türme der fernen Stadt. Bis zum Horizont erstreckte sich im Nordosten die weiß schimmernde, geriffelte Oberfläche des trockenen Sees.

Wie ein erschöpfter Bettler ließ er sich umgeben von leeren Dosen und Unrat an einer Lücke der Balustrade nieder. Weiter unten bahnte sich Philip Jordan einen Weg durch das Flussbett, den Speer in der Hand und einen der beiden Wasserkanister auf der Schulter. Catherine Austen kletterte schräg gegenüber zum Ufer hinauf und suchte irgendetwas zwischen dem zersplitterten Treibholz. Nur Mrs. Quilter saß noch unter ihrem zerfledderten Sonnensegel reglos auf dem Karren.

Zehn Minuten lang lehnte Ransom an der Brüstung in der Mitte der verlassenen Brücke und blickte hinab auf die auseinanderstrebenden Gestalten.

In der vagen Hoffnung, irgendwo da unten sein eigenes Haus zu entdecken, ließ er seine Augen über die Trümmerhalden schweifen. Ein Lichtschimmer errregte seine Aufmerksamkeit. Eingebettet zwischen Dünen befand sich unweit von Lomax' Villa ein kleines Staubecken mit blauem Wasser, dessen Oberfläche sich munter kräuselte. Ransom glaubte bei seinem Anblick zunächst an eine Fata Morgana von bemerkenswerter Intensität. Die Wasserfläche hatte einen Durchmesser von mindestens dreißig Meter und wurde von einem schmalen Sandstrand gesäumt, der aussah wie die Uferböschung eines Miniaturreservoirs, umgeben von Dünen und Mauerresten.

Während er noch auf das Verschwinden der Fata Morgana wartete, flog ein weißer Vogel über die Ruinen und schoss zum Wasser hinab. Mit angelegten Flügeln landete er auf der Oberfläche und glitt im Kielwasser des Lichstrahls dahin.

Ransom rappelte sich auf und eilte über die Brücke. Er versuchte nicht einmal mehr, die anderen zu finden, sondern grätschte über das Geländer und rutschte die Böschung hinab. Alle fünfzig Meter legte er eine Pause ein, dann rannte er weiter die Uferstraßen entlang, hinweg über Dächer von Autos, die unter dem Sand begraben waren.

»Doktor!« Als er über eine niedrige Mauer kletterte, wäre Ransom fast auf dem zierlichen Körper von Mrs. Quilter gelandet, die unter ihm in einer Mauerspalte kauerte. Ängstlich sah sie zu ihm auf. Irgendwie hatte sie es geschafft, vom Karren zu steigen und die Böschung hochzukrabbeln. »Doktor«, seufzte sie kläglich. »Ich kann mich nicht bewegen.«

Ransom wollte schon weiterlaufen, da fischte sie unter ihren seidenen Lumpen den zweiten Wasserkanister hervor. »Ich teile es mit Ihnen, Doktor.«

»Na dann los.« Ransom packte sie am Arm und half ihr auf die Beine. Gemeinsam humpelten sie weiter. Einmal stolperte sie über ein teilweise vergrabenes Tau und fiel keuchend in den Sand. Ransom nervte die Unterbrechung. Schließlich kniete er nieder und nahm sie Huckepack, wobei ihre kleinen Hände auf der Suche nach Halt seinen Hals umklammerten.

Erstaunlicherweise war sie leicht wie ein Kind. Über die abschüssigen Dünen hinweg konnte er kurzzeitig sogar an Tempo zulegen. Alle fünfzig Meter setzte er sie ab und kletterte auf eine Mauer, um sich zu orientieren. Unterdessen saß sie in einem sandgefüllten Swimmingpool neben einem ausgebrannten Verschlag inmitten von Glutasche und beobachtete Ransom wie eine liebenswürdige alte Hexe.

Als sie dann endgültig vom Fluss Abschied nahmen, kniff ihn Mrs. Quilter ins Ohr.

»Doktor, schauen Sie mal kurz zurück!«

Ungefähr einen Kilometer entfernt loderten im Schatten der Brücke Flammen empor, und Rauchwolken stiegen aus dem Hausboot auf. Sekunden später brannte auch der Karren, als hätte ihn eine unsichtbare Fackel in Brand gesetzt.

»Macht nichts!« Ransom packte ihre Beine fester und taumelte durch die Trümmerlandschaft wie ein dem Wahnsinn anheimgefallener Sindbad, der die alte Frau des Wüstenmeers mit sich herumschleppt. Sein Weg führte ihn kreuz und quer über abschüssige Straße in weitem Bogen um die halb unter Sand begrabenen Swimmingpools herum, während hinter ihnen Staub aufwirbelte. Vor ihnen türmte sich eine hohe Dünenkette auf, die das Wasserreservoir umgab. Mit letzter Kraft erklomm er die nächstbeste Böschung.

Oben angekommen, blieb er stehen. Er ließ Mrs. Quilter von der Schulter gleiten, die, von Unrat umgeben, auf allen vieren hinter ihm herkroch. Ransom stapfte zum Wasser hinab. Der Wind trieb kleine Wellen ans Ufer. Der schmale Sandstreifen färbte sich dunkel durch die Nässe und mischte sich mit dem Unrat. Es war ein kleines Staubecken, dessen weitläufige Umrandung aus zerfallenen Mauerteilen bestand. Ransom erschien es wie ein Geschenk des Himmels, ein Destillat der ausgebliebenen Niederschläge eines ganzen Jahrzehnts.

Drei Meter vom Rand entfernt rannte er los, stolperte über lose Ziegelsteine und landete auf festerem Sand. Der weiße Vogel saß mitten auf dem See und beäugte ihn mißtrauisch. Das schäumende Wasser, das Ransoms Füße umspülte, glänzte hell wie das Gefieder des Vogels. Er kniete im seichten Wasser, badete Kopf und Gesicht darin, dann nässte er sein Hemd und benetzte die Arme mit der kühlen, kristallinen Flüssigkeit. Das blaue Wasser erstreckte sich bis zum gegenüberliegenden Ufer, hinter dessen Dünen sich die Wüstenlandschaft verbarg.

Mit lautem Schrei erhob sich der Vogel aus dem Wasser und flog davon. Ransom ließ den Blick über das Ufer schweifen. Dann gewahrte er hinter sich eine riesige Gestalt im Sand. Fast einsneunzig groß, ausgestattet mit einem überdimensionierten, federgeschmückten Kopfputz, machte die über ihm aufragende Gestalt auf ihn den Eindruck eines grotesken Götzenbilds, ausstaffiert mit sämtlichen, wahllos zusammengerafften Besitztümern eines ganzen Stammes. Ein loser Umhang aus Gepardenfell bedeckte seine ausladenden Schultern. Er trug einen locker fallenden, in der Hüfte mit einer goldenen Kordel gegürteten Kaftan, der, ehemals ein Paisley-Morgenrock, so weit gekürzt worden war, dass der rustikale Ledergürtel darunter sichtbar wurde. Der hielt ein scheinbar wahllos aus türkischen Teppichflicken genähtes Beinkleid zusammen. Die ungleichen Hosenbeine fielen auf ein Paar robuster Wasserstiefel herab. An denen Stiefeln waren zwei plumpe Holzstelzen mit Metallspangen befestigt, an die wiederum Sandschuhe genagelt waren. Alles in allem wirkte dessen Besitzer dadurch noch einmal sechzig Zentimeter länger.

Ransom kniete im Wasser und sah das finstere Mienenspiel des Mannes. Sein Ausdruck war von geradezu widernatürlicher Wildheit. Das lange, rostrote Haar fiel ihm bis auf die Schultern herab und umrahmte das Gesicht wie ein Vorhang, hinter dem sich auf dem Jahrmarkt das Ungeheuer einer Freakshow verbirgt. Aus dem über die ausgeprägten Wangenknochen gestülpten federgeschmückten Kopfputz wuchsen seitlich zwei schwarze Flügel, nicht anders als die Hörner eines Wikingerhelms, zwischen denen ein schwankendes Anhängsel hing, das auf Ransom herabzeigte.

»Quilter…!«, hub er an, als er den ausgestopften Kadaver des schwarzen Schwans erkannte. »Quilter, ich bin…«

Noch bevor er sich erheben konnte, erwachte die Gestalt plötzlich zu Leben und stürzte sich mit lautem Schrei auf Ransom. Der fiel seitlich ins Wasser und erhielt kräftige Kniestöße ins Kreuz, während starke Hände ihn an der Schulter packten und unter Wasser drückten. Eine Faust hämmerte auf seinen Hinterkopf ein. Ransom rang keuchend nach Luft und erhaschte durch die umherwirbelnden Felle gerade noch einen Blick auf Mrs. Quilter, die am Ufer entlanghumpelte. Auf ihrem spitzen Gesicht zeigte sich ein ungläubiges Lächeln, als sie krächzte: »Es ist mein Quiltyboy…, komm her, mein Junge, deine Mutter ist gekommen, um dich zu retten…«

Eine halbe Stunde später hatte sich Ransom bereits wieder ein wenig erholt und lag ausgestreckt am Strand unweit des kühlen Wassers. Während er noch halb betäubt in der Sonne lag, hörte er, wie Mrs. Quilter, die wenige Meter von ihm entfernt auf einer Düne saß, unentwegt auf ihren Sohn einredete, der wie ein riesiger Kuckuck schweigend unter seinen Fellen neben ihr im Sand hockte. Die alte Frau, außer sich vor Freude, dass sie ihren Sohn endlich wiedergefunden hatte, erzählte ihm in einem fort, was ihr in den letzten zehn Jahren widerfahren war. Zu Ransoms Glück schilderte sie ihm auch in den glühendsten Farben ihre fabelhafte Autoexpedition zur

Küste, die Ransom ihr ermöglicht hatte. Als sie seinen Name erwähnte, stand Quilter auf, ging auf seinen Stelzen die Düne hinunter, um nach Ransom zu sehen, und wälzte ihn mit der Spitze seine Stelze auf die andere Seite. Sein breites, entstelltes Gesicht mit den schielenden Augen über den hohlen Wangen hatte sich in den letzten Jahren kaum verändert, obwohl er doppelt so groß wie früher wirkte und sichtlich an Selbstvertrauen gewonnen hatte. Während er seiner Mutter zuhörte, musterte er sie nachdenklich, fast so, als kalkuliere er die kulinarischen Möglichkeiten des kleinen Bündels ältlicher Knorpel.

Unsicher schwankend rappelte sich Ransom auf und kletterte die Düne zu ihnen hoch. Quilter schenkte ihm keine Beachtung, ganz so, als wäre Ransom die letzten zehn Jahre jeden Morgen halb ertrunken an seinem See aufgetaucht. Seine großen Augen waren gesprenkelt wie marmorierter Sandstein. Das unergründliche, dünne Lächeln war verschwunden, sein breiter Mund fest und schmallippig.

»Doktor…?« Mrs. Quilter unterbrach ihren Monolog, überrascht, Ransom zu sehen, doch erfreut, dass er sich zu ihnen gesellte. »Gerade habe ich von Ihnen erzählt, Doktor. Quilty, der Doktor kennt sich mit Autos aus.«

Ransom murmelte irgendetwas vor sich hin und klopfte matt den feuchten Sand aus den halbtrockenen Kleidern.

Mit barscher Stimme sagte Quilter: »Halten Sie sich von Autos fern, darin sind Leute begraben.« Mit einem Anflug seines alten Humors setzte er hinzu: »Loch runter bis zur Tür, reinschieben, Fenster hoch, und das war's, was?«

»Klingt nach einer guten Idee!«, erwiderte Ransom vorsichtig. Er beschloss, ihm nichts von Philip Jordan oder Catherine zu erzählen. Bis jetzt hatte Quilter ihnen gegenüber nicht verraten, wo oder wie er lebte.

Fünf Minuten lang saß Quilter auf dem Dünenkamm und streichelte gelegentlich seine Felle. Seine Mutter plapperte unaufhörlich weiter und berührte dabei ein ums andere Mal ihren Sohn zaghaft mit ihren kleinen Händen. Nach einer Weile packte Quilter den vor seinem rechten Auge baumelnden Schwanenhals und zog den Kopfputz ab. Zum Vorschein kam ein kahler Schädel, um dessen ausladende Tonsur ein dicker roter Haarkranz wucherte.

Dann sprang er wortlos auf, machte eine knappe Handbewegung in ihre Richtung und stapfte auf seinen Stelzen durch den Sand davon, während Felle und Morgenrock wie zerrupfte Vogelschwingen hinter ihm herflatterten.

37

Die Oase

Sie folgten Quilter, der zwischen den Dünen hin und her lief und von seinen Stelzen über Geröllhalden getragen wurde, während sie kaum mit ihm Schritt halten konnten. Hin und wieder, wenn Ransom Mrs. Quilter über eine Mauerruine hinweghalf, sah er das Flussufer und die weißen Knochenberge des Sees, doch die wenigen, noch erkennbaren Straßenzüge erinnerten nur noch vage an das Hamilton von einst. Nichts regte sich zwischen den Ruinen. In den Bodensenken, die sie passierten, sahen sie die Überreste kleiner Feuer und die abgenagten Gerippe von Vögeln und Wüstenwölfen, die dort seit Jahren lagen.

Sie standen vor einer Reihe schmiedeeiserner Tore, halb unter Sand begraben, und Ransom erkannte trotz der hohen Verwehungen, dass es die Straße war, in der er einst lebte. Reverend Johnstones Haus auf der gegenüberliegenden Straßenseite war ganz unter einer Düne verschwunden, begraben unter Staub und Sand, den der Wind vom See hergeweht hatte.

Quilter führte sie durch einen Mauerspalt am Tor vorbei und stiefelte die Auffahrt hinauf. Lomax' Villa lag verborgen zwischen den Dünen, die oberen Stockwerke waren ausgebrannt. Sie traten ein. Die zerbrochenen Glastüren standen offen, und der Marmorboden der Eingangshalle war übersät mit Unrat und rostigen Dosen.

Sie gingen um das Haus herum und gelangten zum Swimmingpool. Dort endlich stießen sie auf Lebenszeichen. Ringsum den Pool waren eine Reihe gegerbter Felle wie Planen gespannt und am tiefen Ende des Beckens zu einer Art Zeltdach drapiert. Von der Mitte des Beckens stieg der schwache Rauch eines Holzfeuers auf. An den sandverkrusteten Rändern stapelten sich alte Kochutensilien, Vogelfallen und Kühlschrankteile, die aus benachbarten Ruinen stammten. Unweit davon lagerten zwei radlose Autokarosserien nebeneinander in den Dünen.

Eine Holztreppe führte hinunter zum Grund des Swimmingpools. Durch die Überdachung war der Boden glatt und sauber, so dass man die bunten Dreizacke und Seepferdchen zwischen den abgenutzten Fliesen sah. Sie näherten sich vom flachen Ende des Beckens und standen dann vor einer Wand aus Decken. Quilter schob sie beiseite und gab ihnen ein Zeichen, ihm in den Innenhof zu folgen.

Auf einem niedrigen Diwan neben dem Feuer lag eine Frau, die Ransom mit einiger Mühe als Miranda Lomax identifizierte. Ihr langes weißes Haar reichte bis zu den Füßen und umhüllte sie wie ein zerschlissenes Leichentuch, doch ihr Gesicht trug noch die gleichen koboldhaften Züge um Mund und Augen. Allein ihr Umfang erschreckte Ransom. Sie war jetzt so fett wie ein Schwein, hatte massige Arme und Hüften und die Schultern und Taille einer Mastsau. Aus kleinen, unter der Fettschicht ihrer feisten Wangen kaum sichtbaren Augen starrte sie Ransom an. Mit draller Hand strich sie sich das Haar aus der Stirn. Sie trug ein schwarzes, nahezu modisches Nachtgewand, das wie dafür geschaffen schien, ihre enorme Leibesfülle zur Geltung zu bringen.

»Quilty…«, begann sie. »Wer ist das?« Sie blickte zu Quilter, der seine Stelzen abschnallte und seiner Mutter bedeutete, auf einem Schemel am Feuer Platz zu nehmen. Er selbst ließ sich in einen großen Korbstuhl mit Fächerrücken fallen, dessen Bambusgeflecht einen kunstvollen Zierbogen um seinen Kopf bildete. Er packte den Hals des Schwans, zog seinen Kopfputz ab und ließ ihn zu Boden gleiten. Ransom blieb nichts anderes übrig, als auf dem Boden Platz zu nehmen.

Miranda machte eine kleine Drehung auf dem Diwan, außerstande, ihren mächtigen Leib um mehr als ein oder zwei Zentimeter zu bewegen. »Quilty, ist das nicht unser Wander-Doc? Wie hieß er doch gleich…?« Sie bedachte Mrs. Quilter mit einem kleinen Nicken und wandte ihre Aufmerksamkeit dann wieder Ransom zu. Ein Lächeln breitete sich über ihrem Gesicht aus, als hätte Ransoms Erscheinen eine lang schlummernde Erinnerung wachgerufen. »Doktor, haben Sie den ganzen Weg von der Küste bis hierher zurückgelegt, um uns zu besuchen? Quilty, deine Mutter ist da.«

Mrs. Quilter starrte Miranda mit leerem Blick aus müden Augen an, außerstande oder nicht gewillt, sie wiederzuerkennen.

Quilter saß auf seinem geflochtenen Thron. Er sah seine Mutter kühl an und sagte dann mit einem Anflug von Humor zu Miranda: »Sie mag Autos.«

»Ach ja?«, kicherte Miranda. »Nun, sie sieht aus, als würde sie bald eins brauchen.« Dann wandte sie sich freundlich lächelnd an Ransom. »Was ist mit Ihnen, Doktor?«

Ransom strich sich über den Bart. Trotz dieser befremdlichen *ménage* auf dem Grund eines leeren Swimmingpools fühlte er sich nicht unwohl. Er hatte inzwischen einen Punkt erreicht, an dem er nahezu jede nur denkbare Gewalttat hinzunehmen bereit war. Dazu zählte, als wichtigste Voraussetzung, diese jähe Vertreibung aus der Stille der Wüste. »Autos…? Ich musste mich mit anderen Transportmitteln begnügen. Ich freue mich, Sie zu sehen, Miranda.«

»Ja…, das kann ich mir denken. Haben Sie Wasser mitgebracht?«

»Wasser?«, wiederholte Ransom. »Das, was wir hatten, haben wir unterwegs verbraucht.«

Miranda seufzte. Sie sah zu Quilter hinüber. »Ein Jammer. Wir sind ziemlich knapp mit Wasser, wissen Sie.«

»Aber das Staubecken…« Ransom deutete zum Wasserreservoir. »Ihr habt doch genug von dem Zeug.«

Miranda schüttelte den Kopf. So schnell wie sie aufs Thema zu sprechen kam, mutmaßte Ransom, dass der See vielleicht doch nur eine Fata Morgana war. Miranda sah ihn nachdenklich an. »Dieses Reservoir, wie Sie es nennen, ist alles, was wir haben. Stimmt's, Quilter?«

Quilter nickte und sah Ransom flüchtig an. Ransom fragte sich, ob Quilter sich tatsächlich an ihn oder gar an seine Mutter erinnerte. Die alte Frau saß halb schlafend und völlig erschöpft auf dem Schemel, jetzt, nachdem die lange Reise zu Ende war.

Miranda lächelte Ransom an. »Wissen Sie, wir hatten gehofft, Sie würden ein wenig Wasser mitbringen. Doch wenn Sie keins haben, dann ist das eben so. Aber verraten Sie mir eins, Doktor, warum sind Sie zurückgekommen?«

Ransom zögerte, bevor er antwortete, wusste er doch, dass Quilter ihn aus scharfen Augen beobachtete. Offensichtlich glaubten sie, ihre kleine Gruppe sei die Vorhut einer offiziellen Expedition von der Küste oder gar ein Vorbote, der das Ende der Dürre verheißt.

»Nun«, sagte er gedehnt. »Ich weiß, es klingt verrückt, Miranda, aber ich wollte Lomax und Sie wiedersehen – und Quilter natürlich auch. Vielleicht können Sie das nicht verstehen.«

Miranda richtete sich auf. »Doch, *das* verstehe ich. Was Richard anbelangt, er ist in letzter Zeit ziemlich schwierig und unberechenbar, und Quilter scheint von Ihnen bereits ein bisschen genervt zu sein, doch *ich* verstehe das.« Sie tätschelte ihren gewaltigen Bauch und betrachtete mit nachsichtiger Zuneigung ihren voluminösen Leib. »Da Sie kein Wasser mitgebracht haben, ändert sich die Situation ehrlich gesagt ein wenig. Doch ein paar Tage können Sie sicherlich bleiben. Nicht wahr, Quilter?«

Noch bevor Quilter antworten konnte, begann Mrs. Quilter auf ihrem Schemel plötzlich zu schwanken. Ransom ergriff ihren Arm. »Sie muss sich ausruhen«, sagte er. »Kann sie sich irgendwo hinlegen?«

Quilter trug sie in ein kleines Kabinett hinter dem Vorhang. Nach wenigen Minuten kam er zurück und reichte Ransom einen Kübel lauwarmen Wassers. Obwohl sein Magen noch voll war von dem Wasser, das er am Staubecken getrunken hatte, tat Ransom so, als würde er dankbar trinken.

Zu Miranda gewandt, sagte er beiläufig: »Ich nehme an, ihr habt uns bis hierher verfolgen lassen?«

»Wir wussten, dass sich jemand durch die Wüste kämpft. Nicht viele Leute schaffen es von der Küste bis hierher – die meisten geben auf oder verschwinden.« Sie schenkte Ransom ein schelmisches Lächeln. »Ich glaube, sie werden unterwegs gefressen – von Löwen, meine ich.«

Ransom nickte. »Wovon haben Sie sich eigentlich ernährt? Abgesehen von den paar müden Reisenden, meine ich.«

Miranda lachte schallend. »Machen Sie sich mal keine Sorgen, Doktor, Sie sind viel zu zäh. Außerdem sind diese Zeiten vorbei, nicht wahr, Quilty? Inzwischen läuft hier alles nach Plan, und wir haben ausreichend zu essen – Sie würden staunen, wenn Sie wüssten, wie viele Dosen man hier unter den Trümmern findet –, doch am Anfang war es schwierig. Ich weiß, Sie glauben, alle seien an die Küste gezogen, doch tatsächlich sind viele Leute dageblieben. Mit der Zeit wurden es jedoch zuverlässig weniger.« Nachdenklich klopfte sie sich auf den Bauch. »Zehn Jahre sind eine lange Zeit.«

Von oben, aus den Dünen rings um den Pool, drang ein trockenes Knistern und das fauchende Geräusch eines Blasebalgs. Ein Feuer aus Reisig und ölgetränkten Lumpen loderte auf und schickte eine Rauchwolke zum Himmel. Ransom musterte die dicke, schwarze Säule, die sich unweit vor ihm auftürmte. Sie sah aus wie all die anderen Rauchsäulen, die ihnen in der Wüste gefolgt waren, und Ransom hatte auf einmal trotz des zwiespältigen Empfangs das Gefühl, endlich am Ziel zu sein. Niemand hatte Catherine oder Philip Jordan erwähnt, doch er nahm an, dass auch andere Leute durch die Wüste geirrt und dann zufällig Quilter begegnet waren. Einige hatte er zweifellos aus Gewohnheit im Staubecken ertränkt, andere vielleicht in seine Höhle verschleppt.

Miranda schniefte und zog ein wenig Schleim durch die Nase hoch. »Whitman ist da«, sagte sie zu Quilter, der durch einen Spalt im Vorhang das Gesicht seiner schlafenden Mutter anstarrte.

Hinter dem Deckenvorhang vernahm man das Getrappel von Holzpantinen, und aus einer anderen Ecke stürmten drei kleine Kinder herbei. Vom Feuer aufgeschreckt, das vom Beckenrand aufstieg, watschelten sie wild umher und scharten sich quiekend um ihre Mutter. Mit ihren Wasserköpfen und koboldhaften Elfengesichtern glichen sie Miranda und Quilter aufs Haar. Beide Kinder hatten den gleichen brachycephalen Schädel, den gleichen abwärtsgerichteten Blick und die gleichen hohlen Wangen. Ihr schmaler Hals und Körper schien kaum imstande, den riesigen Wackelkopf zu tragen. Ransom hielt sie zunächst für ebenso debil wie ihre Eltern, doch dann sah er ihre Augen und merkte, dass sie ihn aufmerksam beobachteten. Träume spiegelten sich in ihren schlaftrunkenen Pupillen.

Quilter schenkte ihnen keinerlei Beachtung, als sie, um das Feuer besser sehen zu können, um seine Beine herumkrabbelten. Die Gestalt eines buckligen Mannes zeichnete sich umrißhaft auf der Außenplane ab. Hier ein Feuer zu entzünden, machte keinen Sinn, daher vermutete Ransom, dass es eine rituelle Bedeutung hatte und Bestandteil eines überlieferten Wüstenbrauchs war. Wie so viele der nicht mehr existierenden oder vergessenen Rituale war es in seiner Rätselhaftigkeit jetzt allerdings viel beängstigender als zu der Zeit, als es einem konkreten Zweck diente.

Miranda betrachtete die Kinder, die zwischen den Vorhängen hin- und herflitzten. »Meine Babys, Doktor, oder besser: die paar, die noch leben. Sag Sie mir, dass Sie sie schön finden.«

»Das sind sie«, versicherte Ransom hastig. Er nahm eines der Kinder auf den Arm und betastete den riesigen Schädel. Ein unaufhörlicher Gedankenstrom spiegelte sich in seinen leuchtenden Augen. »Es sieht aus wie ein Wunderkind.«

Miranda nickte weise. »Da haben Sie recht, Doktor, das sind sie alle. Was in dem armen alten Quilter nur schlummert, habe ich in ihnen zum Vorschein gebracht.«

Von oben ertönte ein Schrei. Ein einäugiger Mann mit krebsartigen Gang, dessen linker Arm oberhalb des Handgelenks in einem Stumpf endete, während der andere rußgeschwärzt war, spähte auf sie herab. Sein Gesicht und seine zerlumpte Kleidung waren staubbedeckt, als hätte er Monate in der Wildnis verbracht. Ransom sah, dass es der Fahrer des Wassertankwagens war, der ihn seinerzeit zum Zoo kutschiert hatte. Eine Narbe auf der rechten Wange war im Laufe der Jahre tiefer geworden und hatte sein Gesicht fratzenhaft verzerrt. Der Mann war weniger Furcht einflößend als Mitleid erregend und nur noch ein Schatten seiner selbst.

Zu Quilter gewandt, sagte er: »Der junge Jonas und die Frau sind flussaufwärts unterwegs. Die Löwen werden sie heute Nacht wohl holen.«

Quilter starrte auf den Boden des Beckens. Dann und wann hob er den Arm und kratzte sich am kahlen Schädel. Seine besorgte Haltung legte nahe, dass er mit einem unlösbaren Rätsel kämpfte.

»Haben sie überhaupt Wasser?«, fragte Miranda.

»Nicht einen Tropfen«, erwiderte Whitman mit spitzem Lachen. Sein fratzenhaftes Gesicht, das Ransom im Schaufenster des Ladens gesehen hatte, starrte ihn grimmig an. Whitman wischte sich mit dem Armstumpf über die Stirn, und Ransom dachte an die Schaufensterpuppen, die die Hunde in Stücke gerissen hatten. Vielleicht rächte sich der Mann auf diese Art und Weise, da ihn selbst noch der schwachen Abglanz einer menschlichen Erscheinung, wie er den Schaufensterpuppen anhaftete, mit Haß erfüllte. Still und stumm standen sie auf der Piazza, hohle Abbilder der entschwundenen Menschen, die einst in der Stadt lebten. Alles um Ransom herum wirkte jetzt so isoliert wie der idealisierte Rest einer Landschaft und ihrer menschlichen Bewohner, deren urzeitliche Vorfahren schon lange nicht mehr lebten. Er fragte sich, was Whitman wohl tun würde, wenn er wüsste, dass auch er, Ransom, einmal Tote amputiert hatte – weder Vergangenheit noch Zukunft waren veränderbar, nur der Spiegel dazwischen.

Whitman wollte gerade aufbrechen, als aus der Ferne eine Stimme über die Dünen schallte. Ihre wirre Ansprache galt sowohl dem Redner im Besonderen als auch der Welt im Allgemeinen, vorgetragen im Rhythmus einer Totenklage.

Whitman schwankte ruhelos hin und her. »Jonas!« Er schien unschlüssig, ob er ihm nachsetzen oder fliehen sollte. »Dieses Mal schnapp' ich ihn mir!«

Quilter stand auf. Er stülpte sich die Schwanenkappe über.

»Quilter«, rief Miranda ihm nach. »Nimm' den Doktor mit. Er kann mit Lomax reden und herausfinden, was er vorhat.«

Quilter schnallte die Stelzen an. Dann kletterten sie aus dem Swimmingpool und machten sich auf den Weg, vorbei an den Überresten der Feuersglut, und folgten Whitman über die Dünen. In einer Bodensenke warteten seine Hunde, angebunden am Pfosten eines ehemaligen Wachturms. Das kleine Rudel war nun angeleint, und die Leine zerrte an Whitmans Hand. Er kroch an niedrigen Mauern entlang und spähte über das unwegsame Gelände. Quilter folgte ihm in zwanzig Meter Entfernung, hoch aufragend wie ein mit allen Insignien ausgestatteter Götze. Unmittelbar danach kam Ransom. Aus dem vor ihnen liegenden Nirgendwo drang ein tiefer, monotoner Klagelaut.

Als sie eine der Dünen erklommen, sahen sie in hundert Meter Entfernung Jonas' einsame Gestalt, die zwischen den Ruinen am Rande des ausgetrockneten Sees umherging. Mit entrückter Miene wandelte er, das dunkle Gesicht der Sonne zugewandt, über den mit Knochenasche bedeckten Boden, der sich vom See bis zum Horizont erstreckte. Sein eintöniger Singsang, halb Prophezeiung, halb Klagelied, ging unvermindert weiter. Zweimal vernahm Ransom das

Wort »Meer«. Bei jedem Crescendo warf er die Arme in die Höhe, dann verschwand er wieder aus ihrem Blickfeld.

Schräg hinter ihm befand sich Whitman, der die wild an der Leine zerrenden Hunde nur mit Mühe bändigen konnte. Hinter dem Sockel einer Turmruine blieb er stehen und wartete, dass Jonas im offenen Bereich der Uferstraße auftauchte. Doch Jonas hatte wohl nicht die Absicht, sich dem See zu nähern. Whitman nahm deshalb die Leine zwischen die Zähne und schickte sich an, mit einer Hand die Riemen zu lösen.

»Jonas…«

Der leise Ruf kam von den Dünen draußen am See. Jonas blieb stehen und drehte sich suchend nach dem Rufer um. Dann sah er Quilter mit seinem grotesken Kopfputz hinter sich und die Hunde, die sich von dem bedauernswerten Whitman losgerissen hatten.

Als die Meute losstürmte, erwachte der hochgewachsene Mann aus seiner Starre. Mit gesenktem Kopf rannte er los, und seine langen Beinen trugen ihn rasch über die Trümmer fort. Die Hunde holten ihn jedoch ein und schnappten nach ihm, da zog er ein altes Fischernetz von seiner Hüfte und warf es ihnen über die Schnauze. Zehn Meter weiter verhedderten sich die Hunde mit dem Netz im Stumpf eines Telegrafenmastes und blieben ruckartig stehen, kläfften einander an und wälzten sich am Boden.

Ransom sah der hageren Gestalt des Predigers nach, die am Seeufer entschwand. Whitman bahnte sich fluchend einen Weg zu den Hunden und versetzte ihnen heftige Fußtritte in die Flanken. Er stand am Seeufer und spähte hinaus auf die Dünen auf der Suche nach dem unsichtbaren Rufer, der Jonas gewarnt hatte. Quilter starrte unterdessen voller Gleichmut auf die Trümmerberge. Ransom ging zu ihm hinüber. »Jonas – er ist also hier, Jordans Vater. Sucht er noch immer nach dem verlorenen Meer?«

»Er hat es gefunden«, sagte Quilter.

»Wo?«

Quilter deutete auf den See und die kreideartigen Dünen. Myriaden weißer Gebeine, die der Wind an die Oberfläche gespült hatte, glitzerten im Sonnenlicht.

»Ist das sein Meer?«, fragte Ransom, als sie sich auf den Heimweg machten. »Warum geht er dann nicht dorthin?«

Quilter zuckte die Schultern. »Wegen der Löwen«, sagte er und ging weiter.

38

Der Pavillon

Hundert Meter entfernt, auf der freien Fläche zwischen Lomax' Swimmingpool und der östlichen Grenze des Anwesens, tauchte in einer Senke zwischen den Dünen ein kleiner Pavillon auf, dessen Glas- und Metallkanten im Sonnenlicht glänzten. Er bestand aus verschiedenen verchromten und emaillierten Metallteilen – Kühlergrills von Autos, Reflektoren von Elektroheizungen, Radiogehäusen usw. –, die mit bemerkenswertem Einfallsreichtum so zusammengefügt waren, das er aus der Ferne aussah wie ein mit Edelsteinen besetzter Tempel. Umgeben von Sand und Staub leuchtete das vergoldete Bauwerk in der Sonne wie ein Kleinod von Fabergé.

Quilter blieb fünfzig Meter davon entfernt stehen. »Lomax«, sagte er einleitend. »Sprechen Sie jetzt mit ihm. Sag Sie ihm, wenn er nicht bald Wasser findet, wird er *ertrinken*.«

Mit dieser verwirrenden Ansage ließ er ihn stehen und ging zum Pool.

Ransom stapfte weiter durch den Sand. Beim Näherkommen verglich er den Pavillon insgeheim mit den grobschlächtigen Gebilden, die er aus ähnlichen Materialien an der Küste gebaut hatte. Das gleichbleibende Wüstenlicht und der neutrale Sand regten offenkundig Phantasie und Vorstellungskraft an, während die nasskalten Salzdünen sie auslaugten.

Er erreichte den reich verzierten Portikus und spähte ins Innere. Die Wände des kleinen Vorraums waren mit gewölbten Chromstreifen geschmückt. In ein Gestell waren Buntglasscheiben von Autoscheinwerfern eingepasst, die eine einzige durchgehende Wand bildeten, in der sich das Sonnenlicht in zahllosen Varianten brach.

Eine andere Wand bestand aus Radiogehäusen, deren vergoldete Knöpfe astrologische Muster ergaben.

Eine Tür öffnete sich im Innern. Eine pummelige, parfürmierte Gestalt trat aus den Schatten hervor und ergriff seinen Arm.

»Charles, alter Knabe! Ich habe von Ihrem Kommen bereits gehört! Wie schön, Sie wiederzusehen!«

»Richard…!« Ransom starrte Lomax einen Moment lang an. Der umrundete ihn und beglotzte Ransoms zerlumpte Kleidung mit den Augen eines delirierenden Goldfischs. Lomax war vollkommen kahl und sah aus wie eine hübsche, wenngleich glatzköpfige Frau. Seine Haut war geschmeidig und weich, Wüstenwind und Sonne hatten ihr nicht zugesetzt. Er trug einen extravagant geschnittenen grauen Seidenanzug, dessen plissierte Hose aussah wie ein eng anliegender Rock oder wie die gegabelte Schwanzflosse eines riesigen Fischs. Die bestickte Jacke war mit Rüschen und einer Reihe von Perlenknöpfen versehen. Auf Ransom wirkte er wie eine *pantomime dame,* ein mit seinem Vergnügungspavillon in der Wüste gestrandeter grotesker Gebärdendarsteller für Frauenrollen, halb liebenswürdiger Schurke, halb Transvestit.

»Charles, was ist los?« Lomax trat einen Schritt zurück. Seinen Augen über der kurzen Hakennase entging nichts. »Erinnern Sie sich nicht mehr an mich?« Er gluckste frohlockend angesichts der Pointe, die er nun loswerden konnte. »Oder andersherum – Sie *tun's*!«

Er kicherte still vor sich hin und führte Ransom durch den Pavillon zu einem kleinen, auf der Rückseite gelegenen Hof, in dem um die Reste eines Springbrunnens herum ein Blumengarten aus Glas und Chrom angelegt war.

»Nun, Charles, was ist los? Haben Sie Wasser mitgebracht?« Er drückte Ransom auf einen Stuhl und packte seinen Arm mit eisernem Griff. »Ich habe weiß Gott lange genug gewartet.«

Ransom löste den Arm aus der Umklammerung. »Ich fürchte, Sie werden weiter warten müssen, Richard. Es klingt nach all den Jahren wie ein schlechter Witz, doch einer der Gründe, warum wir von der Küste hierhergekommen sind, war die Suche nach Wasser.«

»Was?« Lomax drehte sich auf dem Absatz um. »Wovon in aller Welt reden Sie? Sie haben wohl den Verstand verloren. Es gibt hier im Umkreis von hundert Kilometern nicht einen Tropfen Wasser!« Zornig ballte er seine kleinen Fäuste. »Was habt Ihr da unten bloß die ganze Zeit getrieben?«

»Gar nichts«, sagte Ransom leise. »Wir konnten nicht mehr tun, als ausreichend Wasser zu destillieren, um am Leben zu bleiben.«

Lomax nickte und fasste sich wieder. »Das glaube ich gern. Ehrlich gesagt, Charles, sehen Sie ziemlich mitgenommen aus. Sie hätten bei mir bleiben sollen. Aber diese Dürre – es hieß ja, sie würde nach zehn Jahren enden. Ich dachte, Sie seien deshalb zurückgekommen!« Lomax' Stimme wurde erneut lauter und hallte von den Talmiwänden wider.

»Richard, um Himmels willen…« Ransom versuchte ihn zu beschwichtigen. »Ihr seid hier alle vom Thema Wasser wie besessen. Es scheint aber doch reichlich davon zu geben. Bei meiner Ankunft bin ich direkt auf ein Reservoir gestoßen.«

»Das?« Lomax machte eine wegwerfende Handbewegung. Sein weißes Frauengesicht glich einer gepuderten Maske. Er strich sich mit weicher Hand über die Stirn, bemerkte seine Glatze, zog schnell ein Toupé aus der Tasche und setzte es auf. »Dieses Wasser, Charles, verstehen Sie doch – ist alles, was noch übrig ist! Zehn Jahre lang habe ich sie am Leben erhalten, und jetzt, da diese verflixte Dürre nicht aufhören will, machen sie Front gegen mich!«

Lomax zog einen weiteren Stuhl heran. »Charles, ich befinde mich in einer unmöglichen Situation. Quilter ist wahnsinnig – haben Sie gesehen, wie er auf diesen Stelzen umherstolziert?… Er will mich vernichten, ich weiß es!«

Behutsam sagte Ransom: »Ich soll Ihnen von ihm etwas ausrichten – etwas mit Ertrinken, wenn ich mich recht erinnere. Aber das ist ja hier wohl nicht zu befürchten.«

»Ach nein?« Lomax schnippte mit den Fingern. »Ertrinken – nach allem, was ich für ihn getan habe! Wenn ich nicht gewesen wäre, wären sie bereits nach einer Woche gestorben.«

Er ließ sich auf den Stuhl fallen. Von Chrom und Plunder umgeben sah er aus wie ein gestrandeter, mit Perlen und Muschelbruchstücken übersäter Karnevalsfisch.

»Woher stammt denn all das Wasser?«, fragte Ransom.

»Von da und dort, Charles.« Lomax machte eine vage Handbewegung. »Ich wusste zufällig von ein oder zwei Reservetanks, die jahrelang vergessen unter Parkplätzen und Fußballfeldern lagerten, kleine Reservoirs, an die niemand je dachte, die aber trotzdem verdammt viel Wasser enthielten. Ich zeigte Quilter, wo sie sind, und er und die anderen haben das Wasser dorthin gepumpt.«

»Und dieses Vorhaltebecken ist das letzte? Doch warum sollte Quilter Ihnen die Schuld geben? Sie sind Ihnen doch sicher dankbar …«

»Sie danken es mir eben *nicht*! Sie kapieren offenbar nicht, wie sie ticken. Schauen Sie doch nur, was Quilter meiner armen Miranda angetan hat. Diese kranken, schwachsinnigen Kinder! Stellen Sie sich doch nur einmal vor, was aus ihnen wird, wenn man sie aufwachsen läßt. *Drei* Quilters! Manchmal denke ich, die Dürre währt nur so lange, weil der Allmächtige will, dass sie endlich verdursten.«

»Warum packen Sie nicht einfach Ihre Sachen und verschwinden?«

»Ich kann nicht! Begreifen Sie nicht, dass ich hier gefangen bin? Dieser schreckliche, einarmige Whitman mit seinen durchgeknallten Viechern ist überall. Ich warne Sie, spazieren Sie nicht zu viel allein herum. Hier gibt es außerdem irgendwo ein paar Löwen.«

Ransom stand auf. »Was soll ich Quilter sagen?«

Lomax nahm sein Toupé vom Kopf und stopfte es in seine Jackentasche. »Sagen Sie ihnen, sie sollen verschwinden! Ich bin es leid, Vater Neptun zu spielen. Das ist *mein* Wasser, ich habe es gefunden, und ich werde es trinken!« Grinsend setzte er hinzu: »Mit Ihnen würde ich es natürlich teilen, Charles.«

»Danke, Richard. Doch ich glaube, im Augenblick muss ich für mich sein.«

»Na gut, alter Knabe.« Lomax musterte ihn kühl mit einem selbstgefälligen Grinsen, das seine gepuderten Wangen aufblähte. »Aber erwarten Sie kein Wasser. Früher oder später wird es zur Neige gehen, wohl eher früher.«

»Kann ich mir denken.« Ransom blickte auf Lomax herab und verstand, wie sehr er in den letzten zehn Jahren zur Karikatur seiner selbst geworden war. Er war die Schlange in diesem staubigen Garten Eden und suchte den Apfel zurückzuerobern, um die Welt aus der Zeit vor der Dürre heraufzubeschwören, und sei es auch nur für ein paar Wochen. Ransom hingegen hatte den langen Marsch flussaufwärts als Expedition in die eigene Zukunft empfunden, in eine von Willensbildungsprozessen bestimmte Welt, in der die Bilder der Vergangenheit, losgelöst von Erinnerung und Sehnsucht, ja sogar frei von allen Bedürfnissen wie Hunger und Durst, gespiegelt werden.

»Charles, warten Sie!« Als Ransom am Eingang des Pavillons angelangt war, eilte Lomax ihm nach. »Gehen Sie noch nicht, Sie sind der Einzige, dem ich trauen kann!« Lomax hielt ihn am Ärmel fest. Seine Stimme wich einem klagenden Flüstern. »Sie werden mich umbringen, Charles, oder mich in eine Bestie verwandeln. Schauen Sie doch nur, was er Miranda angetan hat.«

Ransom schüttelte den Kopf. »Das sehe ich anders, Richard«, sagte er. »Ich finde sie wunderschön.«

Lomax starrte ihm sprachlos hinterher, als Ransom durch den Sand davonstapfte, sichtlich verblüfft über diese Bemerkung. Aus der Ferne, von einer Düne oberhalb des Swimmingpools, wo vorher das Feuer brannte, wurde er von Quilter beobachtet, dessen stelzbeinige Gestalt mit der Federkappe und dem hin- und herschlackernden Schwanenhals sich vor dem Hintergrund des Abendhimmels abzeichnete.

39

Der Androgyne

Die folgende Woche verbrachte Ransom bei Quilter und Miranda und wurde Zeuge von Richard Lomax' Zusammenbruch. Ransom beschloss, so bald wie möglich seine Reise über den ausgetrockneten See fortzusetzen, doch dann hörte er in der Nacht das Gebrüll der Löwen, das von den Dünen kam. Jonas' hünenhafte Gestalt huschte in der Dunkelheit die Uferstraße entlang und lockte die Löwen mit tiefer Stimme, die ihm laut grollend antworteten. Dass sie überlebt hatten und mithin die fixe Idee des Fischerkapitäns von einem verschollenen Fluss oder See bestätigten, bestärkte Ransom in seinem Entschluss, die Suche fortzusetzen, sobald er wieder bei Kräften war.

Tagsüber saß er im Schatten der zerfallenen Loggia neben dem Swimmingpool. Vormittags begleitete er Whitman und Quilter in die Stadt, um nach Nahrung zu suchen. In den Dünen waren in losen Abständen tiefe Schächte als Zugang zu den Kellern der einstigen Supermärkte gegraben worden. Die rutschten sie hinab, krochen zwischen den alten Gefrieranlagen hindurch und holten einige Konservendosen aus dem feuergetrockneten Sand. Meistens war der Inhalt inzwischen verdorben und wurde den Hunden zum Fraß vorgeworfen oder in den Ruinen zurückgelassen, wo die wenigen noch vorhandenen Vögel ihn aufpickten. Weder überraschte es Ransom, dass Quilters Lebensmittelvorräte kaum für einen Tag reichten, noch dass es ihn offensichtlich immer weniger interessierte, sie wieder aufzufüllen. Er schien sich damit abzufinden, dass das Versiegen des Wassers im Reservoir ihn alsbald endgültig in die Wüste vertreiben und der ausgetrocknete Fluss ihn seinen eigenen Gesetzmäßigkeiten unterwerfen würde.

Quilter hatte für seine Mutter in der Eingangshalle des Hauses einen kleinen Verschlag errichtet. Hierher zog sie sich abends zurück, nachdem sie den Tag mit Miranda und den Kindern verbracht hatte.

Ransom schlief in einem der Autowracks in der Nähe des Pools. Whitman bewohnte das benachbarte Fahrzeug, doch nach Ransoms Ankunft zog er mit seinen Hunden fort und ließ sich im Becken eines ausgetrockneten Springbrunnens fünfzig Meter von Lomax' Pavillon entfernt nieder. Er mied Ransom, wo immer er konnte, und wenn Ransom sich ihm näherte, knurrte und brummte er nur.

Quilter hingegen verbrachte viel Zeit damit, am Beckenrand entlangzuwandern, als suche er eine Art Beziehung zu Ransom aufzubauen, ohne jedoch einen Anknüpfungspunkt zu finden. Manchmal setzte er sich nur ein paar Meter von Ransom entfernt in den Sand, ließ die Kinder über seine Schultern klettern und duldete es, dass sie an seinen Fellen und seiner Schwanenkappe zupften.

Von Zeit zu Zeit wurde dieses häusliche Idyll durch Richard Lomax' Erscheinen unterbrochen. Seine Auftritte, wie Ransom sie nannte, verliefen in der Regel stets nach gleichem Muster.

Kurz vor Mittag brach im Pavillon ein Tumult aus, und von den goldenen Türmchen herab ertönten Gongs. Quilter nahm das Getöse gelassen hin und zeichnete mit einem Finger seltsame Muster in den Sand, die seine Kinder enträtseln durften. Gleich darauf entzündete Lomax einen Feuerwerkskörper, es folgte ein Schrei und dann hörte man Geprassel. Die Rakete zischte über die Dünen hinweg, und die helle Spur löste sich in der warmen Luft auf. Schließlich trat Lomax persönlich in Erscheinung. Prunkvoll gewandet und pomadisiert tänzelte er in seinem lächerlichen grauen Seidenanzug umher, fuchtelte wütend mit den Armen, beschimpfte Quilter und deutete immer wieder hinüber zum Staubecken. Hatte Quilter sich dann auf einem Ellbogen zurückgelehnt, schlich Whitman mit seinen Hunden zu Lomax hoch.

Lomax' Tirade steigerte sich bis zur Raserei, die sein Gesicht fratzenhaft verzerrte. Der Anblick dieser torkelnden, androgynen Wüstenerscheinung zeigte Ransom, dass Lomax auf eine primitive Stufe zurückgefallen war, die keine Unterschiede zwischen männlich und weiblich mehr kannte.

Sobald die Kinder Anzeichen von Furcht erkennen ließen, gab Quilter Whitman einen Wink, und der ließ einen der Hunde auf Lomax los. Wie ein weißer Blitz stürzte sich die Bestie auf den Architekten, der schnurstracks floh und dem Hund die juwelenbesetzte Tür vor der Schnauze zuschlug.

Dann herrschte Ruhe für den Rest des Tages bis zum nächsten Auftritt am folgenden Morgen. Die Feuerwerkskörper und Fratzenschneiderei mochten in vergangenen Jahren andere, zufällig in die Oase geratene Wüstennomaden möglicherweise erfolgreich vertrieben haben, doch Quilter schien gegen derlei immun.

Die meiste Zeit saß er im Bewusstsein der heraufziehenden Krise in ihrem Leben grübelnd in den Dünen am Staubecken und spielte mit seinen Kindern und den Vögeln, die sich bis an seine Hände heranwagten, um ranzige Fleischbröckchen aufzupicken. Er streichelte sie mit verstörendem Mitleid, als wüsste er, dass dieser Moment der Ruhe alsbald zu Ende gehen und er sie von den Qualen der Wasser- und Nahrungsaufnahme befreien würde. Ein oder zwei Mal, als Quilter mit den Vögeln spielte, hörte Ransom ein ersticktes Kreischen und sah, wie das zerquetschte Gefieder langsam unter Quilters Händen hervorquoll. Ransom betrachtete die Kinder mit ihren Wasserköpfen, wie sie umherwatschelten und mit den toten Vögeln spielten und befürchtete insgeheim, dass Quilter ihnen in einem plötzlichen Gewaltausbruch ebenfalls das Genick brechen könnte.

Mehr und mehr behandelte Quilter Whitman und Ransom auf die gleiche Art und Weise und versetzte ihnen, wenn sie ihm im Wege standen, nach Belieben immer wieder Schläge mit seinem pelzverbrämten Stock. Einstweilen nahm Ransom diese Schläge noch hin und verstand sie als Bindeglied zwischen sich und den Daseinsmöglichkeiten, die Quilter ihm eröffnete. Nur bei Miranda war Quilter die Ruhe selbst. Einträchtig saßen die beiden am Boden des Swimmingpools beieinander, während das Wasser im Staubecken verdunstete und die Dünen draußen immer näher rückten, eine letzte Eva und ein letzter Adam, die auf das Ende der Zeit warteten.

Weder zu Philip Jordan noch zu Catherine hatte Ransom irgendeine Verbindung. Doch eines Morgens erklomm eine vertraute, dunkelhäutige Gestalt die Dünen am Reservoir und befüllte einen Tornister mit Wasser. Quilter, der auf seinen Stelzen steifbeinig über den nassen Sand stolzierte, schien sie nicht bemerkt zu haben, und bis Whitman die Hunde losgemacht hatte, war Philip bereits wieder verschwunden.

Von Catherine Austen war nichts zu sehen, aber nachts hörten sie die Löwen näher kommen, deren Gebrüll von den Dünen am See zu ihnen herüberwehte.

40

Der tote Vogel

»Quilter, du schamlose Bestie! Komm her, mein Caliban, zeig' dich deinem Meister!«

Ransom, der zwischen allerlei Metallschrott am Swimmingpool saß, achtete nicht auf die lauten Schreie aus Lomax' Pavillon und spielte weiter mit Quilters ältestem Kind. Der fünfjährige Knabe war sein liebster Gefährte. Ein großes Muttermal, leuchtend wie ein Stern, entstellte seine rechte Wange. Wie scheue Libellen schwebten seine Augen unter der übermächtigen Stirn. Mit untrüglichem Gespür tippte er jedes Mal auf die richtige Hand, in der sich der Stein befand, sobald Ransom ihm die Hände entgegenstreckte. Gelegentlich aber entschied er sich um und wählte wie aus Mitleid die leere Faust.

»Caliban! Zum letzten Mal...!«

Ransom blickte hoch. Lomax hatte sich zwanzig Meter von seinem Pavillon entfernt, und sein Seidenanzug schimmerte in der Sonne. Er setzte sich zwischen den niedrigen Dünen in Positur, so dass man sein kleines, gepudertes Gesicht sehen konnte, das so runzlig war wie eine getrocknete Feige. In einer Hand schwenkte er einen Stock mit silberner Spitze wie einen Zauberstab umher.

»Quilter...!« Lomax' Stimme überschlug sich fast. Quilter war irgendwohin verschwunden, und so fiel sein Blick auf Ransom, der wie ein Bettler in der äußersten Ecke am Hofe eines Stammesfürsten zwischen den umgestürzten Säulen der Loggia saß.

Ransom nickte dem Kind zu. »Mach' weiter. Welche Hand?« Der Knabe musterte ihn freundlich lächelnd mit aufgerissenen Augen, als erwarte er die Preisgabe eines wunderbaren Geheimnisses. Dann schüttelte er den Kopf und verschränkte die Arme hinter seinem Rücken. Widerstrebend öffnete Ransom seine leeren Hände.

»Sehr gut.« Ransom deutete auf den schreienden Lomax. »Sieht so aus, als wende dein Vater den gleichen Trick an. Doch ich fürchte, Mr. Lomax ist nicht so schlau wie du.« Er zog eine Blechdose aus der Tasche und öffnete den Deckel. Zwei Stückchen Trockenfleisch kamen zum Vorschein. Nachdem er sich die Finger abgewischt hatte, reichte er eines davon dem Knaben. Der hielt es fest und watschelte mit seiner Beute zwischen den Ruinen davon.

Ransom lehnte sich an die Säule. Er überlegte gerade, wann er die Oase verlassen und sich auf das Terrain der Löwen wagen sollte, als er einen stechenden Schmerz am linken Oberarm verspürte.

Er blickte hoch und sah Lomax' fratzenhaft verzerrtes Gesicht über sich, den Stock mit der silbernen Spitze drohend erhoben.

»Ransom…!«, zischte er. »Raus hier…!« Sein Anzug bauschte sich auf, die Rockschöße flatterten wie die Kiemen eines wütenden Fisches. »Sie stehlen mein Wasser! *Verschwinden* Sie!«

»Richard, um Himmels willen…« Ransom stand auf. Sachte knirschten die Steine, und das Kind tauchte wieder auf. Es hielt eine kleine weiße Möwe in den Händen, deren Flügel sich adrett um den offenbar toten Körper schmiegten. Lomax starrte zu dem Knaben herab, ein dem Wahnsinn anheimgefallener Prospero, der den Sprössling seiner geschändeten Tochter begutachtet. Entgeistert blickte er auf die ringsum sandbedeckte, vermüllte Oase, sah das Grauen dieser von Albträumen heimgesuchten Insel. In jäher Verzweiflung hob er seinen Stock, um den Knaben zu schlagen. Der wich zurück, sah ihn aus ruhigen Augen an und öffnete die Hände. Kreischend flog die Möwe auf und streifte dabei fast Lomax' Kopf.

Ein Schrei schallte von den Dünen herab. Quilter stelzte mit wehenden Fellen aus hundert Meter Entfernung über die Trümmerhalden eilig herbei. Neben ihm Whitman, der eine zusammengekrümmte Gestalt vor sich her trieb, es war Jonas, an dessen zerfetzter Hose Whitmans Hunde zerrten.

Lomax ließ Ransom stehen, machte auf dem Absatz seiner weißen Schuhen kehrt und rannte über den Sand davon. Die Hunde rissen sich von der Leine los und setzten ihm nach, dicht gefolgt von Quilter, der ihnen auf seinen Stelzen in Riesenschritten hinterhereilte. Als Whitman die Leine aufheben wollte, richtete sich Jonas auf und versetzte ihm mit der Faust einen Schlag in den Nacken, so dass er zu Boden fiel. Dann rappelte sich Whitman wieder auf. Jonas entrollte das Netz um seine Hüfte und warf Whitman mit einer Handbewegung erneut in den Staub.

Ungefähr auf halber Höhe zum Pavillon drehte sich Lomax nach den Hunden um. Er zog eine Handvoll Feuerwerkskörper aus der Tasche, entzündete sie und schleuderte sie den Hunden vor die Pfoten. Es blitzte und krachte, so dass die Hunde von ihm abließen, während Quilter zwischen ihnen vorwärtsstürmte.

Er streckte eine Hand nach Lomax aus. In diesem Augenblick blitzte etwas Silbriges auf, und aus dem Schaft von Lomax' Spazierstock sprang eine lange Klinge. Mit einem Ausfallschritt sprang er auf einem Fuß nach vorn und durchbohrte Quilters Schulter. Noch bevor Quilter verstand, was geschehen war, verschwand Lomax tänzelnd hinter den Schutz seiner Türen.

Quilter starrte auf das Blut an seiner Hand und ging zum Swimmingpool zurück, während aus dem Pavillon hinter ihm Gongschläge ertönten. Er bedachte Ransom, der sein Kind im Arm hielt, mit einem kurzen Blick und rief Whitman etwas zu. Die beiden Männer pfiffen die Hunde herbei und machten sich am Fluss entlang auf die Suche nach Jonas.

41

Ertrinken

Eine Stunde später, als sie noch immer nicht zurückgekehrt waren, trug Ransom das Kind hinunter zum Pool.

»Doktor, kommen Sie doch herein«, begrüßte ihn Miranda, als er den Vorhang zum Innenhof zurückschob. »Habe ich wieder eines von Richards Feuerwerken verpasst?«

»Das letzte vielleicht«, sagte Ransom. »Es war nicht zur Unterhaltung gedacht.«

Miranda bedeutete ihm, auf einem Stuhl Platz zu nehmen. In dem Verschlag hinter dem Vorhang wiegte sich die alte Frau allein in den Schlaf. Miranda stützte sich auf einen Ellbogen. Mit ihrem glatten Gesicht und dem unförmigen, in ein schwarzes Negligé gehüllten Leib sah sie aus wie eine riesengroße Robbe, die sich auf dem Grund ihres Beckens ausruht. So wie alle Dinge im Fluss im Sand versanken, so schien auch ihr Gesicht mit jedem Tag kleiner zu werden und der winzige Mund mit dem Amorbogen im wuchernden Fleisch zu verschwinden.

»Ihr Bruder ist vom Wasser im Reservoir wie besessen«, sagte Ransom. »Sollte er Quilter weiter provozieren, kommt es möglicherweise noch zu einem Blutbad.«

»Keine Sorge.« Miranda fächelte sich mit feister Hand Luft zu. »Quilter ist bloß ein Kindskopf. Er würde Richard niemals etwas antun.«

»Miranda, ich habe gesehen, wie er eine Möwe mit der bloßen Hand zerquetschte.«

Miranda winkte ab. »Das zeigt doch nur, dass er das Tier versteht. Es ist ein Zeichen seiner Liebe.«

Ransom schüttelte den Kopf. »Vielleicht, doch es ist eine Furcht erregende Liebe.«

»Welche Liebe ist das nicht?«

Ransom sah hoch. Der kaum verhohlen fragende Ton in ihrer Stimme war ihm nicht entgangen. Miranda lag auf dem Diwan und sah ihn freundlich an. Sie schien die Dünen und den Staub ringsum gar nicht wahrzunehmen. Ransom ging zu ihr hinüber. Er nahm ihre Hand und setzte sich zu ihr auf den Diwan. »Miranda…«, begann er.

Er betrachtete ihren gewaltigen Leib und dachte an all die toten Fischer, die hier in ihrem warmen Meer ertrunken waren und mit ihren Körper dazu beigetragen hatten, ihren Leibesumfang stetig zu vergrößern, eine namenlose Anzahl von Männern wie Jonas, die als kleine Idioten wiedergeboren wurden. Er dachte an Quilter und die langen Messer in den gekreuzten Schulterriemen unter seinen Fellen, die jedoch keine Gefahr mehr darzustellen schienen. Die Auflösung aller Dinge, die er während seiner Reise von der Küste erlebt hatte, ging einher mit der Gleichheit aller Gefühle und Beziehungen. Er würde der Vater der Kinder und zugleich Quilters Bruder werden, Mrs. Quilters Sohn und Mirandas Gatte. Nur der androgyne Lomax bliebe isoliert, mental und sexuell.

Er sah das Lächeln, das Mirandas Gesicht hervorzauberte, und das Bild eines Flusses erstand vor seinem inneren Auge, ein klarer Strom, der das Sonnenlicht erhellte.

»Doktor!« Mrs. Quilters erschrockenes Gesicht lugte durch den Vorhang. »Da ist überall Wasser, Doktor!«

Ransom schlug die Zeltplane zurück. Über den Boden des Swimmingpools ergoß sich ein unaufhaltsamer Strom, der von der darüber liegenden Betonkante herabfloss. Das Wasser kam näher, durchnässte die Bettzeugstapel und lief dann zur Feuerstelle in der Mitte, wo die Fliesen entfernt worden waren. Die Glut begann zu zischen und zu dampfen, und ein feuchter Rußregen stieg auf.

»Miranda, nehmen Sie die Kinder!« Ransom zerrte Miranda hoch. »Das Wasser läuft aus dem Staubecken! Ich versuche Lomax abzulenken.«

Als er die Treppe erklomm, die aus dem Pool führte, kamen Quilter und Whitman angerannt, dicht gefolgt von den Hunden. Zwischen den Dünen schlängelten sich Dutzende silbriger Wasserarme, die sich vom Staubecken kommend über den gebleichten Sandboden ergossen. Ransom watete hindurch und spürte den Druck des Wassers, das sich heftig sprudelnd weiter verzweigte. Hinter der nächsten Dünenreihe stieß er auf eine tiefere Wasserrinne. Knapp einen Meter breit strömte das Wasser zwischen den Mauerresten hindurch und wurde dann von der porösen Erde aufgesaugt.

Quilter stürmte auf seinen Stelzen voran. Whitman folgte mit den Hunden, das Bajonett wie ein Jagdmesser zwischen die Zähne geklemmt. Sie wateten eilends durch das Wasser, um sich das Ausmaß der Verheerung anzusehen, und erreichten alsbald das Ufer. Quilter schrie, und eine langbeinige Gestalt, Jonas, der mit dem Netz am Wasser kniete, sprang wie ein aufgeschreckter Hase auf und lief am Rand des Sees entlang. Die Hunde setzten ihm nach und wirbelten mit ihren Pfoten den nassen Sand wie eine Gischtwolke auf. Ransom lehnte sich an die Trümmerreste eines Kamins. Das Staubecken war nahezu trocken, aus dem seichten Gewässer in der Mitte floss gemächlich ein letztes Rinnsal. An vier oder fünf Stellen waren ringsum das Reservoir große Löcher in den Uferdamm geschlagen worden, durch die das Wasser entweichen konnte. Der feuchte Sandstreifen entlang des Ufers trocknete bereits in der Sonne.

Quilter machte am Ufer Halt und starrte auf den entschwindenden Wasserspiegel. Seine Schwanenkappe hing schräg über einem Ohr. Gedankenverloren zog er sie ab und ließ sie in den nassen Sand fallen.

Ransom beobachtete die Verfolgungsjagd vom gegenüberliegenden Ufer. Jonas hatte das Reservoir bereits halb umrundet und rannte, die Arme seitlich wie Flügel ausgestreckt, die Dünen auf und ab. Die Hunde holten ihn ein und sprangen ihn von hinten an. Als er stolperte, riss ihm ein Hund das Hemd von den Schultern.

Dann tauchten zwischen den Dünen zwei andere Gestalten auf und stellten sich den Hunden in den Weg. Auf einmal hörte Ransom das Gebrüll der weißen Löwen. »Catherine.« Als er sie rief, rannte sie neben den Löwen her und trieb sie mit der Peitsche an. Dahinter folgte Philip Jordan mit einem Wassertornister auf dem Rücken und einem Speer in der Hand. Er bedrohte Whitman mit dem Speer und täuschte einen Angriff vor, während die Hunde, als sie die Löwen sahen, erschrocken Reißaus nahmen und in Windeseile über den leeren Grund des Staubeckens davonrannten. Auch Catherine und die Löwen rannten weiter und verschwanden so plötzlich in den Dünen, wie sie gekommen waren. Philip Jordan ergriff im Laufen Jonas' Arm, doch der ältere Mann riss sich los und suchte zwischen den Dünen das Weite.

Ein Hund rannte mit eingezogenem Schwanz über den trockenen Beckengrund an Ransom vorbei. Als er und Quilter sich nach ihm umdrehten, sahen sie in fünfzig Meter Entfernung eine schwankende Gestalt. Es war Richard Lomax, der am Ufer entlangtorkelte. Sein Gelächter zerriss die Stille, die nach dem dumpfen Grollen des Kampfes, den Geräuschen von Flucht und Verfolgung, wieder eingetreten war.

»Quilter, du verdammter Narr…«, brach es aus ihm heraus, während er in einem Anfall von Lachen zu ersticken drohte. Die Plisseehose seines Seidenanzugs war naß bis zu den Knien, und an den Rüschen seiner Jacke klebte feuchter Sand. Ein Spaten lag hinter ihm am Ufer.

Ransom blickte zum Haus zurück. Jenseits des Ufers, wo noch vor wenigen Minuten tiefe Wasserströme entlangrauschten, war nun alles trocken und öde. Das Wasser war spurlos versickert, und die Luft schien leer und ohne Glanz.

Quilter schritt am Ufer entlang, die Augen auf Lomax gerichtet. »Sieh' dich vor, Quilter, komm' bloß nicht auf dumme Gedanken,« sagte Lomax mit warnendem Lächeln, dann zog er sich hinter den Hügel zurück. Zu seiner Linken, auf der anderen Seite des Ufers, stromerte Whitman umher, um ihm den Weg abzuschneiden. »Quilter!« Lomax blieb stehen und warf sich in Positur. »Das ist mein Wasser, und ich mache damit, was ich will!«

Dreißig Meter vom Reservoir entfernt, inmitten der Ruinen, gab es für ihn kein Entkommen mehr. Hinter ihm tauchte Miranda mit Mrs. Quilter und den Kindern auf. Sie hockten sich auf eine der Dünen, um das Geschehen zu verfolgen.

Lomax krempelte die Ärmel hoch und knöpfte die Rüschenjacke auf. Quilter blieb zehn Meter vor ihm stehen, während sich Whitman mit erhobenem Armstumpf und dem Bajonett in der anderen Hand an ihn heranschlich. Unbeholfen sprang Lomax zur Seite, dann versetzte er Whitman mit seinem Stockdegen einen Hieb ins Gesicht.

»Richard!«

Lomax drehte sich um, als er die Stimme seiner Schwester hörte. In diesem Moment stürzte sich Whitman auf ihn, schlug ihm die Klinge aus der Hand und versetzte ihm einen Stich in die Magengrube. Mit einem Schmerzensschrei wie von einem heimtückisch von seinem Viehtreiber gemetzelten Schwein taumelte Lomax rückwärts gegen eine niedrige Mauer. Whitman ließ das Bajonett fallen, bückte sich und stieß Lomax, den er an den Füßen gepackt hatte, mit lautem Aufschrei rücklings in einen Minenschacht. Eine weiße Puderwolke stob auf, hochgewirbelt von Lomax' strampelnden Beinen, der kopfüber in dem engen Schacht steckte.

Ransom hörte, wie die Schreie allmählich verklangen. Fünf Minuten lang stieg noch Staub in kleinen Stößen auf, das an das sanfte Brodeln eines Lavastroms in einem schlummernden Vulkan erinnerte. Dann regte sich bald nichts mehr, nur gelegentlich verirrte sich noch ein Wölkchen in die Luft.

Ransom wollte zum Haus zurückgehen. Da sah er, dass weder Miranda noch die Kinder ihren Platz auf den Dünen geräumt hatten. Auf Mirandas Gesicht spiegelte sich ihr gewohnt entrücktes Lächeln, die Kinder hingegen zeigten keinerlei Regung und harrten mit allwissenden Augen auf den Fortgang der Ereignisse. Ransom sah zum Fluss hinüber und hoffte, ein Zeichen von Philip Jordan oder Catherine zu entdecken, doch sie waren irgendwo am Ufer verschwunden. Der Schauplatz des Geschehens lag still in der Sonne. Weit entfernt am Horizont sah er die rollenden Wogen der Dünen auf dem See.

Er wartete, bis Whitman mit gesenktem Kopf laut keuchend vor ihm stand, das Bajonett wie einen Meißel umklammernd. Quilter sah hinab auf den leeren Grund des Reservoirs, der in der Sonne bereits weiß wurde, und auf die dunkleren, feuchten Sandspuren, die sich über die Dünen wie Adern hinzogen. Whitman täuschte mit dem Bajonett eine Finte vor, ließ aber von Ransom ab, als dieser keinerlei Widerstand leistete. »Quilter…?«, rief er.

Quilter machte kehrt und ging zum Haus zurück. Er hielt den Schwanenhals umklammert, an dem seine Schwanenkappe hing, schaute Whitman an und bedeutete ihm zu verschwinden. »Lass' ihn in Ruhe«, sagte er. Zum ersten Mal seit Ransom ihn kannte, war sein Gesicht vollkommen entspannt.

42

»Jours de lenteur«

Die Vögel waren verschwunden. Allerortens krochen Licht und Schatten langsam dahin. Seitdem die Dünen um die Oase nicht länger vom verdunstenden Wasser des Reservoirs gekühlt wurden, reflektierten sie die Hitze wie glutrote Asche. Ransom ruhte in den Trümmern der Loggia neben dem Swimmingpool. Er hatte sich Quilter auf Gedeih und Verderb ausgeliefert, hatte sich ihm unterworfen, und das erfüllte ihn mit einem nahezu euphorischen Gefühl. Die zeitlose Welt, in der Quilter lebte, war nun auch sein Universum geworden, und nur der Schatten der Dachruine über ihm, dessen Länge und Umfang stetig schwankte, erinnerte ihn an den Lauf der Sonne.

Am nächsten Tag, als Mrs. Quilter starb, half Ransom, sie zu begraben. Miranda war zu erschöpft, um mitzukommen, und so bahrten Whitman und Ransom die alte Frau auf einer Planke auf und trugen sie hoch über ihren Köpfen davon. Sie folgten Quilter zum Friedhofsgelände unweit der Stadt und warteten, während er die Trümmerhalden oberhalb des Parkplatzes durchsuchte und mit seinem Stock die Dächer der tief unter dem Sand begrabenen Autos abklopfte. Die meisten Fahrzeuge waren bereits belegt, doch schließlich fanden sie eine leere Limousine und bestatteten Mrs. Quilter auf dem Rücksitz. Dann schütteten sie Sand über das Dach der Grabstätte, die die Kinder mit bunten Papierschnitzeln schmückten.

Wenig später brach Philip Jordan auf, um seinen Vater zu suchen. Er kam noch einmal zur Oase, um sich von Ransom zu verabschieden. Er kniete neben ihm nieder und presste den Wassertornister an seine Lippen. »Hier gibt es irgendwo einen Fluss, Doktor. Quilter sagt, mein Vater habe ihn gesehen. Wenn ich meinen Vater finde, ziehen wir gemeinsam los und suchen ihn. Vielleicht sehen wir Sie dort eines Tages wieder, Doktor.«

Dann stand er auf, und Ransom sah, dass Catherine Austen ihm aus der Ferne von einer Düne herab zuwinkte, die Hand auf die Hüfte gestützt. Kreideartiger Wüstensand bedeckte ihre Lederstiefel. Als Philip bei ihr war, hob sie die Peitsche, und die weißgeflankten Löwen trotteten an ihrer Seite davon.

In jener Nacht kam ein Sandsturm auf, und Ransom ging zum See hinunter und beobachtete die Verwehungen, die über die Dünen wirbelten. Weit draußen in der Mitte des Sees erkannte er die Umrisse des Flussdampfers, den Captain Tulloch einst befehligte. Am Steuerrad stand eine hochgewachsene Gestalt, es war Jonas, und Wogen weißen Sands brachen sich am Bug, während vom Schornstein feiner Staubregen aufstieg. Neben ihm an der Reling, das Gesicht vor dem Wind geschützt, stand Philip Jordan.

Am nächsten Morgen hatte sich der Sturm gelegt, und Ransom nahm Abschied von Quilter und Miranda. Als er das Anwesen verließ, winkte er den Kindern zu, die ihm bis zum Tor gefolgt waren, dann ging er die Straße hinunter zu seinem früheren Haus. Außer den Kaminsockeln war nichts mehr davon übrig, doch er ruhte sich hier eine Stunde lang aus, bevor er seinen Weg fortsetzte.

Er ließ die Trümmerhalden hinter sich, ging hinunter zum Fluss und von dort zur stetig breiter werdenden Mündung bis zum See. Vom Wind geformte weiße Dünen überzogen den Grund wie gefrorene Wellen. Er schritt durch sie hindurch und folgte den Senken, von denen aus er das Ufer nicht mehr sehen konnte. Der von Skeletten unzähliger Fische glänzende Sand war weich und gänzlich unberührt.

Die Dünen wurden immer höher, und nach einer Stunde Fußweg ragten die Kämme bereits nahezu sechs Meter über seinem Kopf auf.

Obwohl es noch nicht einmal Mittag war, schien sich die Sonne immer weiter zurückzuziehen, und die Luft wurde merklich kühler. Überrascht stellte er fest, dass er im Sand keinen Schatten mehr warf, als habe er endlich die Reise über die Grenzen einer inneren Landschaft beendet, die er seit so vielen Jahre im Kopf mit sich herumgetragen hatte. Das Licht schwand, und um ihn herum wurde es zusehends dunkler. Der weiße Sand wirkte auf einmal stumpf und trüb, die Kristalle auf dem Boden wie erloschen. Eine unermessliche Finsternis lag über den Dünen, als habe die Außenwelt insgesamt aufgehört zu existieren. Zeit verging, und noch immer war ihm nicht aufgefallen, dass es zu regnen begonnen hatte.

Inhalt